菊与刀

[美] 鲁思·本尼迪克特　著

山药　译

民主与建设出版社

图书在版编目（CIP）数据

菊与刀 /（美）鲁思·本尼迪克特著；山药译 . --
北京：民主与建设出版社，2017.6
ISBN 978-7-5139-1569-4

Ⅰ . ①菊… Ⅱ . ①鲁… ②山… Ⅲ . ①民族文化—研
究—日本 Ⅳ . ① K313.03

中国版本图书馆 CIP 数据核字 (2017) 第 114498 号

菊与刀
JU YU DAO

出 版 人	许久文
总 策 划	丁焕朋
作 者	［美］鲁思·本尼迪克特
译 者	山 药
责任编辑	刘树民
封面设计	三石工作室
出版发行	民主与建设出版社有限责任公司
电 话	（010）59417747 59419778
社 址	北京市海淀区西三环中路 10 号望海楼 E 座 7 层
邮 编	100142
印 刷	三河市天润建兴印务有限公司
版 次	2017 年 6 月第 1 版 2021 年 7 月第 3 次印刷
开 本	630mm × 910mm 1/16
印 张	12 印张
字 数	157 千字
书 号	ISBN 978-7-5139-1569-4
定 价	59.80 元

注：如发现质量问题，请联系调换。电话：010-59424657

目 录

鸣　谢

那些在日本接受教育后来到美国生活的男人和女人，他们在战争期间处在了一个困难的境地。他们得不到大多数美国人的信任。因此，我特别感激他们仁慈善良地帮助我为这本书收集材料和作证。我感谢他们在非常特殊情形下给予的帮助。我还要感谢战争期间的那些同事。罗伯特·羽岛出生在这个国家，但他在日本长大，1941 年时他选择了回到美国。回来后他被关在一个战争收容所里，直到我见到他后。他现在在华盛顿的美国战争机构工作。

我要感谢美国战时信息办公室给了我这个任务来完成这本书。还要感谢东亚峰会的副主任乔治·E.泰勒教授和负责搜集外国军队士气情报部门的指挥官亚历山大·H.雷顿。

我要感谢那些读过或部分读过这本书的人：指挥官雷顿、克莱顿·克拉克洪教授和莱登·雷特斯博士，以及那些在战时信息方面给予我很大帮助和协助的人们：康拉德·艾伦斯伯格教授、玛格丽特·米德格雷戈里·贝特森和 E.H.诺曼博士。感谢他们所有人给我的建议与帮助。

鲁思·本尼迪克特

第一章 任务：日本

"他们的文化体系是独特的，既不是佛教的，也不是儒教的，而是典型的日本式——包括它的长处与缺点。"

在所有美国竭尽全力与之战斗过的对手中，日本人是最让人感到迷惑与费解的。这之前任何一次所面对的强敌，都没有过像日本这样，需要我们去认真对待其思维与行为模式，这在别的战争中也从未出现过。跟曾在1905年与之作战过的沙俄一样，美国面对的对手是一个全副武装、训练有素的民族，但却不属于传统的西方文化范畴。所有那些被西方文化认同，并习以为常的战争规则，对日本人显然都不适用。因而，就美日在太平洋上正在进行的战争而言，不仅包括一系列在岛屿、海滩上的登陆行动，也不仅只是后勤供应存在的种种困难。在这种情况下，了解敌人的特性成了核心任务之一。要与日本作战，我们必须了解日本人的行为模式。

想要做到这点存在着很大困难。75年前，日本打开了紧闭的国门。可当人们提及日本人时，仍然使用一系列的让人难以明确的"但是，又……"的句型，在描述世界其他民族时却不会如此。一个严谨的观察者在描述自己所观察的日本以外的民族时，是不会一方面说这个民族彬彬有礼，同时还要加上一句"但，他们又蛮横、傲慢"；不会说某一个民族无比顽固，又说"但，他们也极易适应激烈变革"；不会说一个民族温顺的同时还要加上相反的定义，说他们不会轻易就服从上级的管理；不会说该民族忠诚、宽厚，又声称"他们又背信弃义，充满恶意"；不会既说他们英勇无畏，又不厌其烦描述他们是如何怯弱；不会既说他们的行为过度依赖他人的评价，又说他们具有强烈道德准则；不会既说他们在军队中遵守铁的纪律，又描述他们是如何犯上作乱；也不会既说该民族如何热衷西方的文化，又渲染他们顽固保守。他不会在一本书里大肆描述该民族如何崇尚美好的事物，如何高度重视演员和艺术家，如何沉湎于菊花的栽培，而在另一本书中却补充说明该民族是如何崇尚刀剑和武士的荣誉。

然而，正是上述这些论述上的矛盾，往往构成有关日本的论著的主要论述形式。无可否认，这些矛盾的现象确实是真实的，刀与菊正是这一图景的一个主要部分。严格说，在很大程度上，日本人生性好斗又和平礼让；穷兵黩武又崇尚和谐；桀骜不驯又彬彬有礼；固执僵化又审时度势；顺从又憎恨受人摆布；忠心耿耿又善于背信弃义；无所畏惧又胆小怕事；保守又对新事物充满激情。他们过分在意他人对自己的评价，当他们的劣迹不为人知时，他们不会被自己的良心与罪恶感压垮。

目前了解日本人已成为美国的当务之急，对上述矛盾现象以及各种看起来乱成一团的问题，我们已经无法视而不见。我们正面临着严峻的局面，一系列问题已经或将会接踵而至，比如，日本下一步将会干什么？在不攻打日本本土的情况下，能否迫使日本投降？我们是否应该直接轰炸日本的皇宫？对日本战俘我们能够指望什么？对日本军队和日本本土人民采取怎样的宣传策略，才能既减少牺牲更多美国人的生命，同时又能削弱日本人的抵抗意志？这些问题的答案，对那些十分了解日本的日本通来说，也会存在着尖锐分歧。在和平来临后，对日本这个民族需不需要进行长时间的军管，以便使这个国家能维持正常的秩序？我们还需要跟那些隐藏在深山里的顽固分子们继续作战吗？为了完全实现国际和平，需要在日本发起一场类似法国或俄国的革命吗？如果需要，谁来作为这场革命的领导者呢？如果没有发生革命，那日本民族是否将会灭亡？对这些问题我们的判断和分歧足够巨大。

1944 年 6 月，我受命研究日本，被要求用一个文化人类学者所能使用的一切方法，来尽可能说明日本这个民族究竟是怎样一个民族。同年夏初，美国刚刚开始了对日本的大规模进攻。在国内，很多人跟过去一样，在谈论跟日本的战争会持续三年、十年，或是更长的时间。而在日本，那里的很多人则认为这场战争可能会持续一百年。他们说，美军虽然取得了局部胜利，但新几内亚岛、所罗门群岛距离日本本土有几千英里之遥！日本官方的公报和媒体几乎没有一家承认日本海军的失败，日本民众仍相信他们将会是最后的胜利者。

但到6月战争形势就发生了变化。盟军在欧洲开辟了第二战场，在过去的两年半时间中，盟军最高司令部一直将欧洲战场置于优先考虑地位；现在已经没有这样的必要了，因为对德国的战争已经胜利。而在太平洋，我军也成功登陆塞班岛，这是一场预告日军最终战败的重要的战役。此后一段时间里，我们的部队日益逼近日军。从新几内亚、瓜达尔卡纳岛、缅甸、阿图、塔拉瓦还有比亚克等地的战斗中，我们清楚地知道了，我们是在跟一个非常可怕的敌人作战。

因而，到了1944年6月，我们的敌国日本很多问题就浮出水面，需要做出回答。这些问题不管是由军事、外交等方面的重大方针政策造成的，还是由在日军前线散发宣传单引起的，我们都需要获得有深刻洞察力的答案。在这场与日本之间的全面战争中，我们需要了解的不仅是日本东京当局的动机与目的，不仅是这个国家悠久的历史，也不仅是它的经济的各类数据资料，我们更需要了解这个政府能从自己的人民那得到多少支持。我们还必须清楚那个在他们的行为和看待事物的方式背后的强制力。为此，我们必须把自己作为美国人看待事物和采取行动的前提条件搁置起来，尽量避免轻率得出结论，认为我们会怎样去做，他们也会怎样去做。

我所承担的是相当棘手的一个课题。美日两国正处于交战状态。在战争中去谴责你的敌人是容易的，但要想理解你的敌人，通过研究了解他们如何看待生活与人生，那是非常困难的事。但我们现在不得不这样去做。问题的关键是日本人会怎样做，而不是我们处在与他们相同境地时，我们会怎样做。作为研究者，我必须把日军在战争中的一切行动都看作有价值的资料加以分析和利用，而不是将它们视为不利的条件，视为某种"债务"。我必须观察他们的战争方式，还要暂时把它看作是一种文化现象而不是军事现象。日本人在战时也是跟和平时期一样，是在按照自己的本性行为。那么，从他们处理战争的方式上，能看出哪些他们特殊的生活方式和思维模式的特征呢？日本领导人煽动好战情绪的方法、安抚民众情绪的方法以及战场上如何展开具体战术行为等等，所有这些都展示了他们自以为能加以利用的力量是什么。我需要追踪战争中发生的种种蛛丝马迹，以此来看清日本人在战争中逐步展现出的真实面目。

但美日两国正在交战，这一事实对我极其不利。这意味着我必须放弃文化人类学家最主要的研究方法——实地调查。我无法到日本去，也无法居住在日本人家中去亲自观察他们的日常生活，并区分哪些是重要的，哪些不是那么重要；对他们进行决策的复杂过程，我无法目睹；我无法观察他们如何培养下一代。一部有参考价值的书是人类学家约翰·恩布里所著的《须惠村》，这是他在实地研究一个日本乡村的成果。但 1944 年我们遇到的很多与日本相关的问题，作者写这本书时还没有成为问题。

尽管困难重重，但作为一个文化人类学家，我自信自己具备一些可以加以利用的有效方法和必要条件。至少我不会完全放弃我们人类学家非常重要的研究方法，也就是跟研究对象面对面接触。在美国有一些在日本长大的日本人，我可以询问他们的经历，了解他们是如何进行判断的。用他们提供的事实来弥补我知识的不足。我想，作为人类学家，这是理解任何一种文化不可或缺的。而其他一些从事日本研究的社会学家则是利用图书馆，分析历史事件或统计资料，追踪日本的书面或口头宣传资料的各种变化。不过我相信他们所寻求的问题的答案，是隐藏在日本文化的规则及其价值中的。因此，如果不对生活在那种文化中的人进行研究，就很难得到令人满意的答案。

这并不是说我不阅读，也不是说我没有从那些西方人对日本的大量论述里，以及那些曾在日本生活过的优秀的西方观察者那获得大量有用的东西，从而使我的研究拥有一定的优势。我所获得的这些优势条件，是那些研究亚马孙河发源地或新几内亚高原等缺乏文字的部落的人类学家所不具备的。那些没有文字的部落，不可能在纸上留下自己的历史。对于这类社会，西方人的论述很少并且简单肤浅，没有人知道这些民族的历史。对于那些实地调查的学者，他们必须在没有任何先行者的帮助下，来探究这些民族的经济生活方式、社会组成结构、宗教生活中最重要的内容。而在我研究日本的过程中，我可以继承并利用大量已有的学术成果。那些研究古代文物的文献留下了大量生活细节的描述，欧美也有很多人记录了有关日本社会的各类生动经历。而且日本人自己也写了大量自我暴露的书面文字。跟别的东方人不同，日本人似乎有着强烈到难以抑制的情感，他们对自己的刻画细致深刻。他们写下自己对世界进行扩张的计划，写下自己生活中的那些琐事。有时他们坦率的程度令人吃惊。当然，他们对自己的描述不会是全面的。可从来也没人能做到这点。一个日本人在描述日本时，会自然而然忽视掉很多非常重要的内容，对于这些东西他们太过于熟悉，就像是面对自己呼吸的空气，习以为常就会视而不见。我们美国人写自己的国家时，我想也会一样。但相较而言，我认为日本人还是最喜欢做自我剖析的民族之一。

如同达尔文在创立物种起源理论时采用的阅读方法一样，我阅读这些文献时也特别注意分析那些令我费解的东西。比如议会辩论中那些杂乱纷呈的争论，为了理解它们，我该预先去了解些什么呢？对于我们可能是无足轻重的事，日本人为什么会强烈地谴责，而对那些骇人听闻的暴行却如此心平气和地加以容忍？在这背后究竟隐藏着什么？在阅读文献的过程中，我反复给自己提出问题："这幅画有什么毛病吗？""想要理解这幅画，我应该掌握哪些知识呢？"

另外，我还看了不少在日本创作和拍摄的电影：不管是宣传片、历史片，还是那些描写东京及农村当代生活的影片。之后，也和看过这些影片的日本人进行详细探讨交流。与我不同，任何时候他们对于影片中的男女英雄或者坏人，都是按照自己作为日本人的眼光在看待，因此跟我的看法总不一样。在我因为看不懂情节而茫然时，他们却不是这样的。这就像阅读小说，我和在日本长大的日本人在对内容的理解上有很大偏差。在这些日本人中，有些人会为日本的一些习俗辩护，另一些人则会表示不喜欢甚至憎恶。在这一幅生动的画面中，他们告诉了你在日本，人们是在如何安排自己的生活，不论是接受还是厌恶这种生活。

如果一个文化人类学家只是到他所研究的文化中去搜集资料，并通过实地考察寻求问题的答案的话，那他也就不能指望能为已有的研究成果提供什么新的东西，因为这些都是那些在日本生活过的外国人做过的工作。但一个文化人类学研究者，由于其所受到的训练和具备的某些能力，使得他能感受到在这样一个学者与观察者云集的领域，自己还能做出怎样的贡献。

人类学家已对亚洲和太平洋的一些文化有所了解。日本社会的结构以及生活方式，跟很多太平洋岛屿上的原始部落相似。例如一些是和马来西亚那里的相似，一些是跟新几内亚的相似，也有的是和波利尼西亚的相似。根据这些相似性来推测古代人口迁徙以及交往，也不失是件有趣的事，了解这些文化上的相似性，对我来说很有价值，不过不是这些文化之间或许存在着的历史渊源。恰恰相反，因为我了解这些习俗是怎样在这样一些单纯的社会文化中发挥作用的，因此我可以从我发现的不同中找到日本人生活的某些线索。我还知道一些亚洲大陆上如泰国、缅甸以及中国的情况，从而我可以把这些伟大的文化来与日本进行对比。人类学家在对原始人类的研究中，已经多次证明了这样的文化类比的重要性。一个部落在文化习性上跟别的部落可能有着 90% 的相似，但它很可能已经对这种文化习俗做了修改，以便适应自己独特的生活方式和价值观。在这个过程里，它很可能不得不放弃一些最基本的内容，这些东西无论在整体中所占比例多小，却能使这个部落未来的发展朝向一个特定的与众不同的方向。对一个人类学家来说，最好的事莫过于研究有很多共同之处的各个民族之间的那些差异。

同时，人类学家还必须使自己适应自身所属的文化与其他文化之间的巨大差异，人类学家从自己的经验中知道，不同文化背景的人遇到的事态是非常不同的，不同的民族处理这些事态的方式也是完全不一样的。在北极的某个村落，或者是在热带沙漠里，人类学家遇到的血缘关系还有经济交换的部落体制，是不论你多大胆想象也无法想象出来的。因此，不仅要调查血缘关系或者交换关系的具体细节，还要调查这些在部落行为中产生的后果是怎样的，部落的每一代人又是怎样从儿童时期开始，就像自己的祖先那样养成了继承传统的习惯。

对差异以及制约造成的后果的关注，一样能运用到对日本的研究里。所有人都承认，美日两国存在着巨大而牢固的文化差异。在美国甚至有种民间说法，说无论我们干什么，日本人都会和我们反着干。如果一个研究者只是简单宣称这些差异是如何稀奇古怪，如何难以置信，并因此认为这是一个无法理解的民族，这是很危险的。人类学家根据自己的经验能够充分证明，即使存在最奇异的差异，也是可以理解的。按照职业特点，人类学家应该比任何别的社会科学家都能客观地把差异当作积极因素而不是消极因素加以利用。除了某些制度与习俗的怪异性，再也没有什么现象更能引起一位人类学家的注意的了。人类学家研究部落的生活方式，任何东西都不应该被认为是理所当然的，所以他应该做的不是针对几件被挑选出来的事实，而是所有的事实。在西方文化中，一个没受到过良好文化研究训练的人，会忽视整体的行为领域。他会把很多事物看作是理所当然的，因此会对那些日常生活里细碎的习俗或属于家庭生活中的普通事物，不做深入了解再做判断。但这些常常会被忽视的细小事物，往往会被投射到一种文化、一个民族的全部生活的屏幕上，这时候，这些细小琐碎的事物，对一个民族未来的影响，要比任何外交家的谈判、签约造成的影响都大。

人类学家必须开发并完善研究日常琐事的技术，因为在那些被研究的部落中被视为最平常的事情，是不同于研究者自己国家的。当一个研究者试图理解某个在一个部落是极端丑恶，而在另一个部落却是懦弱的行为时，当他企图弄清在特定情况下那些人的行为与感受时，他就会发现，自己需要借用那些不太引人注意的考察报告和对细枝末节的详细记录。对于人类学来说，有充分理由证明这些东西是重要的，而且他还要懂得如何去发掘此类资料。

在对日本的研究中，尝试这种方法也同样适用。只有对一个民族普通老百姓的日常生活进行高度关注，才能理解人类学家这一研究前提，不论是一个原始的部落，还是在一个高度发达的文明，日常生活都是它的人民行为模式的来源。不管这种行为是怎样的离奇古怪，一个人的感觉和思维方式都是跟他的生活经验紧密联系着的。因此，越是对日本人的某种行为迷惑不解，我就越认为在日本人的日常生活中，一定是有某些具有普遍意义的因素制约着这类怪异现象。要是这样的探索能让我深入到日本人的日常生活里去，那就太好了。因为人们正是在那里学会生活的。

作为一个文化人类学家，我也是从下述前提出发的，即孤立的行为之间存在某种内在的联系。我十分重视把数以百计的琐碎事件归纳到一起，形成一个综合模式。人类社会一定会为自己的生活设计出某种模式，会赞同某些对应事态的方式，或者是衡量事态的方式。生活在特定社会中的人，会把哲学解决问题的方法看作是所在的那个世界的基础。无论有多大困难，都会想方设法纳入这样的整体里去。已经接纳某种价值体系，并依靠其生活着的人们，是不可能对自己所处的复杂世界充耳不闻，并为自己设置好一个与世隔绝的范畴，然后在这样一个范畴内，遵循一套相反的价值观来思考和行动的。他们会去适应环境，他们会为自己的行为给出共同的依据和动机。没有一定程度的一致性，一个社会是不可能存在的。

因此，经济活动、家庭组织、宗教仪式以及政治目标，就像齿轮一样环环相扣。一个领域的变化也许快于其他领域，从而给其他领域带来压力，不过这样的压力也是一致性要求带来的。在那些总是企图控制他人的开化程度不高的社会，权力欲望在宗教实践中的表现，不会低于在经济活动中以及跟别的部落的关系中的表现。与不拥有书面语言的部落社会比，在拥有书面语言的文明社会里，教会会把那些在数百年间流传的格言与警句保留下来，但随着公众对经济和政治的发言权的要求日益强烈，在某些出现抵触的领域，教会不得不让出一部分权利。格言和警句尽管保存下来，但含义变了。宗教教义、经济和政治活动不再只是局限于各自的领域内，而是超出了各自的范围，互相融合，形成一股更大的洪流。由于这是被证明了的真理，因此研究者越是把自己调查范围扩大到了经济、两性关系、宗教生活和儿童养育这样一些领域去，就越是能了解自己所研究的社会正在发生的事情。他可以对任何生活的领域提出有效的假设，然后去搜集材料；他可以学会把任何一个民族所提出的要求，都看成是来自他们从自己的社会生活经历中学来的思维习惯与方式的结果，不论这样的要求是以政治还是经济，或者道德的语言提出来的。因此，本书不是用来论述日本社会的宗教、经济、政治或者家庭的，本书的目的是考察日本人有关生活的臆想，描述这些臆想在现实中的实践行为。它企图说明，是什么东西使得日本成为这样一个日本人的国家。

20世纪所存在的巨大障碍之一，就是我们都有着不少含混不清，并带有偏见的观念，我们不仅没有认清是什么使得日本成为这样一个日本人的国家，同时也一样没能弄清是什么使得美国成为这样一个美国人的国家，并且又是什么东西使得法国成为这样一个法兰西人的国家，俄国成为一个俄罗斯人的国家的。当缺少了这样的认知，就会把一个国家当成是另一个国家。当彼此间发生的矛盾仅仅是微不足道的差异造成时，人们却会以为彼此间存在着巨大的不可调和矛盾；而在我们谈论共同理想时，某个民族却会因为其所经历过的，还有固有价值观的影响，而认定一个与我们完全不同的行为方针。我们并没有努力去了解他们的价值观与习俗。要是我们这样努力过了，我们就会发现，对方的某些行为方式跟我们所习惯的方式不一样，但并非就是邪恶的。

我们不能依靠一个民族来自己讲清楚他们的思想和行为模式，这是做不到的。每个民族的作家都在试图做出对自己民族的评估，但这却不是件轻而易举的事。一个民族用来观察生活的透镜，是跟别的民族使用的透镜不一样的。人们通常难以意识到自己是在怎样观察世界。任何一个国家都会认为自己看待世界的眼光是正确的，在这一点上，一个民族所使用的观察焦距与透视方法，都是这个民族人民获得自己人生观的途径，在每一个民族看来，通过自己的观察方式得来的结果都是上帝安排好了的。这就像是眼镜，我们不可能指望戴上这种眼镜的人，能知道这种眼镜的配方，同样我们也不可能指望每个民族自己来分析自己的世界观。要想知道眼镜的相关知识，就得培养一位眼科专家，并希望他能为任何一副送到他那里去的眼镜写出正确的配方。总有这样一天，我们会认识到社会学家的任务，就是为世界上每一个民族研究出他们的"眼镜配方"来。

　　这项工作既要求具备坚韧的毅力，又要求持有宽容心。有时，这样的坚韧会被一些善良的人士指责为铁石心肠。正是这类"世界大同"的鼓吹者们，希望全世界的人们都相信：无论"东方"和"西方"、黑人和白人、基督徒和穆斯林，他们之间的差异都是表面的，而实质上全体人类都心心相印。一些人将这种观点称之为"四海之内皆兄弟"。我不明白的是，为什么为了相信四海之内皆兄弟，日本人就不该有日本人的生活方式，美国人就不该有美国人的生活方式。在这些善良的人看来，有时候这个世界如果不是由像是一张底片翻拍出来的千人一面的民族和国家组成的，他们就会失去自己的安身之处。但是如果将这种一致性作为尊重其他民族的条件，就好比一个神经病要求自己的妻子和儿女要同自己容貌相同、性格相同一样。具备坚毅性格的人，不会在意差异。他们会尊重差别。他们的主要目标是让一个差异化的世界保持安全，美国可以是美国，只要它不威胁到世界和平。以此类推，法国可以是法国，日本可以是日本。任何学者只要不相信差异是一把悬在世界上方的达摩克利斯之剑，那么他就会坚信，任何靠外部压力来阻止人们拥有自己的人生观的行为，都是不道德的。同样他也无须担心，采取这种立场就会使世界停滞不前。鼓励文化上的差异不等于维持一个静止的世界。英国在伊丽莎白时代之后是安妮女王时代和维多利亚时代，但它并未因此就不再是英国。正是因为英国人一直保持自己的特性，才使得不同时代的人能拥有属于自己的标准与气质。

对民族间的差异进行系统研究，需要坚忍不拔，同时也需要宽容。当人们自己的信仰得以保障，并因此能宽容对待异己时，比较宗教研究才能得到兴旺发展。人们可以是基督徒，也可以是阿拉伯学者或是不信教的人，但决不能是宗教狂热者。如果人们在保卫自己的生活方式同时，坚信只有自己的生活方式才是世界上唯一理想的生活方式，文化的比较研究就不会繁荣。这种人绝不会懂得，对于其他生活方式的了解，将会增强对自身文化的热爱。他们不能使自身获得愉快和丰富的体验。他们是如此故步自封，以至于别无选择，除了要求别的民族接受自己的行为方式外，就不再存在其他选择。比如作为美国人，强求所有别的民族都接受美国人所喜欢的信念。但对于我们所要求的生活方式，其他民族是难以接受的。这就像我们无法学会用十二进位制来代替十进位制进行计算，或者无法像东非某些土著居民那样学会单腿站立进行休息一样。

因此，本书是一本阐述日本的习俗（预期与公认的）的书。它的目的是论述日本人对自己的要求，比如在怎样的情况下他希望得到恭维，而在怎样的情况下不希望；什么时候会感到羞愧，什么时候会感到尴尬等等。本书所描述的事实，最具权威的评论也许来自街头巷尾，来自那些普通人。这样说并非是说这些人曾经置身于书中提到的每一个特殊的处境，而是说这些人都会认可在那样的情境下的行为方式。进行这样研究的目的，是为了描述出促使思想、行为发生的背后的态度。也许这个目标最终不能实现，但却是作者的理想。

在研究的过程当中，当工作进展到一定程度后，人们会发现，进一步搜集证据已经没有必要。比如，对一个人应在何时向谁行礼，就没有必要对所有日本人都进行统计研究。日本人喜欢行礼是公认的事实，对此任何一位日本人的证明都具有普遍意义，在取得了另外几个人的证言后，就没有必要再去向一百万日本人查证。

如果一位学者想要揭示出日本人的生活方式赖以建立起来的假设前提，那么他所面临的工作困难，要远大于用统计数字来证明一种说法。人们最想从他那得到的是，那些公认的习俗和判断是如何成为日本人看待事物的透镜的。他需要阐述清楚日本人的观点是怎样影响到他们看世界与人生的焦距与焦点。他还得努力去使那些用完全不一样的透镜来看世界的美国人能够理解。在这样一个分析工作里，最有权威的审判者并非一定是"田中先生"——也就是普通日本人。因为"田中先生"并不能清楚地表明自己的观点；何况对他来说，为美国人写那些解释也毫无必要。

美国人在对社会进行研究时，很少研究文明民族的文化所赖以建立的各项前提条件。大多数的研究者都认为这些前提是自证的。社会学家和心理学家大都只关注观点和行为的"分布"，他们最擅长也最常用的方法就是统计学。通过对大量的人口调查资料、调查问卷、访谈者的回答、心理测试等等进行统计分析，想从中推导出某些因素的独立性或是相互依存关系。在舆论领域调查时，可以通过在全国范围内采用由科学方法得出的最有效的调查技术，这样的方法在美国已经到达了一个相当高的完善程度。这样的方法能很好地了解到对某位公众候选人或是某项政策的支持度。同时，还能够把支持者与反对者按照地域、收入、党派加以分类。在一个实行普选，并且由议会这样的选民代表起草颁布法律的国度，这种调查得来的结果具有实践的重要作用。

美国人可以用投票的方式进行民意调查，并掌握调查结果。他们之所以能这样做，是因为有一个十分明显却无人提及的前提条件存在：那就是他们都熟悉美国的生活方式，并且认为它是理所当然的。所谓的舆论调查，不过是对我们已知的情况做一些数量上的确认而已。如果想要了解另一个国家，那就需要首先对这个国家的人民，对他们的生活习惯，他们的思维方式以及看待世界的观点做系有质量的调查研究，然后投票这种方式才能有效。通过慎重的取样调查，可以了解政府的支持度与反对度的量化结果。但如果事先无法了解这些人对国家持有的观念，抽样的结果又能为我们揭示些什么呢？只有在了解这个国家后，才能弄清各不同政治派别在街头和议会中争论的究竟是什么。一个民族对自己的政府持有的观点，要比那些展现各党派势力的数字具有更直观、更普遍与持久的意义。比如在美国，无论是民主党还是共和党，都一样认为政府是没法摆脱的祸害，因为它限制了个人的自由。对一个美国人来说，也许战争时期才是唯一的例外，那些政府的官员们，从来也不会比在民间事业中从事某种职业的人社会地位更高。这跟日本社会简直没法相提并论，甚至很多欧洲国家也与此存在着很大差异。而我们首先需要了解的，正是他们的这种态度与观念。他们的观念通过他们的习俗、对待成功的态度还有关于他们民族的神话、节日以及节日的言辞来展现。根据这样的一些间接的现象来研究，通过这种调查往往能增强我们已有的认识。如果想要了解一个国家，首先必须对这个国家人民的习惯和观点进行系统而定性的研究，但一定要是系统的研究。

就像是在研究选举时，我们需要研究赞成票、反对票各占百分之几一样，对某一民族基本生活的各种基本观点，以及他们所认可的解决问题的方式，我们也可以进行谨慎、详细的研究。日本正是这样一个对象国，它的基本观念非常值得我们去研究。我还发现，一旦我们弄清了西方人和日本人的人生观的差异所在，并掌握了他们所使用的一些象征和符号，那么西方人就不会再对日本人行为中那些看起来十分矛盾的地方感到奇怪。我开始明白，为什么对一些急剧变化的行为，日本人会认为是一贯性的延续，是整体的一部分。对此我能试图给予说明。当我跟日本人在一起工作时，我发现他们最开始使用的那些奇怪的词语和概念，拥有了非常重要的意义，并且蕴含着丰富的情感因素。跟西方人比，日本人的道德观、罪恶感有着巨大差异。他们的文化体系是独特的，既不是佛教的，也不是儒教的，而是典型的日本式——包括它的长处与缺点。

第二章　交战中的日本人

"对日本人来说，投降是可耻的这种认知深深植根于意识里。这跟我们的战争惯例相违背，但在他们却是理所当然。"

每种文化传统都有自己对战争的信条，尽管存在着差异。欧洲国家就拥有共同认可的规则。例如整体战的动员方式，失败时该如何坚持信心，战死与投降的某种稳定的比率，对战俘的行为准则等等，这些在欧洲国家之间的战争中都是可以预见的，因为这些国家拥有同源的文化传统，战争观也是一样。

日本人与西方人在战争惯例上的所有差异，能为更好地了解他们的人生观以及对人的责任提供参考。我们的目的是要系统研究日本人的文化及其行为，而他们那些与我们不同的信念在军事上的重要性，则不在考虑的范畴。他们所有的行为都可能很重要，因为这些行为提出了一些我们必须要回答的与日本人性格关联的问题。

对战争正义性的辩护，日本人所立足的前提与美国人截然相反，两国之间对国际形势的看法也不同。美国认为战争爆发的主要原因是轴心国的侵略行为，其中日本、德国和意大利三个国家对北非发起的征服行为，就已经是对国际和平的破坏。那些遭到轴心国占领的地区，无论是中国的满洲，还是埃塞俄比亚、波兰，都证明轴心国推行的是压迫弱小民族的罪恶政策。他们无视"自己生存，也要让他人生存"的原则，至少是侵犯了自由企业"门户开放"的国际原则。但日本则有另外一种看法。他们认为，只要世界各国拥有绝对的主权，世界就会陷入无政府状态。而日本则有责任建立起一种基于它的世界秩序，因为他们认为只有日本拥有着自上而下完善的等级制度，也是最了解"各得其所"原则必要性的。

日本在国内实现了统一，平定了动乱，并在全国开展了工业化，修筑起了公路、电力、钢铁等产业。据日本官方公布的统计数据，日本的青少年有99·5%接受了公共教育。从这个理由出发，它认为自己有义务和责任帮助落后的兄弟之国——中国。他们认为在"大东亚"范围内的各个国家都是同一人种，而作为领导者的日本有义务把存在于这个区域内的西方国家美国、英国、俄国等驱逐出去，从而使得这些国家能"各得其所"。世界上所有国家都应该在一个国际等级的架构中拥有自己的位置，这样才能形成一个统一的世界。下一章我们会来探讨这种受到很高评价的等级制在日本传统中的意义。这是一个由日本民族创造出的、最适合其胃口的想象物。但不幸的是，遭到日本侵略与占领的那些国家并不这样想，也没有这样一种理想。即便如此，在战败时，日本也不认为应该从理念和道德层面排斥"大东亚共荣"这种理想。同时，在那些日本战俘中，就连最不好战的人也很少会指责日本对亚洲大陆以及西南太平洋地区的行动目的。在今后很长一段时间里，看来日本也会固执坚持自己的某些态度，其中最主要的就是对等级制的迷信。这一点跟我们这些热爱自由平等的美国人完全无法相容。但我们还是要了解等级制度对于日本意味着什么，有哪些必要性。

同理，日本寄托胜利希望的基础也跟美国一贯所理解的不同。日本叫嚣日本必胜，精神必将战胜物质。他们说：美国是个强大的国家，军事实力确实优越，但这算不了什么！我们对此早已了解，根本不会当作是障碍。日本人民从一份他们的主要报纸《每日新闻》上读到这样一段话："如果我们害怕数字就不会开战。敌人的丰富资源并不是这次战争所创造的。"

日本的政治家、大本营以及军人们都反复强调："这次战争并不是军备之间的竞赛，而是日本人所信仰的精神与美国人所信仰的物质之间的较量。"如果是美军打了胜仗，他们就会一而再强调："在这场较量中，物质力量最终必定会失败。"在塞班岛、硫磺岛战役溃败后，这一信条就成了最好的遁词，但要知道这类遁词并非专门为失败而准备。在日军胜利的那段日子，他们也一直是在这样鼓舞士气。早在偷袭珍珠港前，这就已经是一个公认的宣传口号。在20世纪30年代，前陆军大臣、狂热的军国主义分子荒木大将在《告日本国民书》的宣传小册子中写道：对日本民族而言，日本的"真正使命"就是要在全世界"弘扬皇道，力量之悬殊何足道，吾等不惧于物质！"

当然，像其他任何备战的国家一样，日本人其实也存在着物质上的担忧。在整个30年代，用于军备的财政支出占国民总收入的比重有着惊人的上升。在偷袭珍珠港那年，将近一半的国民总收入用于陆海军的装备，而用于民生的行政支出只占政府全部支出的17%。对于物质化的军备不关心并不是日本与西方各国的区别。也就是说，对于军备物质的准备的关心程度，并不是日本与西方各国之间的主要区别。但在日本人看来，军舰、大炮等物质的东西，只不过是不朽的"日本精神"的表征，这就像武士的佩刀是武士气概的象征一样。

美国始终注重国力的强大，而日本始终强调非物质资源的重要性。日本也像美国一样开展增产运动，但日本的增产运动是基于它自身的前提。日本人认为，精神代表了一切，是永恒的。物质当然不可或缺，但却是次要的，瞬间会消失的。日本广播电台经常叫嚷："物质资源是有限的，不可能存在千年不灭的物质。"这种对精神的信赖完全被在战争的日常行为中加以运用。日军的战术手册上有着这样一句口号："以吾等之训练来对抗敌军数量的优势，以吾等血肉之躯来抵挡敌人的钢铁。"这是他们传统的口号，并非是专为这次战争制定的，他们的军事手册第一页上就用粗体字写着"必读必胜"。他们的飞行员驾驶小型飞机展开自杀式攻击撞击我们的军舰，这就是最典型的精神战胜物质的例子。他们把开展这种攻击的军队命名为"神风特攻队"。这里所谓的"神风"，来自公元13世纪蒙古人东征时舰队遭遇飓风沉没的历史事件，日本人认为是"神风"拯救了日本。

即使在民间，日本当局也大肆宣传精神优于物质这一信条。例如，人们不是在工厂里一天干了12个小时，又被整夜的轰炸搞得筋疲力尽了吗？他们就说："身体越累，意志、精神就越高昂。""越是疲倦，就越能起到锻炼效果。"老百姓冬天在防空洞不是很冷吗？大日本体育会就在广播中命令大家做热身体操，声称这一体操不仅能代替取暖设备和被褥，而且可以代替极其缺乏的粮食。他们说："当然，也许有人会说，在食品缺少时谈不上做什么体操。这种观点是错误的，越是缺乏食物，我们就越要用其他方法来增强我们的体力。"这就是说，必须通过消耗更多的体力来增强体力。美国人看待体力的观点，是看昨天是否达到

8小时或至少5小时的睡眠，饮食是否正常，是不是感觉到寒冷，然后再计算体力的消耗。而日本人根本不会考虑到体能的储备，认为那都是物质的，是可以替代的。

日本的广播在战争中的做法更为极端。它们甚至宣称在战斗中有精神可以战胜生理上的死亡。有家广播电台曾播送过一个英勇的飞行员战胜死亡的奇迹：

"空战结束后，日本的飞机都是3、4架的小编队返回机场。有个大尉是最先返回的一批之一。在从飞机上下来后，他用双筒望远镜观察着天空。当他的部下返回机场时，他一架架计算着，脸色有些苍白，但却镇定自若。当最后一架返回后，他写了报告，然后朝着司令部走去。在司令部，他向上司做了汇报。但刚汇报完，他就倒在了地上。在场的军官们赶忙上去帮助他，但他早已死亡。检查的结果显示，他的身体是冰冷的，在胸口有一处致命的弹伤。然而一个刚死的人身体是不可能冰凉。大尉的身体冰冷说明大尉早已死去，完全是依靠精神的力量，才一直坚持到汇报完。可以断言，正是这个大尉所具备的强烈责任感才使他创造了这样的奇迹。"

当然，从美国人的角度，肯定会觉得这故事过于荒诞。然而，所有受过教育的日本人却并不认为这则广播是在吹牛。他们相信，日本的听众不会认为这是一个荒诞无稽的故事。他们首先指出一点，那就是这则广播是如实说明了，这位大尉的英雄事迹是"一个奇迹般的事实"。为什么不能有奇迹发生呢？灵魂是可以训练的。很显然，这位大尉是一位自我修行的高手。既然日本人都懂得"精神可以存在千年"，那为什么这种精神就不能在这位把"责任"看作是自己生命核心的大尉身上多停留几个小时呢？日本人深信通过特殊的修炼，一个人的精神能达到最高境界。大尉这样做了，并收到了效果。

作为美国人，我们完全可以对日本人的这一系列极端的行为嗤之以鼻，认为这是贫穷民族的托词，或者是被欺骗者的幼稚幻想。但不论在战争时期还是在和平时期，如果我们如此看待日本人，我们就很难战胜他们。这样的一些信条，是用某种禁忌、拒斥，加上一定的训练方式灌输进日本人的内心里的，这些信条被深深植根在了他们的意识中。这些信条并不仅仅只是某些怪癖。只有当了解这些信条后，美国人才能理解为什么日本人在战败时会承认"光有精神是不够的"；

理解"企图用'竹矛'来守住阵地只是一种幻想"的真正含义。而更为重要的是,当我们听到日本人的"光有精神是不够的"的论断时,我们能够理解这句话的真正含义,这是他们在战场上、在工厂中与美国人的精神进行较量后得出的结论。正如日本人在战败后所说,他们在战争中"完全是在凭着主观意识行事"。

日本人在战争期间的各种说法(不单是有关等级制和精神战胜物质之类的),都为比较文化研究者提供了具体材料。他们大肆宣扬安全、士气等不过是精神上的准备问题。无论遇到了怎样的灾难,是城市遭到空袭还是塞班岛上的溃败,或者菲律宾的失守等等,政府总是对日本民众进行如下解释:我们早已预料会发生这样的事情,不要担心。而收音机里播出的仍是夸大其词的宣传,指望日本人民能继续相信,他们仍处在一个事先都计划好了的世界中。他们认为民众应该保持镇静。"美军是占领了基斯卡岛(Kiska),使日本本土处在美国轰炸机的攻击范围之内,但我们对此早有估计,并进行了必要的准备。""敌人肯定会以陆、海、空三军同时向我们发动全方位的攻击。对此,我们的作战计划早就有所准备。"日本战俘,即便是那些希望日本尽早在这场毫无希望的战争中失败的战俘也认为,轰炸不可能完全摧毁日本本土的士气,"因为他们早就对此有了思想准备"。当美军开始对日本城市实施轰炸时,日本飞机制造业协会副会长在电台中发表讲话说:"敌机终于飞到我们上空了。然而,令他们失望的是,我们飞机制造业的全体成员早就预料到了此事,并做了应对轰炸的充分准备,没有什么值得担忧。"一切均在预料之中,任何将要发生的事都早做好了应对准备。只有保持这样一种信念,日本人才能继续坚持自己不可少的主张——所有一切都是我们主动预期了的,不是被动,更不是别人强加给我们的。"我们不应该认为自己是受到了敌人的攻击,而是我们主动引诱敌人攻击我们的。""敌人你想要来,那就来好了。"他们绝对不会承认:"该发生的终于发生了。"而是说:"我们所期待的终于来临。我们欢迎它的到来。"日本的海军大臣在国会演讲中,引用1870年伟大的武士西乡隆盛的遗言:"机会有两种,一种是偶然遇上的,一种是自己主动创造的。当面临艰辛困苦时,就必须要自己去创造机会。"另外,在电台报道了美军已经突入马尼拉市中心时,山下奉文将军则"微微一笑,很得意地说,敌人已经落入到我的陷阱里……""敌军在仁牙因湾(Lingayen Bay)登陆后不久，马尼拉市即告陷落，这是山下将军预先安排好了的灵机妙算，事态的发展完全符合将军的部署。山下将军的作战计划正在按计划实施。"也就是说，失败越是惨烈，事态的发展也就越是符合预期。

实际上美国人也会走极端，只是走向的是另一种极端。美国人全力以赴投入战争，是因为这场战争是别人强加给我们的。我们遭到了攻击，因此我们要给予回击，要让对方知道我们的厉害。那些需要考虑怎样才能让美国民众保持安定的发言人，在提及珍珠港、巴丹半岛美军的溃败时，绝不会说："这是我们预先计划好的。"相反，我们的官员会这样说："这都是敌人强加给我们的，我们必须要还以颜色。"美国人经常会把自己的生活调节到应对挑战上去，随时准备着做出应战。日本人的信念则宁愿相信一切都是既定的，这种按部就班才是他们的生活方式，相对来说，最大的威胁对他们恰恰是未曾预料到。

日本人在战争中经常用以宣传的另一个主题，也能展示日本人的生活模式。他们常说："我们受到世界人民的关注！"因而，在作战过程中他们必须将日本精神发扬光大。美军在瓜达尔卡纳尔岛登陆时，日军向其部队下达的命令是，现在全世界都在关注着我们，我们必须体现出日本民族的大无畏精神。日本海军对其官兵有一条训诫，在遭到鱼雷攻击接到弃舰命令时，官兵必须要以最良好的姿态转移到救生艇上，不然就会遭到"全世界人的嘲笑，美国人会把你们的丑态拍成电影，拿到纽约去放映"。这关系到他们在世界眼里的形象。对这些东西的在意是根深蒂固地存在于日本文化中的。

关于日本人的态度，最吸引人的是他们对待天皇陛下。天皇对他的臣民到底拥有多大控制力？一些美国权威人士认为：其实在日本七百余年的封建统治中，天皇不过是一个有名无实的傀儡。每个人首先最效忠的是他的封建领主"大名"，以及之上的军事大元帅将军。对天皇的效忠似乎可有可无。天皇一直遭到幽禁，深居在与世隔绝的宫廷之中，他的活动和仪式都受到将军制定的各种规章制度的严格限制。如果一个等级很高的封建领主对天皇表示敬意，那么这将会被视为背叛。对一般日本民众来说，天皇几乎不存在。一些美国学者认为，日本只能通过它的历史来理解，为什么一个在活着的民众记忆里模糊不清毫无意义的天皇，会被突然拥戴成日本这样一个保守的民族的权力核心，并围绕着天皇组织起来？这些学者认为：有些日本评论家反复强调天皇对其臣民有永久统治权，其实太夸张了，他们的坚称恰恰证明他们论据的脆弱。因而，在对待天皇这个问题上，美国的战时政策没有必要持谨慎的态度。对日本近来编造出的那种邪恶的元首理念，我们当然应给予坚决的打击。但在当代日本，天皇是神道教的核心，而这种宗教具有民族主义色彩。如果我们对天皇的神圣性进行挑战并将其摧毁，那么，敌国日本的整个社会结构就会瓦解。

很多有才干的美国人，在读了来自前线或日本方面的报道和文献后，会持相反意见。在日本生活过的人都非常清楚，没有什么会比用言语贬低天皇或对天皇进行直接攻击更能刺痛日本人，并激起他们的斗志了的。这些人不相信日本人会把对天皇的攻击看作是对军国主义的攻击。一战后，他们目睹了"民主"观念的深入人心，军国主义声名狼藉，以至于军人到市区去都要换成便装，但也就是在那时，对天皇的崇拜一样狂热。这些在日本居住过的人声称，日本人对天皇的崇拜，跟"希特勒万岁"是不可同日而语的，后者不过是纳粹兴衰的晴雨表，是跟法西斯所有的罪行紧密联系着的。

日军俘虏的证词证实了上述观点。日军被俘人员因为没受过专门的训练，在被俘后往往不知该怎样应答，这与西方的军人不同。因此，他们对所有问题的回答都是混乱的。这种情况自然来自日本的不投降政策。这种状况直到战争结束前几个月才有所改变，但只限于特定的军队和地方部队。我们应该对这些战俘的口供给予特别关注，因为它们代表了日本军队的一个切面。他们并非是一些因为士气低落而投降的士兵，不会因为投降而丧失代表性。除极少数外，都是因受伤或失去知觉无力抵抗而被俘。

那些顽抗到底的日军俘虏，把他们的极端军国主义的根源一直追溯到天皇那里，认为自己是在"尊崇圣谕"，是为了"让陛下安心"，并愿意"为天皇献身"，是"天皇指引我们参战，服从是我的天职"。但那些反对目前战争及日本未来征服计划的人，也同样把他们的和平信念归功于天皇。对所有人来说，天皇代表了一切。讨厌战争的人称天皇是"爱好和平的陛下"，他们坚持认为天皇"一直都是一位开明的君主，是反对战争的"，"是被东条英机欺骗了"，"在'满洲事件'时，陛下就表示出对军方的反对态度"，"战争是在天皇不知道和未授权的情况下，由军方发动的。天皇不喜欢战争，也不会允许他的国民卷入战争。天皇并不知道他的士兵们受到了怎样的虐待。"而德国战俘的证词则完全不同，不论他们对希特勒手下的将军或最高司令部的背叛希特勒的行为如何不满，他们仍然认为因为希特勒是最大的煽动者，是他准备并发动了战争，因此战争的责任应该由他——希特勒承担。而日本战俘的态度非常明确，对天皇的忠诚与军国主义及侵略战争政策是完全不相干的两码事。

但与此同时，对日军战俘来说，天皇和日本是分不开的。"没有天皇的日本就不能成其为日本。""天皇是日本国民的象征，是宗教生活的核心，是超宗教的信仰对象。"即使日本战败，天皇也不能因此而受到谴责。"人们不会认为天皇对战争负有责任"，"如果战败，也应由内阁和军部领导人而不是天皇来承担责任"，"即使日本战败，全体日本国民仍然会继续崇拜天皇"。

这种毫无异议一致认为天皇超越一切的论调，在习惯于认为只要是人，就难免会受到质疑和评判的美国人看来，简直就是荒诞不经。但一直到战败，日本的普遍舆论还是如此认为。那些对审讯战犯最具经验的人，也认为没必要在每一份审讯笔录上都写下"拒绝诽谤天皇"；因为没有一位战俘会表达出对天皇的质疑，甚至那些一直以来都跟盟军合作，帮助我们从事对日广播的人也是如此。从那些汇集起来的战俘审讯笔录里，只找到三份表达了对天皇委婉的批评的，而只有一份这样说道："保留天皇将会是一个错误。"在另一份中谈到天皇，也仅仅是说天皇"是一个意志薄弱的人，不过是傀儡"。第三份则是猜测天皇可能让位于皇太子；要是能在日本废除君主制，日本的青年妇女们也许能获得她们羡慕已久的美国妇女那样的社会地位。

也正是因为如此，日本军部利用了日本国民对天皇的这种崇拜，把"天皇恩赐"的香烟分发给士兵们；并在天长节那天，率领部下朝着东方三拜后高呼万岁。就在日本军队"日夜受到轰炸时"，将领们带领部下一起诵读天皇在"军人敕谕"里颁赐的"圣谕"，"奉诵之声响彻森林"。军国主义分子正是这样在利用人们对天皇的效忠。他们要求所属官兵都要"奉召必谨"，"免除圣虑"，要做到"以崇敬之心报效陛下的仁爱"，"为天皇献身！"然而这种对天皇意志的顺从，同时又是一把双刃剑。就像那些日军战俘所说的，"只要天皇下令，就算是只有一把竹刀也会毫不犹豫投入战斗。也只有天皇下令，才会停止战斗。""要是天皇下诏，第二天日本就会放下武器。""就算是最好战的满洲关东军也会马上放下武器。""想要日本国民接受战败，只有天皇下诏，并愿意为了重建家园而活下去。"

日本人对天皇的忠诚是无条件的，并且毫无保留。而对天皇之外的任何人和团体，又都会加以批评，这两种态度形成了鲜明的对比。在日本的报纸、期刊以及其他战俘的供词中，都能见到大量对政府和军队领导人的批评。战俘们对那些指挥官，尤其是那些不能与部下共患难的人破口大骂；对那些自己坐飞机撤退而让士兵们拼死抵抗的指挥官，日本战俘们更是痛恨至极。战俘们对有的军官大加称赞，而对另一些军官却严厉谴责。这说明日本人并不缺乏辨别善恶的能力与意愿。即使日本本土的报纸、杂志也对"政府"进行批评，他们要求更强有力的领导和更高效的协调。他们甚至抨击政府对言论自由的限制。1944年7月，东京一家报纸刊登了一篇由编辑、前国会议员、日本极权主义政党——大政翼赞会的领导人参加的座谈会纪要，就是一个最好的例证。其中有位发言者说："我认为唤醒国民的办法有很多，但其中最重要的就是言论自由。这么多年来，日本国民都不敢畅所欲言。他们害怕自己的言语会受到谴责。他们心存疑虑，往往只做表面文章，变得胆小怕事。这样我们不可能谈什么发挥全体国民的力量。"另一位发言者也就这个问题发表了自己的看法："我几乎每天晚上都和自己选区的选民进行座谈，询问他们对一些事情的意见，可他们就是不能敞开心扉。人们都被剥夺了言论自由。这根本不是激发人们斗志的好办法。在所谓战时特别法和治安维持法下，国民的言行受限制，他们变得像封建时代的老百姓一样胆小怕事。因而本来能激发的战斗力，现在也不可能被激发出来。"

即使战时人们也批评政府、大本营以及他们的直接上司。他们并没有盲目承认和接受等级制的优越地位。只有天皇是个例外，天皇不会受到质疑。天皇的崇高地位直到近代才得以确立，为什么人们会如此崇拜？日本人性格中有什么古怪的特点，才使得天皇获得如此神圣的地位，只要天皇一声令下，日本人就会使用"竹刀"战斗至死？同样，如果天皇敕令，日本人也会平静接受战败，接受被占领。日军那些战俘这样说是真实的吗？会不会仅仅是为了欺骗我们而说出的谎言？或者的确是事实呢？

所有这些日本人在战争行为中表现出的重要现象，从反物质主义倾向到对天皇的态度，不仅影响日本国内，也影响到前线。还有一些其他态度则对日军有着特殊影响。其中之一是对军队战斗力消耗的态度。一个显著的例子，是当美国把海军勋章授给台湾海峡特遣部队指挥官乔治·爱斯·麦肯因将军时，日本广播电台所表现出来的吃惊态度，这种态度截然相反于美国人。广播的内容是这样的：

"之所以授予乔治·爱斯·麦肯因[①]将军勋章，美国官方的理由并不是因为他击退了日军。我们很不理解他们为什么要这样说，因为尼米兹的公报已经宣称自己击退了日军……麦肯因授勋的理由是因为他成功营救了两艘遭到损伤的美军舰船，并安全护送回了基地。这样一件小事的报道的重要性在于它是实在的，而不是虚构。……我们并不怀疑麦肯因将军的确拯救了两艘舰船。我们希望你们了解的只是这样一个奇特的事实：在美国，救下两艘舰船就能被授勋。"

对任何救援行为，对那些深陷困境的人的帮助，总是能感动美国人。救援被看作是勇敢的行为，而救援一旦成功，救援者就会被看作是英雄。这在日本人则是难以想象的，日本人所认为的勇敢行为不包括这一类的救援行为。就连在B29轰炸机还有战斗机上配置救生设备，都被日本人看作是胆小。他们会在各种媒体，报纸、电台上一再谈论这个话题，坚信只有视死如归不计代价才是高尚的，而谨慎毫无价值。这一点在对待伤员以及病患比如疟疾患者上表现得最为明显。那些伤病员被看作失去了价值，成了废物。日军的医疗后勤严重不足，甚至到了难以维持正常战斗力的地步。在长时间的作战行动后，后勤补给的匮乏让本来就捉襟见肘的医疗设施显得更加不足。不过这还不是全部事实。在这些事情上，日本人对物质的蔑视态度起到了很大作用。日军教导自己的士兵说死亡是精神的胜利。而相反的是，我们这样对伤病员的救护，就像是在轰炸机上安装救生设备一样，是反英雄主义的行为。实际上在日常生活中，日本人也很少会习惯于去医院。而在美国，对病患者的同情与帮助，要远胜过对其他福利设施的关心，这点甚至那些在和平时期来美国旅行的欧洲人也认同。而对于日本人，这些却是不可

---

① 这段文字里麦肯因将军的名字与上文有误。上文是乔治，这里成了约翰。应该是作者引用的日方原文的错误。

想象的。事实上，日军没有一个受过专业训练，能在战斗中从火线上抢救伤员的救护班，更没有一套系统的医疗救护设施，比如前线救护所、野战医院，以及后方的康复医院。他们对医疗用品的关注度之低就更令人惊讶。很多情况下，他们的伤病员会被枪杀。最典型的是在新几内亚还有菲律宾等地，日军常常不得不从有医院的地区撤离，他们完全没有在条件允许情况下转移伤员的习惯。只有在执行真正的所谓的"有计划撤退"时，要不就是敌人已经出现在了眼前，他们才会想到需要采取一些措施来处理伤病员。而那样的时候，负责的军医经常会在临撤退前枪杀全部的伤病员，或者由伤病员们自己引爆手榴弹自杀。

对待伤病员的这种态度既然是日本人对待同胞的基本方式，那么，当他们处理美军俘虏时，这样的方式会同样使用就不足为奇。按照我们的标准，日本人不仅仅是对待战俘，对待自己的同胞也一样是犯下了虐待罪的。前菲律宾上校军医哈罗鲁得·格拉特里（Harold W.Glattly）说，他曾作为战俘，在台湾被监禁三年。他说："美军战俘获得的医疗护理要比日军士兵好。在战俘营中，盟军的军医可以照顾盟军的战俘，而日军却几乎连一个军医都没有。在相当长的一段时间内，给日军看病的唯一的医务人员只是一个下士，后来升为中士。这位中士说他自己每年也只见过军医一、两次。"①

就此来说，实际上日军既然有着上述内容方面的命令，但对于前线将士却完全没有进行特别教育的必要。日本军队严格遵守一条拒绝投降的军纪，在缅北战役中，日军被俘与战亡之间的比例为147∶17166，也就是1∶120。并且，在147名被俘者中，除了极少数外，绝大多数在被俘时处于昏迷或者严重受伤状态。而一个人或者几个人一起"投降"的更少。这与西方军队的做法完全相反。在西方，军队阵亡人数达到全部兵力的四分之一或三分之一时，这支部队就会停止抵抗。一般情况下，投降者与阵亡者的比例是4∶1，要知道在霍兰迪亚（Hollandia），日军出现的第一次大规模投降中，这个比例也只有1∶5，但这已经比缅北战役中的1∶120有了巨大进步。

在日本人看来，那些做了战俘的美国人，仅仅是投降这种行为就足够可耻

---

① 见1945年10月15日的《华盛顿邮报》。

了。在他们眼里，一位投降者即使没有受伤、患病，也已经是"废物"，不再属于"完整的人"范畴。很多美国人曾谈到过这样一件事，说是在战俘营里，美国人要是笑，那是非常危险的，这会严重刺激看守。因为在日本人眼里，被俘是一件非常丢脸的耻辱事，而美国人居然还能笑得出来，这简直无法忍受。那些美国战俘必须服从的命令，很多也一样是那些战俘营看守必须遵守的。突然性的急行军以及塞进拥挤不堪的运输船转移，对日军士兵早就是家常便饭。还有一些美国人说，日军哨兵不断要求他们隐瞒自己的违规行为，因为最大的犯罪就是违抗命令。战俘营里的战俘白天要外出修筑道路，或者去工厂做工，那时间是禁止从外面携带食物到战俘营里的，但这种规定往往不会被遵守。因为只要把水果之类的食物包起来就行。不过要是被发现了，那么所犯的罪就大了，因为这表示的是美国战俘对看守权威的蔑视。公然挑战权威，就算是只是一句"顶嘴"，也会受到严厉惩罚。要知道在日常生活中，日本人也是不许顶嘴的，而在军队里这一条就更严格。一般来说，战俘营的确存在着很多虐待甚至残暴的行为。当我们对因文化传统导致的行为跟故意的残暴行为加以区分时，并非是在说应该宽恕残暴行为。

在刚开战那段时间里，日军士兵相信敌军会虐待并杀掉所有战俘，因此更加抵触投降行为。日本当时流传着这样一个谣言，说美军曾用坦克碾压死了瓜岛上的日军俘虏。当然，有时候日军士兵想要投降，而美军怀疑其真实动机，出于谨慎将其杀死，这样的怀疑经常是没有根据的。但一个日军士兵除了死亡就别无选择时，就常常会把与敌人同归于尽看作是骄傲，甚至在被俘后他们也会这样干。这就像有一位日军战俘这样说的："既然下决心要把自己献给胜利的祭坛，如果不能壮烈牺牲那就是奇耻大辱。"正是这样的现象使得我军加倍警惕，当然这样一来，也减少了日军投降的人数。

对日本人来说，投降是可耻的这种认知深深植根于意识里。这跟我们的战争惯例相违背，但在他们却是理所当然。同样，我们的所作所为在他们看来也很难理解。不少美军战俘要求把自己的名字通告本国政府，以便通知家属自己还活着，这种要求让日本人大为吃惊，并表示鄙夷。当巴丹岛上的美军主动投降时，至少那些日军士兵起初一直都以为岛上的美军会顽抗到底。他们无法理解，为什么美国人不以投降为耻。

最能显示西方士兵与日军士兵之间的戏剧性差别的，是那些被俘后与盟军合作的日军士兵。在他们的意识中，完全没有能适应这样的新环境下的行为准则。他们认为自己已经丧失了名誉，而这正是日本人的生命核心所在。直到战争结束前几个月里，也只有极少数的人要求回国，而战争的结局与他们已经毫无关系。最极端的是有些人要求处决自己，理由是"要是你们的规定不允许这样，那我就做一个模范的战俘。"实际上这些人的表现远远好于模范。一些老兵甚至一些多年的极端国家主义者，他们会为我们指出日军储存弹药的位置，详细说明日军的部署，还为我军写宣传品，作为领航员为美军轰炸机指明轰炸目标等等。这样看起来好像他们完全拥有了一个全新的生命，旧的生命根本不是现在这个，但他们表现出的忠诚是一样的。

当然也有很多顽固的战俘，而且必须要有一些预先的提示，才会有上述的行为发生。不少美军指挥官很谨慎，不敢接受日本人表面上的帮助，以至于很多战俘营完全没有对日军战俘加以利用。但在那些接受日军战俘合作的战俘营，前提是必须消除怀疑，而以对日军战俘的信任代替。

对于日军战俘这种180度大幅度的转变，美军显然没有做好思想准备，因为这完全不符合我们自己的行为准则。看起来日本人的行为准则是：确定一条路后，就全力以赴，要是失败了，就重新选择一条。对于这种行为，我们在战后能否利用？或者这仅仅是个别的士兵被俘后的特殊行为？正如日本人表现出的别的行为方式一样，他们的行为的特殊性迫使我们不得不思考，这提出了关于一种整体的生活模式（他们为这种生活模式所制约）以及他们的各种制度的作用方式、思维方式和行为习惯的诸多问题。

第三章　各得其所，悉安其业

"但是不可能的事发生了。日本的落后、受等级制度束缚的民众急骤地转向了一条新的道路，并坚持不懈地走了下去。"

如果想要理解日本人，那么首先得理解他们的"各得其所"（或者"安分守己"）的真实含义。与我们美国人对自由平等的信仰完全背驰的是日本人对秩序和等级制的信赖。对美国人而言，赋予等级制度以正当性，把它当作是一种合理可行的社会结构是非常难的；日本人对等级制的笃信，是建立在他们对人与人、个人与国家的关系的观念意识基础上的，要想弄清他们对生活的观念，首先必须弄清他们的习俗，比如家庭、国家、宗教信仰以及经济结构等。

对国际关系问题，日本人也会像对待国内问题，以等级制的观念来看待。在过去的十年里，他们一直将自己描绘成高居国际等级制金字塔的顶端，如今，这种地位尽管被西方各国所取代，但他们即使是对这样一种现状的接受，也是基于等级制观念的。日本的外交文件不断表明他们对这一观念的重视。在 1940 年签订的日德意三国同盟条约前言中，日本政府声称："大日本帝国政府、德国政府和意大利政府确信，使世界各国'各得其所'，此乃长久和平之前提……"天皇在签订此条约后所发的诏书中也再次提到了这点。诏书说：

"弘扬大义于八纮，缔造神舆为一宇，实为我皇祖皇宗之大训，亦为朕夙夜所眷念。今世局动乱不知胡底，人类蒙祸不知何极。朕所轸念者，惟早日勘定祸乱，光复和平……。兹三国之盟约得成，朕心甚慰。唯万邦各得其所，兆民悉安其业，此乃千古之大业、前途……"

就在日本偷袭珍珠港的当天，日本特使向美国国务卿赫尔（Cordell Hull）递交的声明中，就明确提到这点：

"……使万邦各得其所，此乃帝国坚定不移之国策……与上述之帝国国策背道而驰者，帝国政府断然无法容忍。"

这份声明是针对赫尔不久前的备忘录而发的。赫尔在这份备忘录中强调了美国所尊重的几条最基本的原则，它们在美国人心中的地位与等级制在日本人心中的地位同等重要。赫尔国务卿提出了四项基本原则：主权及领土完整不可侵犯；互不干涉内政；信赖国际合作及调解；平等的原则。这些原则是美国人信奉平等及不可侵犯的权利的主要内容。我们认为，不仅在国际关系中，而且在日常生活中也必须遵循同样的原则。对美国人而言，平等是追求一个更美好世界的基础，是最崇高和最富有道德意味的原则。对我们来说，它意味着拥有不受专制压迫、不受干涉、不受强制的自由；意味着在法律面前人人平等，和每个人都有追求更美好生活的权利。它是当今世界公认的基本人权的基础。即使是在我们自己违反了这一原则时，我们依旧支持平等是正义性之所在；我们满怀义愤与等级制度做斗争。

这是美国人自建国以来就一直坚持的基本原则。杰斐逊把这些原则写入了《独立宣言》。同时，写入宪法中的《权利法案》也是基于此原则的。一个新诞生国家在公开文件里正式写入这些原则是非常重要的，因为它们反映了这个大陆上的人们，在日常生活中所形成的生活方式，这是一种不同于欧洲人的生活方式。历史上有一份重要的历史文献，那就是当时还年轻的法国人阿列克斯·托克维尔（Alexis de Tocqueville）在1830年代初期访问美国后，写下的关于平等的著作①。作为一位睿智、敏锐的观察家，他很快便在美国这个陌生的世界发现许多优点。对阿列克斯·托克维尔而言，美洲大陆就是一个完全不同的世界。托克维尔生长在法国贵族社会中，在当时那些活跃并有影响力的人士的记忆中，这个贵族社会首先受到了法国大革命的剧烈冲击，然后又遭到了《拿破仑法典》的沉重打击。托克维尔高度评价了全新的美国社会的生活方式，对此表现得非常宽容。但是他是以一个法国贵族的眼光在观察。他的那本书对那个旧世界报道了即将来临

————————

① 托克维尔所著的《论美国的民主》。

的社会新的变革。他相信，美国是人类社会发展的前沿，这种发展必将在欧洲发生，尽管会存在着一定差异。

当年的托克维尔对这个新世界做了详尽的报道。他认为只有在这里，人们才能真正实现彼此平等。人与人之间的关系建立在一种全新、和谐的基础之上。人们的身份是平等的，以平等的姿态相处。美国人不拘泥于等级制度下那些细枝末节的东西，既不要求别人给予自己某些特定的礼节，也不会给予他人这样的礼遇。他们的理由只是因为自己没有接受任何人的恩惠。在美国这个国家里，既没有古老的贵族，也没有罗马式的家族。在这片新大陆上，旧世界占主导地位的社会等级制度消失了。托克维尔说，这些美国人信奉的唯一是平等，甚至对自由有时也会忽视，而平等则是生命之所系。

托克维尔以一个外国人的视角，描述了一个多世纪前的我们美国人的祖先的生活方式，为此很多美国人读后深受鼓舞。随着时间的流逝，美国社会发生了很多变化，但它的基本轮廓依然如初。读过这本书后，我们认为，1830 年的美国已经是我们所了解的美国了。在这样一个国度里，过去和现在一样存在着跟杰斐逊时代的亚历山大·汉密尔顿那样对贵族式社会秩序情有独钟的人，但即使是汉密尔顿本人也不得不承认，在美国，人们的生活方式绝非贵族式的。

因此，在珍珠港事件前夕，我们就已经向日本声明美国在太平洋地区的政策是建立在这些最高的伦理基础之上的，也就是我们信守的原则是什么。我们相信，按照我们所朝向的方向走出的每一步，都将会改善这个不完美的世界。而日本人则宣扬自己信奉的"各得其所"信念，他们这样宣扬时，也是基于他们自己的社会经验所得出的生活方式。世世代代以来，不平等早已成为日本民族的组织原则，不仅仅是容易预测，而且还是最广泛被接受的。对他们来说，接受等级制度就跟呼吸一样自然。然而，这还不是西方人所理解的那种简单的权威主义。统治者和被统治者都是在按照与我们完全不同的传统行事。现在，日本已经接受了将美国的权威地位置于最高位置上，我们就更有必要了解他们的这种传统习惯。只有这样去看待和思考，我们才能清晰描绘出他们在当下会采取的行动。

尽管日本目前越来越西化，但它依然是一个贵族社会。人们的每一次寒暄每一次交往，都必须要遵从社会地位的规则。当一个日本人向另一个日本人表达

"吃"或"坐"时，他必须遵循自己与对方的社会关系以及亲疏程度，还有对方的辈分，根据这些采用不同的敬语。"你"这个代词有好几个，在不同场合需要使用不同的"你"；动词也一样有好几个不同的词根。也就是说，日本跟很多太平洋中的民族一样，有使用"敬语"的习俗，并且在使用时还会伴随着不同的身体行为，比如不同样式的鞠躬和跪拜。所有这些都有着详尽的规则与习惯。不单单是要知道需要向谁鞠躬，还有懂得如何鞠躬。对一个对象是合适的鞠躬，在对另一个对象时，也许就会变成是无礼的行为。鞠躬的方式有很多种，从跪地到双手伏地，再到额头触碰手背的最高跪拜，还有简单的动动肩、点点头。作为一个日本人，必须要学会在不同场合使用什么样的礼节，需要从很小就学起。

不仅是等级差别要通过日常经常的礼仪来确认（尽管这是非常重要的），性别、年龄、家庭关系、平时的交往也都要考虑进去。以至于在两个人之间，在不同环境、情形下也要使用不同的礼仪形式。对于一个普通人来说，在好友之间可以不用鞠躬行礼，但当对方穿上了军装后，穿便装的人就必须要鞠躬行礼。对等级的遵守是一门艺术，需要考虑到的因素有很多，而且在特定环境下，有些因素能相互抵消，而有些则会需要增强。

在美国的家庭成员之间，当我们回到家中后，就会放弃所有的礼节。但在日本则不同，反倒是家庭里才是学习礼节并仔细观察的场所。当母亲背着婴儿时，应该用手去按下婴儿的头，教导婴儿学习礼节。孩子刚开始学习走路了，第一课就是学习尊敬父兄。妻子要给丈夫鞠躬，孩子要给父亲鞠躬，弟弟要给哥哥鞠躬；女孩子不论年龄大小，都要给哥哥弟弟鞠躬。鞠躬并非徒具其表的形式。鞠躬代表的是：鞠躬的人原本自己处理的事，现在则承认对方拥有干涉的权利；接受礼节的一方则要承认自己承担相应的责任与义务。性别、辈分和长幼有序，构成了家庭等级制的核心。

我们都知道，孝道是中国和日本共同的道德准则。早在公元6到7世纪，中国的孝道文化就伴随着中国的佛教、儒教以及世俗文化传入日本，中国的孝道思想也很早就被日本人普遍接受。但其中的性质因为需要适应日本自己的家庭结构，不可避免发生变化。在中国，直到今天一个人还必须要为其家族尽忠。这样一个家族也许是由成千上万个成员组成，而且宗族对其成员拥有裁决权，并得到其成员的支持。当然因为中国的幅员辽阔，因此各地的情况也有所不同，但在绝大多数地区，一座村庄大致属于同一个宗族。中国拥有 4.5 亿人口，但只有 470 个姓氏。通常来说，同一姓氏的人彼此属于同一个宗族。有些地区的居民甚至全都属于同一宗族。还有那些离开了家乡，住到城市里的家庭也很可能来自同一个宗族。在广东，由于人口密度很大，宗族成员联合到一起，共同建立、维护颇为可观的宗族祠堂，在祭祖的日子里，聚集到一起向由共同远祖繁衍下来的数以千计的祖宗牌位举行祭祀礼仪。宗族都有自己的财产、徒弟和寺院，并设立有共同基金，用以资助有前途的宗族子弟读书学习。它保持着对散落在各地的宗族成员的联系，每隔十年就会重新刊印一次经过认真增订的族谱，记录下那些有权分享祖宗恩惠的人的姓名。它有着世代相传的家规，在宗族与当局之间发生冲突时，甚至会拒绝把属于本宗族的罪犯交给当局。在封建帝制时代，这种半自治的宗族共同体仅仅只是在名义上接受国家的管辖，而那些由不断更迭的政府指派来的地方官员，在这个地区则被视为外人。

日本的情况就大不相同。直到 19 世纪中叶，也只有贵族和武士宗族可以使用自己的姓氏。在中国，姓氏是宗族制度的根本所在，如果没有姓氏或相当于姓氏的东西，宗族组织就不可能获得发展。某些宗族所保留的族谱，就是相当于姓氏的东西。但在日本，只有上层阶级保留族谱，而且那种族谱的记录就像"美国革命妇女会"（Daughters of the American Revolution）一样，是从现在活着的人向上追溯，而不是从古至今记录下一个祖先传下来的后代。这两种方法截然相反。再加上日本是封建国家，尽忠的对象是封建领主而不是宗族，每个领主就是当地的最高统治者，这和中国那种任期短暂的官僚不同，因为后者是这个地区的外人。在日本，重要的是某个人是属于萨摩藩还是肥前藩。一个人与社会的联系就是看他属于哪个藩。

民族得以制度化还有一种方法，那就是在神社或者圣地祭拜祖先或者氏族的神灵。这类活动那些没有姓氏的日本人也能参加。但日本却没有祭祀远祖的仪式。在"庶民"参与祭祀的神社里，所有的村民集中在一起，并不需要证明他们拥有共同的祖先。他们被称为神社所祭祀的神的"孩子"①，之所以这样称呼，是

---

① 日文称"氏子"。

因为他们住在这位神祇的领地上。跟世界各个地方的村民一样，这些参与祭拜的人——村民们，因为世代定居于此，相互间自然存在着亲属关系，但并非来自拥有共同先祖的氏族集团。

不同于神社，对祖先的祭拜通常是在家庭的"佛龛"前进行的，那里一般立有六七个前后去世的亲属牌位。在日本所有社会阶层中，人们每天都要通过这种方式来祭祀过世的父母、祖父母以及其他近亲。祖先面前会供有食品，祭坛上供奉灵牌，类似于微型墓碑。不再有人去重新刻写墓地中曾祖父、曾祖母墓碑上的文字，人们甚至会迅速忘记三代之前的祖先的墓地。日本的家族联系很淡薄，接近于西方社会，也许和法国在这一点上最为相近。

因此，日本人的"孝道"局限在直接接触的家庭成员之间。最多包括父亲、祖父，以及伯父、伯祖父及其后代，其内涵就是个人在这样一个集团中，应该依据辈分、性别、年龄确立自己相应的地位。在日本，即使是那些范围更大的豪门望族团体，也会根据亲疏分成各个分支，除了长子，其他的都需要另立门户，成为这一家族下的"分支"。在那个范围更小、处于直接接触关系下的团体内部，对"各安其分"的要求十分严格细致。在长辈隐退之前，都要保持对他的服从。就是在今天的日本，拥有多个成年儿子的父亲，在他自己的父亲隐退之前，也需要在做决定前请示自己父亲并获得批准。即使是孩子已经有三四十岁完全成年了，他的婚姻也要按照父母的意愿组成。作为一家之长的父亲，用餐时他首先开始，沐浴时他首先入浴，一家人都要对他毕恭毕敬，而他只需要点头示意就行。在日本有一则流传甚广的谜语，用我国的解谜形式（conundrum form）来对应则是："为什么儿子向父母提出建议就像要求和尚头上蓄发一样？"（佛教僧侣必须受剃度）答案是："不论怎么想，都是不可能的。"

"各安其分"除了辈分上的差别外，还有年龄上的差别。在表述一种混乱状态时，日本人会用"非兄非弟"这种说法，这就像我们说"既非鱼，又非鸟"（neither fish nor fowl）。日本人认为，长兄就该如鱼得水般保持自己长兄的特点。长子是家族的继承者。旅行者们在谈到这点时会这样描述："日本的长子从小就学会了领导者的气派。"长子拥有的对家庭的权利与父亲相差无几。在过去，弟弟肯定会很早就依赖长兄。现在，特别是在农村和乡镇，按古老规矩，长子要留在家中，弟弟们或许会走出家门，到社会上去闯荡，接受更多的教育，取得更多的收入。但古老的等级制观念仍然十分强大。

甚至在如今的政治论坛上，在大东亚政策的讨论中，这种长子特权观念也表现得非常突出。1942年春天，就"共荣圈"问题，陆军部的一个中佐发言人有如下发言："日本和他们是兄弟之间的关系。日本是兄长，他们是弟弟。要使占领地区的人民认清这一事实，并人人皆知。对当地居民的过多体恤，会造成他们在心理上认为可以滥用日本好意的认知，从而导致日本对他们的统治的很多负面效果。"换句话说，什么对弟弟最好得由兄长来决定，并且不能对此有过多的迁就。

不论年龄大小，一个人在等级制中所处的地位都会取决于性别。走路时日本妇女要跟在她丈夫身后，她的社会地位也比丈夫低。即使在有些场合她们穿上西服，与丈夫并肩同行，进门时走在丈夫前面，但一旦换上和服，就必须退到丈夫的身后。在日本家庭中，女孩子只能默默接受礼物、关心和教育费用在她的兄弟身上的现实。即使有几所为青年女性开设的高等学校，那里的课程也是以教导礼仪和举止规范为主，就智力训练而言，则根本没法与男性学校相比。一位这种女校的校长曾建议，那些来自中上流家庭的学生应该学一点欧洲语言，其理由是希望将来她们能更好地清理丈夫读过的书，并能准确地把这些书放回书架恰当的位置。

但即使是这样，与亚洲其他大多数国家相比，日本妇女还是拥有更多的自由，而且这也不仅仅是日本西化的一种表现。比如，她们不像中国上层妇女那样必须缠足，她们可以自由进出商店，在大街上行走，无须将自己深藏于家中等等，这些也让印度妇女惊叹不已。在日本，妻子进行家庭采购，执掌财务支出。如果出现财务吃紧的情况，她就挑选一些用品送进当铺。家庭主妇管理着家里的佣人，对儿子的婚姻有很大的发言权。成为婆婆后更是完全拥有了家庭的管理权。仿佛自己前半生从未做过唯命是从的媳妇。

在日本，辈分与性别会带来极大的特权。但这些行使特权的人与其说是独断专行，倒不如说是受委托执行权力的人。父亲或兄长要对所有家庭成员负责，无论活着的、去世了的，还是即将出生的。他必须做出重大决策并贯彻下去。但是，他并不拥有绝对的权利，他的行为必须要对家庭的荣誉负责。他必须使儿子及弟兄们能牢记家族的遗产，包括精神和物质两方面的，并要求他们不要辜负。即使是一个农民，他也要祈求祖先能够保佑他承担起责任。他的阶级地位越高，承担的家族责任就越重。家庭的要求永远高于个人的要求。

不论门第还是社会地位如何，在遇到重大事件时，家长都会召集家族会议集体讨论。例如，一个有关婚约的会议，家族成员可能会从很远的地方赶来参加。在做出决定的过程中，并不会因人而异，所有人都有发言权。即使是妻子或弟弟身份的人的意见，也可能改变决定。要是户主独断专行，不考虑其他人的意见，就会使自己陷入麻烦。当然，会议上做出的决定，对被决定者来说很可能难以从命。但那些长辈们会竭力要求晚辈完全服从家庭会议的决定，就像他们自己当年一样。这种要求背后的约束力，跟普鲁士那样从法律和传统习惯上给予男人对妻子和小孩的专横权利不同，但其强制力一点都不弱，只是效果不一样。在家庭里，日本人并不需要学习尊重专制权力，也不会养成对专制权力驯服的习惯。无论多么不合理的要求，家族意志都是以全体成员的名义发出的，也就是这种对服从的要求是来自最高价值，名义上是来自对家族的忠诚的要求。

所有日本人最早都是从家庭中学习到的等级制习惯，然后才会把学来的这种习惯在社会各个方面加以运用。一个人懂得，要对那些"适得其所"的人表示尊敬，不论他们是否对集团拥有支配权。即使是一个男人实际上是受到妻子或者弟弟支配的，但在正式的社会关系结构中，他依然是受到妻子和弟弟尊重的。这种权利的外在的形式，不会因为某人在背地里操纵就遭到破坏；表面关系也不会为了适应实际支配关系就改变；因为这种关系的存在是神圣的。这样的关系形式，有时会给那些实际上违背了正式关系地位的人，带来背后操纵权力的便利。正因为表里不一，才会更少受到他人的指责。通过家庭生活实践，日本人懂得了做出一种决定，最强有力的支持基础是家族对这一决定的认可，并因此跟家族荣誉联系到一起。这种决定并不是偶然成为家长的专制者强加于人的命令。日本的家长更像一位家族物质和精神财富的受托管理者，这些财富对所有的人来说都非常重要，它要求每个人的意志都从属于它。日本人在家庭中很少使用暴力，但并不因此就减低了对家族的服从要求，也不会因此降低对特定身份的敬重。即使家族中的年长者不是一位强人，但家族的等级结构丝毫不会受到损害。

有关日本人家族等级制的上述这些粗浅介绍，对有着不同人际关系标准的我们美国人来说，远远不够用来理解日本家族的情感纽带的强大程度。日本家族存在着一种牢固的关联性，这样的关联性是如何产生出来的，正是本书要研究的对象之一。想要了解日本社会的政治、经济等诸多方面存在的等级制度，就首先需要了解他们的家庭家族结构，以及他们是如何从家庭中学习，从而获得这种习惯的。

等级思想对日本人的阶级关系的影响一样强烈。从历史上讲，日本一直都是个等级森严的阶级社会。一个等级制度延续了几个世纪的民族，有其长处，也有其重大的不足。自有文字记载以来，等级制一直都是日本社会生活的准则，甚至可以追溯到公元 7 世纪。那时日本从无等级的中国社会学习了生活方式，并使其适应自身的等级制文化。在公元 7 到 8 世纪，日本的天皇与宫廷已决定用当时的中国拥有的那种让日本使节惊叹的文明，来着手改造、充实日本社会。他们以无与伦比的专注与精力开展了这项事业。而那之前，日本社会连文字都还没有。7世纪时，日本采用中国的表意文字来记录自己那种跟汉语完全不同的语言。那之前的日本有自己的宗教，四万个神祇镇守着山川、村庄，为人们赐福。这种民间宗教历经了无数次的变革，至今延续，成了现代的"神道教"。也正是在 7 世纪里，日本从中国引入了佛教，并作为"保护国家的至善"宗教[①]。而之前无论是在官方还是民间，日本都还没有大规模的永久性建筑。当时的天皇就是仿照了中国的长安建造的奈良城。当时的日本各地也仿照中国的建筑，建造了很多壮丽的佛教伽蓝（寺庙）和僧院。天皇还学习中国的政治体制，确定了官阶品位与律令。一个自主的民族，能如此成功地有计划大规模学习其他文明建立自己的社会文化，这在世界历史上非常罕见。

不过，从一开始日本就没有复制中国那种无等级的社会结构。日本所采纳的官阶品位制度，在中国是授给那些通过科举考试获得功名的行政官员的，而在日本却授给了那些世袭贵族和封建领主。这就形成了日本等级制的重要组成部分。

---

① 引自奈良时代编年史。日文原文是：圣武天皇在陆奥国，黄金出，乃下诏曰："闻佛言，护国者必胜。"

日本在历史上不断分裂为一个个半独立的藩国，领主之间不断相互争斗，并且很多社会习俗也跟领主、家臣、侍从相关。也就是说无论日本怎样努力从中国引入文化，也始终没能取代自己的等级制生活方式，例如中国的官僚制度和把各种身份、职业的人凝聚起来的宗族制。日本人也没有接受中国人那种世俗皇帝的观念。日语中将皇室的人称为"云上人"，其意为只有这个皇室家族的人，才能继承皇位。中国经常改朝换代，但日本却从来没有。天皇神圣不可侵犯，他的臣民也是神圣的。当初日本天皇及其大臣们把中国文化引入日本的时候，肯定无法想象中国人在这些方面做了哪些安排，也想象不到他们做了哪些改动。

尽管日本从中国引入了各种文化，但这种新的文明只不过为那之后数百年的世袭领主与家臣之间的争斗，以及对最高权力的争夺开辟了先河。8世纪末，贵族藤原氏取得了统治地位，剥夺了天皇的实权。后来，封建领主们纷纷反对藤原氏的统治，整个国家陷入内战之中。最终著名的源赖朝击败了所有对手，以"将军"这个古老的头衔成为全日本实际上的统治者。"将军"的全称是"征夷大将军"。如同所有惯例一样，只要源赖朝的后代对其他封建领主拥有控制权，源氏家族就能够世袭这个称号，而天皇成为一个形同虚设的角色，但将军必须依赖他的象征性封赐才能正当进行统治。天皇不拥有任何实际的权利，全部行政权都掌握在幕府手中。为了维护幕府的统治，必须依靠武力来征服那些不肯服从的领主。每个封建领主即所谓"大名"，都有自己的武装家臣即武士。这些武士随时准备对敌对的大名或最高统治者将军的"地位"发起挑战。

公元16世纪内乱不断。经过几十年的内战，伟大的武将德川家康击败了所有的对手，在1603年成为德川家族的第一位将军。自此开始，德川家族世袭了将军职位长达二百六十多年。1868年，天皇与将军的"双重统治"才被废除，日本进入了近代时期，德川政权宣告结束。漫长的德川时代往往被视为日本历史上最重要的时期之一。因为它给日本国带来了一种武力维持的和平，直到最后崩溃，有效实行了为德川氏的政治目的服务的中央集权制度。

德川家康曾面临一个非常棘手的问题，并且从未找到解决的办法。在内战中，一些最强大藩国的藩主曾经是他的敌手，直到最后惨败才俯首称臣。他们就是所谓的"外样"（即旁系大名）。德川家康允许这些大名继续控制自己的领地和家臣。但这些大名们却不能享有德川家臣的荣誉，不能担任幕府的任何重要的职务。所有重要的职务一律保留给"谱代"（嫡系大名），也就是那些曾在内战中拥护德川的人。为了维持这一困难的政治局面，德川家康的策略是防止各个藩主们积蓄力量，并预防任何形成联合力量的倾向。德川家族没有废除封建体制，反而为了维持日本的和平和德川氏家族的统治强化了这一体制，使它更加巩固。

日本的封建社会对社会阶层的划分极为复杂，每个人的地位都通过世袭的方式固定了下来。德川氏进一步巩固了这一制度，并且为各个阶层的人的日常具体行为制定了详细的规则。每户的家长必须在门口张贴表明自己阶层地位和世袭身份的标识。他的衣着、食物以及合法居住的房舍，都要遵循世袭等级规定。在皇室和宫廷贵族之下，日本还有四个世袭等级，其顺序依次是士（武士）、农（农民）、工（工人）、商（商人），其次还有一个贱民阶级。这些贱民最为人知的是所谓的"秽多"，即从事各种被人们所忌讳的职业的人。他们包括清道夫、掩埋死囚者、剥取死兽皮及制革者等。他们是日本社会中的"不可接触者"（untouchables），确切说，这类根本不算是人，他们所居住的部落区域的道路都不会被计入里程，似乎这片土地和居住群体根本不存在。这个群体的人生活极其贫困，尽管允许从事批准的职业，却被排斥在正常社会之外。

商人的地位仅比贱民好一些，也许美国人对这种现象实在无法理解，但这在封建社会中却是客观事实。一般来说，商人阶级总是对封建制度造成破坏。因为当商人一旦受到尊重，商业一旦繁荣起来，封建制度就会衰败。17世纪时德川幕府实施闭关锁国政策，颁布了世界上任何国家都未曾有过的严峻的锁国令，从根基上铲除了商业的存在基础。日本曾在中国和朝鲜的整个沿海地区进行过海外贸易，商人阶层随之获得了发展。为了阻止这种趋势，德川氏规定：对于建造或驾驶超过一定吨位船只的人，都要处以极刑。被准许建造或驾驶的小船，既不能航行到大陆，也不能运载商品。国内贸易也受到严格管制，各藩国之间均设立关卡，严格限制商品的进出。还有一些法律确立了商人阶级的社会地位的低下。《奢侈取缔令》中规定了商人的穿戴、雨伞、操办婚丧礼时的花费限额。商人们不能跟武士住在同一区域内。法律并不保护商人们免受特权阶层——武士之刀的欺凌。德川家族企图把商人永远置于低人一等的地位，这在货币经济下无疑是要失败的，但德川却试图这样去做。

德川幕府依靠的主要力量是武士和农民这两个阶层，而德川幕府把这两个阶层固化了下来。在德川家康平定天下之前，伟大的将领丰臣秀吉就已经完成对武士和农民这两个阶级的分隔。他收缴了农民的武器，并严格规定只有武士才有资格佩带刀。但即使是最低一级的武士也不能从事任何经济活动，成为彻底的寄生阶级，每年从农民的赋税中抽取一定数量的年贡米作为俸禄。主要由各大名把征收来的谷米按规定份额分发给武士家臣。武士不需要考虑生活来源，完全仰仗领主。在早期历史上，日本封建大名跟自己手下的武士之间的牢固纽带是通过战争结成的。但在德川时代，这种纽带被经济性因素取代。日本武士跟中世纪欧洲的骑士不同，他们不能拥有领地和农奴，也不是有钱的士兵。他们是食俸禄者，依附在领主身上。德川初年就按照"家格"确定了俸禄的高低。俸禄并不充裕，据日本学者估计，所有武士的平均俸禄与农民的收入相当，只够维持生活。而要是一个武士家族里有好几位继承人，那么就更让人头痛。为此武士不得不限制自己家族的规模，对他们来说最难堪的是一个人的威望取决于他拥有的财富和外表，因此他们就有了这样的信条：节俭是最高的美德。

武士与农民、工人、商人这三个阶级之间还有一条巨大的鸿沟。后三个阶级被称为"庶民"，但武士不属于"庶民"。武士的佩刀不仅是一种装饰，而且还是权利与社会地位的标志。他们拥有对平民使用佩刀的权利，这在德川时代前就已经形成传统。德川家康颁布的法令中也规定："对武士无礼，或对贵族行为不端的庶民，应立刻被斩首。"这仅仅是对旧的传统的确认。但德川完全没有考虑到要在庶民与武士之间建立依存关系，他的政策只是建立在严格的等级制度之上。庶民阶级和武士阶级服从大名的统治，接受他的直接统率。这两个阶级各处在不同的社会阶层，从上到下，每个阶层各有自己的法律、法规、统治以及相互间的权利和义务。两个阶层之间有不可逾越的界限。当形势出现变化时，两个阶级之间需要反复去建立起联系的桥梁，但这种桥梁并非这种制度固有的。

在德川时代，武士不仅仅依靠舞刀弄剑，他们还日益成为藩主的理财专家和精通古典戏剧、茶道等各种高雅艺术的专家。他们进行各种外交活动，并通过巧妙的手腕来实现藩主的谋略。在两百年漫长的和平岁月里，个人几乎没有什么机会使用武力。就像商人不顾严格的等级规定，发展出了高雅舒适的城市生活方式一样，武士虽然时刻准备浴血奋战，但也像商人们一样，发展了各种高雅艺术。

至于农民阶层，尽管法律没有明文规定他们有不受武士阶层欺凌的权利，同时要承担沉重的年贡以及受到各种人身限制，但基本保障还是有的。例如农民对土地的所有权就受到了保护，在日本，土地就意味着威望。在德川统治时期，禁止永久性转让土地。跟欧洲社会不同，这条法律并不是为保护封建领主而设立的，而是为了保障耕作者的权利。农民拥有一种他所珍惜的永久性权利，才会在耕作土地时，就像他们的后裔在稻田里一样不辞辛劳。但农民依然还是那个养活着上层寄生阶级的阿特拉斯①。他们需要养活大约二百万的寄生阶级，包括将军府的政府、大名府的机构、武士俸禄等。他们要交纳实物税，也就是一定比例的收获。同样是出产水稻的国家，泰国的传统赋税是 10%，而德川时代的日本则是40%，而实际交纳的还要高。在有些藩国中的比例高达 80%。此外，还经常会出现强迫劳役和工作的情况，这消耗了农民的精力和时间。同武士一样，农民自己也限制家庭的规模。在整个德川时代，日本全国人口基本没有变化。对一个亚洲国家而言，人口能够在一个相当长的和平时期内保持不变，足以说明那个时期的统治状况。不论对寄生阶级还是劳动阶级，政府都实行斯巴达式的限制。但在下属与上级之间则存在着相对的依赖性。人们都很清楚自己的义务、特权及地位。如果这些原则受到侵犯，连最贫困的人都要进行反抗。

即使处于极度的贫困状态，农民也起来反抗过封建领主和幕府当局。在德川氏统治的二百五六十年间，至少爆发过一千次的农民反抗。其主要原因并不是由于"四公六民"的传统重赋，而是抗议额外的赋税。如果实在忍无可忍，他们就会成群结队涌向藩主，但请愿和裁决过程却是井然有序的。农民们写好要求重新调整赋税的正式请愿书，然后递交给藩主的管家。如果请愿书被管家扣压，或者藩主不予理睬的，他们就派代表去江户，把书面控诉呈送给幕府的将军。在一些有名的案件当中，都是农民在江户城内的大街上拦截幕府高官的轿子，直接将请愿书呈送给高官。尽管农民在请愿当中要冒很大风险，但幕府当局会立刻进行调

---

① 希腊神话中肩扛天空的泰坦神。

查，其中约有一半的判决是对农民有利。

然而，幕府当局对农民请愿所做的裁决，并不能满足日本对法律和秩序的要求。农民的抱怨很可能是正当的，国家对他们的尊重也是明智的，但农民领袖们已公然违反了严峻的等级制。尽管最后判决结果对农民有利，可有一点是不容忽视的：农民起义领导者的行为已经破坏了"必须效忠"这一基本法律。因此，不管他们的出发点如何正确，他们也应被处以死刑。甚至那些农民自己也认为这是不可避免的。被判处死刑的人被农民视为英雄，人们聚集刑场，目睹请愿的领导者被投入油锅、砍头或是被钉上木架，但在场的农民们却没有进行暴动。这就是法律，这就是秩序。人们可以在事后给那些被判死刑的人建祠，并将他们尊奉为殉难烈士，但他们必须受到惩处，因为这是他们所赖以生存的等级制的核心。

简单说，整个德川幕府时代，幕府政府都在竭力维护藩的等级结构，以便使每一个阶级都依靠封建领主。在每个藩中，大名高居等级制度的顶端，因而他对属下可以行使特权。将军最主要的行政上的任务就是对各个大名的有效控制，他必须采取各种手段来防止大名之间结盟或者实施侵略计划。各藩边界都设有哨所关卡，严禁"出女入炮"，以防止大名贩运妇女出境或走私武器入境。[①] 在没有将军许可的情况下，大名不能联姻，以防止形成任何形式的政治联盟。藩与藩之间不能进行自由通商，甚至彼此之间不能架设桥梁。另外，将军还会派出大量密探随时掌握各地大名的财政状况，一旦发现哪个藩主的财力充沛，将军就会要求他承担耗资巨大的公共工程，并使其财力降到原有的水平。其中有一项规定最为出名，那就是一年当中，大名必须在江户住上半年。当自己返回领地时，必须把妻子留在江户（东京）作为将军手中的人质。正是通过这些处心积虑的手段，幕府确保了自己的权势，并强化了自己在等级制中的统治地位。

当然，将军还不是这一等级结构的基石，形式上将军是奉天皇之命来管理天下。在幕府这种政治结构中，天皇和他的世袭贵族（公卿）们大都被迫隐居在京都，并没有实际的权力。天皇的财政来源甚至还不如一些地位低下的大名，皇宫中的一切仪式也受到幕府规定的严格限制。但是，即便是最有权力的德川将军，

---

① 诺曼（Herbert Norman）的《日本近代国家的诞生》一书注，所谓禁止"出女入炮"指的是大名妻妾出江户、私运武器入江户。

也从没采取措施来废除这种由天皇和实际统治者构建的双重统治的局面。双重统治在日本并不是什么新鲜事物。从12世纪起，大元帅（将军）就经常剥夺天皇的实权，自己以天皇的名义来统治这个国家。曾有一个时期，这种双重统治的现象极其突出，以至于作为傀儡的天皇把实权托付给一位世袭的世俗首领，而这个权力又由首领世袭的政治顾问来行使。经常会发生这种权力的委托和再委托的现象。在德川幕府末年即将崩溃时，佩里将军也没有料到将军背后还有天皇。1858年，美国的第一任驻日本使节哈里斯（Townsend Harris）在和日本进行第一个通商条约的谈判时，也只能靠自己来发现还有一位天皇。

实际上，日本人的天皇概念，在太平洋各岛上一再被发现。天皇是神圣的首领，可以参与政治，也可以不参与。在一些太平洋岛屿上，皇帝自己行使权力；而在另一些岛屿上，皇帝则将权力委托下去。但皇帝本身是神圣的。新西兰各部落中，神圣的首领是如此神圣，以致不能亲自进食，而必须由专人奉食，连奉食的汤勺都不许碰到他的牙齿。外出必须要由人抬着，因为据说神圣的双脚接触过的土地都会自然变成圣地，从而归神圣的首领拥有。尤其是头部最为神圣，任何人都不许触摸。他说的话能传到部落的神那里。在某些太平洋岛上，如萨摩亚岛、汤加岛，神圣首领与世俗生活完全脱离。世俗的首领掌管一切政务。18世纪末到过东太平洋汤加岛的詹姆斯·威尔逊（James Wilson）是这样描写那里的政府的：它"与日本政府最为相似，在那里，神圣首领是军事将领的某种政治犯"。汤加岛的神圣首领不参与政治事务，但主持宗教仪式。他会在果园里接受采摘下来的第一枚果实，并率领举行宗教仪式，然后人们才可以吃这些果实。当神圣首领去世后，讣告会用"天堂空了"这样的词句，在下葬到巨大的陵墓时，要举行庄严的仪式。但他不干涉政治。

即使在政治上没有任何权力，即使是所谓的"军事将领的政治犯"，按照日本人的定义，天皇在等级制中占有着一个"恰如其分"的地位。对于日本人，天皇是否积极参与世俗政治，不是衡量天皇身份的尺度。在长达几个世纪的征夷大将军统治的年代里，日本人始终珍视天皇在京都的宫廷。只是按照西方人的看法天皇才是多余的。而早已习惯扮演严格等级制中角色的日本人，却有不同观点。

从天皇到贱民，近代日本深受封建时期极其明确的等级制度的影响。毕竟从法律层面宣布封建等级制的结束才过去 75 年。而根深蒂固的民族传统，是不可能在一个人的一生中清除掉的。在下一章中我们将看到，就算是国家的目标已经发生很大改变，近代日本的政治家们也是在精心审慎地计划运作以便保存这一制度。与其他独立自主的民族相比，日本民族更加受到这样一个世界的制约，在这样一个世界里，行为的规范一直深入到具体细节，每一种社会地位都是明确固定的。而且在长达两百多年时间内，这个世界是依靠铁腕般的专制强力维持着。也是在这个时期里，日本人接受并习惯了把这种缜密烦琐的等级制等同于安全稳定。只要他们还生活在这个熟悉的社会里，只要他们还继续履行着已知的义务，他们就能信赖这个世界。那段时期盗贼被控制住了，大名之间没完没了的战争也受到了制止。普通臣民如果能证明他人侵犯了自己的权利，他们也可以像农民受到剥削时一样提出请愿。虽然这样做个人可能要面临一定危险，但这种做法却是得到公认的。在幕府统治时期，最开明的将军甚至设立了"诉愿箱"（控诉箱），而且只有将军拥有这个箱子的钥匙，任何一个公民都可以将自己的抗议信投入箱中。在日本，只要出现与现存行为规范相悖的行为，这种行为就能保证得到纠正。人们都信任这种规范，因为只要遵守，就一定能获得安全。一个人的勇气与完美，体现在与这种规范保持一致的程度上，而不是反抗或者对这些规范的修正上。在这种规范涵括的范围内的世界是明确可知的，因此在日本人眼里，这个世界是可信的。它的规则不是如同摩西十诫那种更抽象的道德原则，而是具体到这种场合应该如何做，那种场合又该怎样；武士该做什么，平民又该做什么；兄长该怎样做，弟弟又该怎样做；诸如此类。

在这种制度下，日本民族却并没有像其他一些生活在强大的等级制下的民族那样变得温顺。你不得不承认，在日本社会，每个阶层都得到了相应的保护和保障。即使是贱民，也一样得到了保障，让他们能专营属于自己的特定职业，而且他们的自治团体也得到了官方的认可。这是一个任何阶层都受到极大限制，但却井然有序的社会。

相对于印度等社会，日本的等级制拥有某种灵活性。在日本的习俗当中，你可以在不破坏公认的常规情况下，采用一些手段来调节制度。一个人可以通过好几种方式来改变自己的等级地位。在货币经济下，高利贷主和商人必然会富裕起来。之后，他们就会使用各种传统的方法来跻身于上流社会。比如他们可以利用典押和地租而变成"地主"。的确，农民的土地不允许转让，但是由于日本的地租很高，所以让农民继续留在土地上是对地主有利。高利贷主可以住在那块土地上收取地租。在日本，这种土地"所有权"既有利又能带来权势。而且商人的子女还可以通过联姻方式跻身贵族阶层。

另外还有一种传统的变通方式，那就是过继和收养。这种方式提供了一种"购买"武士身份的方法。尽管德川幕府对商业严加限制，却并没有能阻止商人富裕起来。富裕起来后的商人阶层就想方设法让自己的儿子过继给武士做养子。在日本，人们更多是招女婿而不是收养。入赘的女婿被称为"婿养子"，他们可以成为岳父的继承人，但付出的代价也很大。他的姓氏会被从生父家的户籍中删除，然后转入妻子家的户籍，姓妻子家的姓氏并要和岳父母一起生活。代价尽管很高，但获益却不少。当富有商人的后代成为武士后，原先贫穷的武士家庭实际上就与财富建立了联系。这样的结果是等级制并没有受到破坏，而富有者能跻身上层等级。

因此，日本的等级制并不要求只能在同一等级内部通婚。有好几种被公开认可的方式能保证不同等级之间的通婚。这些方法使富裕的商人逐渐渗入到下层武士群体，而这种情况在与西欧社会对比时就显得格外显著。在欧洲，封建制度的崩溃主要是因为一个日渐强大的中产阶级的兴起，这个阶级控制了现代工业时代的到来。但在日本则没有这样一个强大的中产阶级的出现。那些从事商业与高利贷的阶层，通过社会认可的方式"购买"了更高一级等级的身份。这样的结果最终是武士与商人结为同盟。当欧洲与日本的封建制度都处于苟延残喘状态下时，在日本竟然能允许更大的阶级间的流动，这一点很让人吃惊，在日本的贵族与市民阶级之间，你几乎看不到任何的阶级斗争存在，这种现象就是上述情况最令人信服的证据。

要说这两个阶级拥有着共同的目标这很容易。不过类似的情况在法国也出现过；西欧另外一些国家也有过类似的例子；但阶级的固化程度在欧洲却非常大。在法国，阶级之间的冲突导致了贵族被剥夺财产。在日本，两个阶级却彼此靠近了。摧毁德川幕府的那个联盟就是由商人、金融阶层和下级武士构成的。日本到了近代还保持着贵族制度，要是不存在社会阶级相互间的流动，这样的情形很难想象。

日本人喜欢并信任他们那套复杂的行为规范，是有他们自己的理由的。主要是这种规范给了人们安全的保障；这种制度允许对非法侵犯的抗议，并承认调节的必要性。它强调等级之间相互需要履行的义务。在德川幕府于19世纪后半叶崩溃时，日本没有任何集团主张废除这些规范。那里没有发生"法国大革命"，也没有发生"1848年式的革命"（指"二月革命"）。然而，形势急转直下，从一般平民直到幕府将军，每个阶级都欠商人和高利贷者的债。社会已经无法维持人数众多的非生产阶级和巨额的财政支出。身陷财务危机的大名已无力支付自己武士侍从的定额俸禄，整个封建纽带形成的社会网络只能遭到人们的嘲弄。在这种状况下，大名们企图对农民增加课收原本已经极度沉重的赋税来避免沉沦，结果是寅吃卯粮，长年预征，导致农民无法生存下去。幕府的统治一样濒临破产难以为继。当佩里将军1853年率领舰队到达日本时，那里的危机已是一触即发。他强行进入日本，并于1858年签订了日美通商条约，当时日本已无力反抗。

当时日本举国上下喊出的口号是"一新"，即"恢弘往昔""王政复古"。这与革命是对立的，甚至是落后的。另外一个与"尊王"这个口号联系在一起的就是"排夷"。国民支持重新施行闭关锁国的黄金时代那些政治纲领，而极少数懂得这种方式行不通的领导人虽然努力奋斗，却纷纷被暗杀。这个不喜欢革命的国家似乎不会改弦易辙去顺应西方模式，更看不出任何可以在五十年内能与西方国家进行竞争的迹象。但这一切就是发生了。日本发挥了自己的长处，这与西欧各国完全不同，完成了高层人士和一般舆论都没有要求过的目标。在19世纪60年代，如果能从水晶球里看到未来，没有一个西方人会相信日本会有后来发生的改变。因为地平线上并没有看到任何一小块预示二十年后会有一场横扫日本列岛变革风暴的乌云。但不可能的事发生了。日本落后、受等级制度束缚的民众急骤转向了一条新的道路，并坚持不懈走了下去。

第四章　明治维新

"日本人不懂得不能以自己的标准和要求来要求别的国家的人民。他们最大的错误就在于他们认为能够这样。"

"尊王攘夷"，即所谓的"王政复古，驱逐夷狄"，正是宣告近代日本到来的战斗口号。它的核心目的就是在于使得日本免遭西方列国的欺辱，恢复天皇与将军的"双重统治"前的黄金时代。京都的天皇朝廷最为保守。在支持天皇的人看来，天皇的胜利就意味着让外国人屈服，并把他们驱逐出去；就是要在日本重新恢复传统的生活方式，剥夺"改革派"在所有事务上的发言权。其中，强大的外样大名充当了倒幕派的先锋，他们试图通过"王政复古"来取代德川氏家族对日本的统治。农民们希望能多保留一些自己的收获，却一点都不喜欢"变革"。武士们既想继续保持俸禄，又希望能挥刀上阵建功立业。而那些在财政上支持王政复古的商人们，虽然希望能推行重商主义，却从未指责过封建制度。

1868 年，倒幕势力取得胜利，王政得以恢复，日本结束了它的漫长的"双重统治"时代。当时，从西方的标准看，胜利者将推行一种极为保守的孤立主义政策。然而，新政府从一开始就采取了完全相反的方针。在它成立后不到一年时间里，就废除了大名在各藩征税的权力。另外，它收回了"版籍"，把原本按照"四公六民"分成中由大名分得的"四成"收归国有。但这种剥夺并非是无偿的，政府因此发给每个大名相当于其正常收入的一半左右的俸禄，同时免除了大名对武士的供养，以及公共建设的付出。武士也一样从政府那领取俸禄。在那之后的五年时间里，又从法律上废除了等级之间的不平等以及作为等级、社会地位的服饰以及外在标志，甚至下达"散发令"①。贱民被解放了。废除了禁止土地转让的法令。各藩间的关卡被撤除，取消了佛教的国教地位。到 1876 年，政府又把大名及武士的俸禄折合成偿还期为 5 到 15 年的秩禄公债一次性合并发放②。数额则按每人在德川时代所领取的固定俸禄核定。这笔钱足够让他们开办非封建性的企业。"这是对早在德川时代就已经昭著了的商人、金融巨头和封建土地贵族间的特殊结合的最终确认。"③

最初，明治政府的这些重大改革措施并没有得到人们的支持。那时候，全日本都被 1871 年至 1873 年对朝鲜的侵略（"征韩"）吸引。然而明治政府不但没有动摇自己彻底改革的信心，并且否决了侵略朝鲜的计划。那时候政府的政策与绝大多数为建立明治政府奋斗过的人的愿望对立，导致了 1877 年这些反对者在西乡隆盛的领导下，发起了大规模的反政府叛乱。西乡隆盛的军队代表了前封建年代保皇派的所有愿望，而明治政府却在复辟后的第一年就背叛了这种愿望。随后，政府招募来一支由普通平民组成的义勇军，击败了西乡隆盛的武士。不过，叛乱本身就说明了日本民众对当时政府所实行的改革政策的不满程度。

农民对新政的不满也同样强烈。从 1868 年到 1878 年，日本至少爆发了 190 多起农民起义。直到 1877 年，新政府才开始缓慢地减轻农民身上的沉重税收负担。所以，也难怪农民们感到新政府完全忽视了自己的存在。另外，农民们还反对建立学校、征兵制、丈量土地、散发令、给贱民以法律上的平等、极端限制佛教、改用阳历，以及其他改变他们早已习惯的生活方式的措施。

那么，是什么力量导致政府采取如此激烈、不得人心的变革？是下层武士和商人之间那种在封建时代某些特殊习俗下培养起来的"特殊联合体"。一些武士曾是大名们的心腹家臣，由此磨炼出了自己的政治才能，并经营着属于各藩的带有垄断性质的如矿山、纺织、造纸等企业；而一些商人购买了武士身份，同时也在武士阶层中普及了各种经商和工业生产技术。正是这种联盟把那些信心十足的干练人才推到了前台，成了明治政府主要的出谋划策和具体实施者。但问题的关

① 指的是"散发脱刀令"，1871 年颁布。准许自由剪发，废除佩刀，破除陋习，文明开化。
② 应该是"一次性发给相当于 5 到 14 年的俸禄额的秩禄公债"。从第 6 年开始每年以抽签的方式还本息，30 年内全部付清。
③ 摘自诺曼（Herbet Norman）的《日本近代国家的诞生》。

键并非在于出身的阶级，而在于他们为什么能如此精明能干并敢于实践。19 世纪后半叶的日本才刚刚由中世纪进入近代，它的国力与今日的泰国一样衰弱，在这种情况下，却能产生出这样一批审时度势，具有高度洞察力的领导人，正是这些人成功推动了一个需要高超政治手腕的宏大事业，以至于超过了大多数民族曾经尝试过的努力的结果。这些领导人无论是其长处还是其不足，都源自日本民族所特有的民族性，这本书的主题就是讨论这种民族性的过去、现在与未来。在此，我们只能暂时先来了解一下明治政治家们，看看他们是如何完成这一事业的。

最主要的是，这些人根本就没有把自己所要完成的任务看作是某种意识形态的事业。他们的目标就是要使日本成为一个在世界上举足轻重的国家。他们不是偶像崇拜者，既没有辱骂封建阶级，也没有剥夺其财产，而是采取利诱的手段，使之转而支持政府。最终他们改善了农民的待遇。这一条的实施之所以会晚十年时间，与其说是出于阶级立场，还不如说是出于实际的困难，因为明治初期日本国库非常空虚。

不过，明治政府中那些精明强干的政治家，却都反对废除日本的等级制度。通过"王政复古"将天皇的权威置于最高位置，废除将军，简化了等级制。这些政治家废除了藩，使忠于藩主和忠于国家之间的矛盾不复存在。这些变化并没有从根本上否定等级制度的习俗，只是赋予一个新的位置。为了向人民推销自己的政治纲领，那些被称为"阁下"的新领导人甚至加强了中央集权的统治。他们交替使用强权和恩惠的胡萝卜加大棒手段，来贯彻改革计划。但他们却从未因为遇到公众压力就退缩，照样按部就班推行例如阳历、建立公共学校、废除针对贱民的不平等歧视等等。

最著名的自上而下的恩惠之一，就是 1889 年天皇颁布的《大日本帝国宪法》。它明确规定了人民在国家中所处的地位，并建立了议会。这部宪法是"阁下"们在对西方各国宪法进行了认真研究之后，精心起草出来的。在起草的过程中，宪法起草者们采取了"一切预防措施，以防止公众的干涉以及舆论的影响"①，负责起草宪法的机构②隶属于宫内省下属的一个局，因此就变得神圣不可

---

① 金子坚太郎子爵所说，见诺曼（Herbet Norman）的《日本近代国家的诞生》一书。
② 这里指的是制度取调局。

侵犯。

明治政府的政治家们非常清楚自己的目标。1880年，宪法的草拟者伊藤博文公爵派遣木户（孝允）①侯爵前往英国，就日本当时遇到的问题听取斯宾塞（Herbert Spencer）②的意见。经过漫长的深入交谈，斯宾塞将自己的意见以书面形式寄给了伊藤。在提到等级制时，斯宾塞这样写道：日本在其传统习俗中，存在一个无与伦比的、国家福利的基础，应当加以维护和培育。他还说，对长辈的传统义务，尤其是对天皇的传统效忠义务，是日本的一大优点。日本将会在"长辈"的领导下稳步前进，并能克服很多以个人主义为中心的国家难以避免的困难。这封信验证了那些明治政治家的信念，使他们非常满意。他们的目的就是力图保住日本在世界上的"适得其所"这一优点。他们不想打破传统的等级制度。

不论是在政治领域，还是在宗教和经济领域，明治政府都对国家和人民的义务做了明确划分，要求"各安其分"。这种安排与美国和英国完全不同，因而我们很容易忽视那些最基本的要点。当然，日本的统治阶级进行着强有力的统治，不必受公众舆论左右。政府掌握在等级制最上层的一群人手中，不需要考虑选举因素。在此，日本的普通人民没有任何发言权。在1940年，政府的最高层人物都是一些可以随时"谒见"天皇的人，他们是重臣，是天皇身边的顾问，以及由天皇亲自任命的官员，这些官员包括内阁大臣、地方官员、法官、各局局长以及其他官员。由选举产生的官员是无法达到最高等级的。那些经由选举产生的议员们，虽然有一定的权利对政府高官提出批评和质询，但在人事任免、决策、财政预算等方面没有真正的发言权，也不能提出立法要求。众议院还要受到不经选举产生的参议院制约。参议院中的议员一半是贵族，另有四分之一是经天皇特别任命的。在法律批准问题上，参议院和众议院拥有相等的权利，这又是一种等级性的制约。

通过这种方式，保证了日本政府的高级职位掌握在"阁下"们手中。但这并

---

① 伊藤博文一行是在1882年赴欧的。此之前5年，也就是1877年，木户孝允已经去世，因此，木户不可能担任赴英职务。这里应该是金子坚太郎之误。金子坚太郎受命率领中桥德五郎、木内重四郎、水上浩躬、太田奉三郎等于1889年携带着英文版的日本宪法草案赴英，征求各方专家意见，并会见了斯宾塞。

② 斯宾塞（Herbert Spencer, 1820—1903），英国著名进化论社会学家，著有《社会学原理》一书。

不意味着在"各安其分"的体制下没有自治。在所有亚洲国家中，不管采取何种政治体制，权力总是从上往下延伸，在中途发生与地方自治权的碰撞。国家之间的差别在于民主的范围达到了什么程度，责任的大小，地方领导人是不是能对地方的共同体负责，或者是否会被地方势力所垄断，以至于损害公众利益。德川时代的日本像中国一样，最小的单位包括5至10户人家，这种组织后来被称为"邻组"，这是居民中最小的责任单位。"邻组"的组长对组内的一切事务具有领导权。他要确保其成员行为端正，负责向上报告可疑的行为，发现逃犯要立即交给政府。明治政治家们最初废除这种体制，但后来又恢复了它。在市镇中，政府有时甚至积极培植这样的组织。但在今天的农村中"邻组"已经不起什么作用。比较起来更为重要的单位是"部落"。但部落既没有被废除，也没有被纳入到政府的行政单位体系里。那是一个国家权力还没有涉入的领域。这是一种由15户人家组成的单位，直到今天，每年都还在更换部落长，并继续发挥基层组织的效能。部落长的主要任务是："管理部落财产；监督部落对遇到丧事的家庭或遭受火灾的村民的援助情况；安排耕作、建造房屋、修筑道路等公共事业的日程；防止火灾的报警；休息日的敲钟打更。"与其他亚洲国家不同的是，日本的部落首领们不能在社区范围内征收赋税。因而，他们的地位很明确，是在民主的职责范围内行使职责。

近代开始，日本的行政机构正式承认市、町和村的地方行政构成。由选举的"长者"推选出一人，代表本地区与中央政府或府县政府交涉办理事务。在乡村，这个人必须是村里的老住户，是拥有自己土地的农民家族成员。承担这一职务后，多少会有一些经济上的损失，但能获得相当大的权威。他与长者们共同负责村里的财政、公共卫生和学校，特别是要对财产和个人档案进行登记。村委会工作相当繁忙。它负责管理由国家提供的小学教育的补助费；征集数额远远高于国家补助的、由本村负担的额外的教育经费，还要监督这些资金的使用情况；管理村子的公共财产的使用和租赁情况；负责土地改良，并进行植树造林，以及记录所有财产的交易情况，而村委会正式对交易进行登记后才具有法律效力。另外，对本村的正式居民，村委会还负责登记他们的住址、婚姻、子女出生、过继和收养信息，个人有无犯罪记录等资料。每户家庭也要保留同样的记录。在日本的任何地方，个人的材料可以从原居住地迁到他新的户口所在地，并且记入他的档案。但一个人申请就业、接受审判以及其他原因需要身份证明时，可以给他的原居住地所在的市、町和村公所写信，或者自己亲自去办理一份本人材料的副本，交给有关机构。因而人们不会轻易冒险给自己和自己的家庭留下什么不良记录的。

因此，市、町、村等承担有巨大的责任，而且这是一种团体的责任。在20世纪20年代，日本出现了全国性政党。对任何国家而言，这都意味着会出现权力在"执政党"与"在野党"交替的情况。但即使在这种情况下，日本的地方行政机构丝毫没有受到影响，仍然主要由长者们来担任，其服务对象还是所在共同体。不过，地方行政机构在以下三个领域没有自治权：法官由国家任命，警官和教师属于国家雇员。由于民事案件在日本几乎一直是通过调停或仲裁来解决，所以法院在地方行政中的作用很小。反倒是警察起着更重要的作用，每逢有临时集会，他们都必须到场。但这类任务并不是经常都有，他们的大多数工作就是记录辖区内居民的身份及财产。警官经常会被从一个地方调换到另一个地方，目的是保持其作为局外人的身份，避免出现过强的地区性现象。学校的教员也会经常发生类似的调动。对学校的规定非常严格。和法国一样，日本的每一所学校都使用同一种教材，上同样的课，每天早上所有的学校都会在统一规定的时间、同样的广播曲下做同样的早操。市、町、村等共同体不能对学校、警察和法院行使自治权。

上述日本政府机构和美国政府机构的设置大相径庭。在美国，选举产生的代表能够行使最高的立法权和行政权，地方的管理则主要由地方所属的警察和法院来实施。不过从形式上日本政府机构跟荷兰、比利时等西欧国家有很多相似之处。例如荷兰由女王的内阁负责起草法律，国会实际上从未有过立法。在荷兰，根据法律规定，甚至镇长、市长也需要由女王来任免，因此女王形式上的权力甚至可以直接影响到地方政府，超过1940年以前的日本。虽然女王通常总是会认可地方的提名，但必须由女王任命才能生效。荷兰的警察和法院也是直接对君王负责。区别在于荷兰的任何宗派组织都可以自由创办学校，而日本的学校制度则沿袭了法国的模式。在荷兰，运河的开凿、围海造田及地方开发事业等基本属于地方自治体的官员们的管辖范围，而不是政治选举产生的市长或官员们的任务。

日本政府机构和西欧各国之间的真正差异并不在于形式，而在于职能。日本人在漫长的历史过程里，养成了恭顺服从的习惯，并受到道德与礼仪体系的约束。国家完全不需要担心那些"阁下"们的权威，只要他们身在其位，谨守职责，尊重并非来源于他们的政策，而是来源于日本的传统，这个传统确定了越权就是在犯错。对政策的高层"公众舆论"是没有什么作用的。政府只是要求"公众的支持"。但同样，当中央政府越俎代庖地方事务时，它们的裁决也会获得尊重。对内实施全面管理的中央政府，在美国人眼里通常是不必要甚至是麻烦；但在日本人心里则不同，他们认为国家几乎是无所不能的。

　　另外，日本政府还非常在意满足国民意志的"各得其所"诉求。在合法的公众舆论领域，即使是为了民众的利益，政府还是会努力寻求民众的支持，这种说法绝不夸张。例如在负责农业振兴的官员为了改良旧式的耕作方式时，就跟他们的爱达荷州同行一样，很少利用权力强行推行。为了鼓励建立起由国家担保的农民信用社和农村供销社，政府官员采取的方法都是先与地方名流讨论交流，并真诚接受这些名流的意见。地方事务必须由地方解决。就生活方式来说，权力的恰当分配和行使范围的明确，构成典型的日本社会特点。日本人对"上级"要比西方人更为尊重——因此也使得"上级"获得了更大的行动自由，但前提是这些"上级"必须严格遵守自己的本分。日本人的格言就是："万物各有其所，各安其分。"

　　明治时代的那些政治家相对于他们在政治领域，在宗教领域很奇怪地制定了许多古怪的制度。但这也一样是在实践日本人的这条格言。国家把宗教信仰置于自己的管辖之下，将其视为民族统一与优越性的特定的象征，而其他信仰则给予更多的个人自由。在日本，受到国家管理的宗教就是神道。就如同美国人对国旗特殊的崇敬一样，神道也因为被赋予了民族的象征，而得到了特殊的尊敬。因此，日本政府认为国家神道不是宗教。这样，就像美国政府要求凡是美国人都必须对星条旗敬礼一样，日本政府要求全体国民都信奉神道教，但他们却并不认为这违反了西方的宗教信仰自由原则。他们认为这只是一种忠贞的象征。因为"不是宗教"，日本可以在学校讲授神道教，而无须担心西方国家的批评。在学校里，国家神道成了神代以来的日本历史，是对"万世一系"的天皇的崇拜。神道教得到了国家的支持，受到国家的管理。而对其他宗教信仰，不论是佛教、基督教，甚至是其他教派的神道或祭礼神道，日本政府都让日本公民自己决定，这点几乎和美国是一样的。在行政上甚至是在财政上，宗教中的这两个不同领域是分开的：国家神道受内务部神祇局管理，它的神职人员、祭祀以及神社等的费用均纳入国家预算；一般其他的祭祀活动、佛教、督教各派均由文部省宗教局管理，经费主要依赖教徒的捐赠。

因为日本政府在这个问题上的官方立场，所以人们很难说神道教是个庞大的"国家教会"，只可以说它是个庞大的组织机构。它拥有超过11万座遍布全国的神社，从专门祭祀天照大神的伊势主神社，到一些只有在特别祭奠时才由祭神官进行清扫的地方小神社。日本神职人员的体系与政府的体系并列，从最底层的神职人员到各郡、市和府、县的神职人员，直到最高层被尊为"阁下"的神祇官。与其说是他们领导民众进行祭祀，还不如说是代替民众举行仪式。国家神道教与我们所熟悉的去教堂做礼拜毫无相似之处。因为它不是宗教，所以法律禁止国家神道的神职人员宣讲教义，因而也就不可能有西方人所理解的那些宗教仪式了。相反，在频繁举行的祭祀日子里，各个地方的正式代表都来参拜神社。他们都站在神官面前，神官举起一根扎着麻绳和纸条的"币帛"短杖，在他们头顶来回舞动，为他们驱邪。随后，神官打开神庙的内门，尖叫着召唤众神降临享用供品。神官开始祈祷，参拜的人们按照身份等级排列，恭敬地奉上从古代就被视为神圣的小树枝，树枝上垂着几根细长的纸条。紧接着神官再次开始尖声喊叫，送走众神，然后关闭神龛内门。在大祭祀的日子里，天皇要亲自为国民代祭，而政府的各机构都放假休息。这种祭祀日和地方神社的祭祀日以及佛教的祭祀日不同，它不属于民众的祭祀节日。与国家神道祭祀相比，后者属于民众的"自由"范畴，不在国家管理之列。

在这个自由领域，日本人根据自己的意愿进行各种祭祀活动。佛教在日本拥有众多信徒，至今也是日本绝大多数国民的宗教，其中各个教派有不同的教义和开山祖师，宗教活动异常活跃。即便是神道，也有不少独立于国家神道的教派存在。早在20世纪30年代日本政府还没有推行国家主义时，有些神道教派已成为国家主义的堡垒。还有一些教派属于一种精神治疗，常常被拿来与"基督教科学"类比。有些信奉儒家教义，有一些则专门从事显灵或者参拜山神社之类的活动。大多数民间祭祀并不属于国家神道。在这种祭祀日子里，老百姓蜂拥至神社。每个人都漱口驱邪，然后打铃、击掌召唤神灵的降临。接着，他们向神灵鞠躬表示敬意，之后再次打铃、击掌送回众神。然后再进行这一天最主要的活动，在小摊贩处购买各种小摆设和美味的食品，看相扑、驱魔术以及有小丑逗乐的神乐舞。人们通常非常喜欢这样的聚会。一位曾在日本居住过的英国人说自己每逢日本的祭祀节日，就会想起诗人威廉·布莱克的一节诗：

> 如果教堂赐我们几杯啤酒，
>
> 和那温暖灵魂的欢乐之火，
>
> 我们将终日歌唱祈祷，
>
> 绝不会想要离经叛道。①

　　除极少数献身宗教的人以外，在日本，宗教绝不会让人觉得是非常严肃的事。日本人还热衷于参拜远方的神山庙宇，其实这也是一种愉快的休息。

　　因此，明治政府对于国家在政治中的职权范围，以及国家神道在宗教领域的职能范围进行了谨慎的划定。只有对那些被认为与国家有直接关系的，作为新等级制度下的最高官员才会将其严格控制在自己手中，除此之外的领域则交给民众自己。在创建陆海军时，他们也存在着类似的现象。像其他领域一样，明治政府在军队中也废除了旧式的等级制，而且比在民众领域中废除得更加彻底。在军队中他们甚至废除了日本人习惯了的敬语，虽然一些旧的习惯实际上还是存在。另外，军官的晋升不再单纯看家庭出身，而是看个人的能力，这种政策执行的彻底程度在其他领域是少见的。正因为如此，军队在日本人中才享有极高的声誉，而且当之无愧。这确实是一种使新军队赢得民心的最好办法。再加上军队基层单位的士兵大多是由同一地区的乡亲构成，和平时期服兵役的地方也离家不远，这不仅意味着士兵与地方政府保持着联系，更为重要的是它表明在军队服役的两年期间，军官和士兵的关系、老兵和新兵的关系取代了传统的武士与农民、穷人与富人的关系。这在很大程度上促进了军队在许多方面的民主的发展，是真正的人民

---

① 摘自威廉·布莱克的《纯真之歌》（Songs of Experience）组诗中的"The Little Va-gabond"一节。

军队。在大多数国家中,军队往往都是维持现状的力量,而在日本则不同。在日本,军队对小农阶级有着天然的感情,这种感情一再导致军队向大金融家和企业家发起抗议。

日本政治家并不见得乐见一支这样的人民军队,因为它带来了一些后果。他们不认为在现有的等级体制中,确保军队占据最高位置是合适的。为了达到这种目的,他们在最高层级采取了一定措施。这些措施并没有写入宪法中,但却保留了军队首脑对政府的独立性惯例。例如,与外务及内政各省大臣不同,陆、海军大臣有权直接谒见天皇,可以不用通告文官内阁成员并与之协商,直接以天皇的名义强制推行一些措施。对自己不信任的内阁,他们可以拒绝委派陆、海军将领进入,以阻止内阁的成立。按规定,缺少高级的现役军官担任陆、海军大臣,任何内阁都无法组成,因为按规定文官或退役军官是不能担任这些职务的。同样,如果军部对于内阁的任何行动感到不满,只需召回他们在内阁中的代表,就能迫使内阁解散。在决策的最高层,军部首脑是绝不容忍任何干涉的。如果还需要更多的保证,那么宪法中有一条规定,即"如果议会否决了所提交的财政预算,将自动执行前一年度的预算方案"。最明显的一个例子就是虽然外务省一再反对,但关东军还是以武力占领了中国东北。这是在内阁意见还不一致时,军部首脑支持当地指挥官的一个典型的事例。对待军部跟在所有别的领域一样,日本人倾向于支持等级特权,并乐于接受因此造成的一切后果。这并不是因为他们赞成某项政策,而是由于他们不赞同对特权等级的任何僭越。

在工业方面,日本走的是一条任何西方国家都无法与之比拟的道路。这也是由"阁下"们全权策划与安排的。"阁下"们不仅制定发展计划,而且还经由政府来创办并用财政补贴帮助他们认可的企业。这些企业由政府官方的官员组织、管理。他们从国外聘请技术专家,同时委派自己的人员出国学习。一旦他们认为这些企业"已经组织完备,业务发展正常"后,就会把它们转卖给私人企业。这类官办的企业大多是以"荒唐的低廉价格"① 被卖给了被挑选出来的金融巨头,比如三井、三菱这类的垄断财阀。日本的政治家有着这样的共识,那就是工业的发

---

① 摘自诺曼(Herbet Norman)的《日本近代国家的诞生》一书。

展关系着日本民族的生死存亡，是不能依靠市场原则的供求关系的。不过要把这种政策与社会主义信条加以区别。正是那些财阀们获取了暴利。以最小的代价和资源的浪费，来发展最需要的企业，这是日本明治政府所完成了的事业。

通过这些方法，日本修改了"资本主义生产阶段的出发点和正常顺序"。日本的工业发展策略不是从日用消费品和轻工产品起步；相反，它从一开始就兴办关键的重工业。优先发展兵工厂、造船厂、炼钢厂、铁路等基础产业，以很快的速度达到了很高的技术水准，效率极高。有一些企业并没有被转让，而是仍然控制在政府手中，并继续接受政府财政的补助，其中最典型的当属几家庞大的军工企业。

在国家给予优先扶持的产业领域，小工商业者和非官方的企业是无法享受"应有的地位"的。只有国家和由于国家信任而在政治上获得特权的大财阀，才能进入这些特许的产业领域。不过跟日本人在生活中的其他一些领域里一样，产业领域中有某些部分也是自由的。这些领域是那些所需资本投入少，而且能最大限度利用廉价劳动力的各类"过剩"行业。主要出现在轻工业领域，因为很多轻工业行业不需要先进技术也一样能生存，直至今日这也是一样。在美国，这类企业被称为"血汗家庭工厂"。通常是一个小本的制造商购进原材料后，贷给家庭作坊进行加工，这类家庭作坊通常只有 4 到 5 名员工，然后制造商再回收产品；就这样贷出收回，周而复始，最终产品进入市场。在 20 世纪 30 年代里，日本的工业产业雇佣的人员有 53% 是在不超过 5 名员工的小工厂或家庭作坊工作。这类员工大多受到传统的学徒制下的家长式控制与庇护，大城市里的很多家庭中，都能看到身背婴儿的母亲干计件零工的身影。

工业领域的双重性与宗教领域的双重性，在日本社会中一样有着巨大意义。这似乎是在展现，当日本的政治家们觉得需要在工商业领域有一个类似在其他领域里的等级制时，他们就会创造出一批战略性企业，并挑选出一些在政治上享有特权的商人，让他们跟其他等级建立关系，从而获得"适当的地位"。日本政治家们的计划中，从来也没有过想要削弱政府与这些保护政策下获利财阀寡头间联系的企图，不仅给他们高额的利润，同时也给予他们政治上的很高地位。按照传统习俗，在日本，财阀贵族总是难以避免受到民众的指责与攻击的，而政府则一直都在努力按照传统认可的等级制观念，保护和扶植这类金融贵族。不过，这样的努力并非总是能成功，原因主要是这类财阀不断受到所谓少壮派军官团体，还有农民阶层的攻击。但事实的真相是，日本舆论所攻击的主要对象并不是财阀，而是"成金"大户。所谓"成金"，就是人们通常说的"暴发户"（nouveau riche），但这个词并不能准确表达日本人的感情。在美国，"nouveau riche"这个词严格讲是"新来者"的意思。人们之所以嘲笑他们，主要是因为他们不善交际，没有时间提高自己的修养。然而，人们的这种偏见却被他们的成功故事所抵消。因为他们是从破木屋中起家，有些是从赶骡子变成石油行业的百万富翁。而日语中"成金"一词起源于日本象棋，意思是说一个棋子从一名小卒一跃而成了女王。它像"大人物"一样横冲直撞。但从等级上讲，它却没有这样的权利。同时人们抨击"暴发户"，还因为认为它主要是靠诈骗、剥削他人而敛财得来的。日本人对投机者的批评与美国人对"白手起家"的赞扬形成鲜明对比。日本在等级制度中给财富留下"一席之地"，并与它建立联盟。但如果这种财富不是通过这个领域获取的，那就会遭到舆论的猛烈抨击。

总之，日本在构建自己的世界秩序时，会不断参考等级制。在家庭生活和人际关系中，年龄、辈分、性别、阶层都被规定了严格的行为准则。在政治、宗教、军队、实业等领域，也都无一例外划分出了严格的等级。无论是上层还是下层，一旦超出自己的权利范围，都将受到严厉的惩罚。只要保持着"各得其所，悉安其业"，日本人就能心满意足地生活，就会拥有安全感。当然，就他们最高幸福得到保护这层含义来说，他们经常会感到不"安全"。能给予他们安全感的是明确的等级制度。这是日本人的生活观的特点，就跟把平等与自由看作依靠是美国人的特点一样。

但当日本试图向外输出这种"安全"公式时，他们遇到了阻碍并受到惩罚。在日本，等级制符合民众的思想意识，因为是等级制度塑造了这种思想意识。人的野心只能是他所属的那个世界的产物。但等级制绝对不是能够输出的东西。日本人的那种大言不惭的主张，在其他国家人的眼里简直就是狂妄，甚至比狂妄还要可恶，能让人难以遏制地愤怒。而那些日本官兵每占领一个国家，发现当地的民众根本不欢迎自己时，他们同样感到吃惊和不解。日本不是给了他们相应的地位吗？尽管很低，但总还是属于整个体制中的一个位置；即使是对处在低端位置上的人，不也一样在等级制中拥有一个属于自己的位置吗？日军军部多次拍摄描述中国人热爱日本的战争影片，影片中展示一些沦落风尘，痛苦不堪的中国姑娘因为成为日本士兵或工程师的爱人而得到了幸福。这与纳粹的征服论调比起来，的确有一定差距。但最终一样遭到失败。日本人不懂得不能以自己的标准和要求来要求别的国家的人民。他们最大的错误就在于他们认为能够这样。他们完全意识不到，他们自己心甘情愿接受并满足的"各安其分"的道德准则，是根本不应该拿来要求其他国家的人民的。其他国家并不存在这样的道德观念。这仅仅是日本自己的产物。而日本作家把这种伦理体系理解为理所当然，因此他们也不会加以论述。我们需要了解日本人，就必须先了解他们的伦理体系。

第五章　历史与社会的负恩者

"对于日本人来说，所有的'恩'中最高、最大的那份，就是'皇恩'，这里的'恩'是在无条件忠诚的意义上被使用的。"

在英语话语体系中，我们经常说我们是"heirs of the ages"（历史的继承者）。虽然两次世界大战和大规模经济危机或多或少减弱了说这句话的自信与力度，但这并没有增加我们对过去的负恩感。这一点是跟东方各民族相反的，东方人总是认为自己有负于历史。在那些被西方文化称之为祖先崇拜的行为里，他们大多数人并非真正是在崇拜，也不完全是针对自己祖先的，而是一种仪式化的产物，用来表示人们承认对过去欠下了巨大债务。而且，他们不仅认为自己亏欠了历史的恩惠，在当下，在日常与人交往中，也在不断增加这种负债。东方各民族的意志与行为，无不都出自报恩目的。尽管社会通常都给予了很多的照顾，包括教育、生活的幸福，甚至包括他的出生，但西方人却极度轻蔑这种对社会的报恩愿望。因此，日本人觉得我们的所作所为动机不纯。在日本，所谓的"义"，指的就是确定自己在人与人之间相互报恩这一巨大网络中所处的位置，这种报恩的对象包括了祖先与同时代的人。

东西方社会的差异是巨大的，说起来容易，但想要真正了解这种差异给实际生活造成的后果却非常困难。但我们必须要了解这种差异在日本的具体情况，不然我们就无法了解日本人的那种在我们看来毫无必要的易怒态度。正是负恩感使得他们易怒，日本人证明了这一点。它也同时使得日本人承受了巨大的责任压力。

中文和日文都有许多包含有"obligation"（义务）这个词的含义的词语。但这些词不是同义词，它们含义上的特定差异也无法译成英文，因为它们所表达的观念对西方人来说是陌生的。日文中相当于"obligation"这个词含义的词语，主要用来表示一人所负的债务或恩情。当译成英文时，就变成了一连串的词，从 obligation（义务）、loyalty（忠诚）直到 kindness（关切）、love（爱）等，但都无法准确表达原意。如果"恩"的含义的确是"爱"或者"义务"，那么日本人就可以说"受孩子的恩"了，但这个词在日语中是不可能这么用的。"恩"也不是忠诚的意思。在日语中，忠诚是用其他的词来表示的，那些词不是"恩"的同义词。"恩"这个词的用法有很多，其中最主要的就是用来表示一个人承受的负担、债务、压力。人们一般是从长辈或上级那里受恩，如果不是从他们那或者至少是从同辈那里受恩，这就容易使人产生一种不快的自卑感。当日本人说"我受某人之恩"时，意思实际是说"我对某人负有很多义务"，因而他们把这位债主、施恩人称作"恩人"。

"记恩"实际也可以是一种真诚相待的情感流露。日本小学二年级的教科书中有这样一个小故事，题目叫《不忘恩情》，就是表达了这个意思。这个小故事是日本修身课中的一段故事：

"哈齐是一条可爱的小狗，一出生就被一个陌生人带走。那人像疼爱自己的小孩一样疼爱它。因此，它那弱小的身体逐渐强壮起来。主人每天早晨去上班时，它总陪伴主人到车站，傍晚下班回家时，它又去车站迎接。

"后来主人去世了。哈齐很可能不清楚，它还是每天等待它的主人。它每天都去那个车站，每当电车到站时，它就仔细注视人群，搜寻自己的主人。

"岁月荏苒。一年过去了，两年过去了，三年过去了，甚至十年过去了，但人们每天仍能看到那已经长大、开始衰老的哈齐在车站前寻找着自己的主人。"①

这个小故事的道德含义是：爱的另一种说法就是忠诚。一个对母亲关怀备至的儿子可以说不忘母恩，等于是在说他像哈齐对主人那样一片赤诚。"恩"这个词不单纯指一个人对母亲的爱，而是指母亲为他所做的一切，包括在襁褓期母亲的哺乳和照料，儿童期母亲为了他的成长所付出的牺牲，成年后母亲给予的关爱

---

① 昭和年间日本小学修身课本第 2 册。

与照料，总而言之，这里的"恩"指的是母亲在世时为他所做的一切。"报恩"意味着人们对所欠下的恩情的回报，因此也有了爱的含义，但本义还是欠债。在美国人则认为爱是不受义务约束的，是一种自由的给予。

对于日本人来说，所有的"恩"中最高、最大的那份，就是"皇恩"，这里的"恩"是在无条件忠诚的意义上被使用的。这是天皇的恩情，是每个人必须感受，并恭敬接受的。日本人认为，自己有幸生在这个国家，能安居乐业，平安和睦，完全是因为天皇的恩德所赐，整个日本的历史，一个人一生中最大的恩主就是那个他所生活在其中的圈子里最高等级的天皇。这个最高统治人物在不同的时代有不同的代表。可以是各地的封建君主，可以是封建领主或将军，现在则是天皇。几百年来"牢记恩情"这种习性在日本人的习俗中占有首要位置，因此，谁处在最高等级上似乎并不重要。近代日本使用一切手段将这种感情集中于天皇。日本人为自己喜欢的生活方式增加了对"皇恩"的感恩因素。战争期间，以天皇名义分发给前线部队的每一支香烟都被强调是"皇恩"。出征前士兵所领的每一口酒就更加是一种"皇恩"。在他们看来，神风敢死队自杀式的攻击行为就是在报答皇恩；所有为守卫太平洋岛屿而捐躯的士兵，也是在报答浩荡的皇恩。

一般人也从身份比天皇低的人们那里受恩。这当然也包括了父母之恩，这正是基于父母对孩子的支配权的东方孝道文化的基础。其原因是，孩子欠了父母的恩，必须努力偿还。所以，子女完全服从父母，而这一点与德国不同。尽管德国也是一个父母对子女拥有绝对支配权的国家，但通常是家长强迫子女服从。日本人对这一东方文明中孝道的解释是非常现实的。关于父母的恩情，他们有一句格言：养儿方知父母恩。这也就是说，父母的恩情是实在的，是父母日常对儿女的照顾和操心。日本人对祖先的崇拜只限于对父母及一些记忆中的先辈，因而他们非常重视那些在年幼时照料过自己的人。当然，所有的文化都是一样，人在幼年时都不可能离开双亲的照料，都必须由父母供给衣、食、住，然后才能长大成人。日本人认为美国人忘掉了这一点，因此对之十分鄙夷。一位作者这样写道："在美国，牢记父母的养育之恩只是对父母好而已。"当然，没有人会让自己的孩子背上"报恩"的压力。但悉心照料自己的孩子就等于是对自己小时候受父母养育之恩的一种回报。人们像自己的父母当年那样照顾自己的孩子，甚至是更加精心，这就部分报答了父母的恩情。对子女的义务只不过是包含于"父母养育之恩"之中。

日本人觉得对老师、上司负有特殊的恩情。他们是帮助自己一路成长的人，他们对自己有照顾之恩。将来当他们有困难时，人们应对他们有求必应，或在他们去世后，对他们的亲属给予特别照顾。人们必须竭尽所能履行这种义务，而且这种恩情并不随时间而减少，而是时间越久，恩情也就越重，因为它形成了一种利息。对任何人而言，受人之恩都是一件严肃的事情。就像日本人常说的那样："对于他人的恩情，我们往往是连它的万分之一都难以报答。"这是一个沉重的负担，因而，"恩情的力量"常常会超过受恩者的个人偏爱。

这种报恩的理论能否被顺利地运用，取决于人们能否把自己看作是负恩者，在履行义务时毫无怨言。之前我们已经了解到等级制度在日本是如何被彻底组织起来的。认知、遵守等级制度的习惯，使日本人在道德上对报恩的认知高度达到了西方人无法理解的程度。如果把上级都看作施祝福者，那么这种报恩比较容易实现。在日语中有一个有趣的现象，证明上级在下属的眼中是"充满爱意"的。日语中的"爱"相当于英文中的"love"。在19世纪，传教士在翻译"love"时，认为日语中只有"爱"能够表达这个意思。他们在翻译圣经时也用这个词表达上帝对人类的爱以及人类对上帝的爱。但"爱"这个词在日文中特指上级对下属的"爱"。西方人也许会觉得这种"爱"实际上是"庇护"（paternalism）的意思，但在日语中它的意思要广泛得多，不仅是"庇护"，也用来表述亲爱之情。不过在当代日本，"爱"这个词主要还是用来表达上级对下级的呵护。也许是受到基督教的影响，官方的努力也起到了一定作用，现在这个词也开始用在同辈之间了。

虽然因为文化的特殊性，导致日本人更容易接受报恩思想，但在日本，毫无压力接受他人的恩赐仍然不是一种平常现象。日本人不喜欢随便受人恩惠从而背上人情债。他们常常提到"使人受恩"从而欠下人情，翻译成英文含义最接近的词应该是"imposing upon another"。在美国，"imposing"却有强制的含义。在日本，"让人受恩"则表示给别人一些东西或者帮助别人。对日本人而言，随便接受陌生人的好意是令人讨厌的，因为他们深知在与近邻和旧的等级关系的交往中，接受他人恩惠会带来怎样的麻烦。如果对方是熟人或与自己关系亲密的同辈，他们会更不情愿。总之，日本人宁愿不接受帮助以免卷入由此带来的麻烦里。日本人通常都对街道上发生的事不大关心，这并不仅是缺乏主动性，而是他们认为，任何非官方的干预都会使对方背上恩惠的包袱。明治维新前有一条著名的法令就是："遇有争端，无关者不得插手。"在这种情况下，如果没有明确授权，对他人的帮助就会被怀疑是意图获得不当利益。既然知道帮助别人会使他人有负于你，因而人们通常都不主动干预，而是采取谨慎的态度。特别是在"非正式"场合，日本人对自己的行为非常谨慎，以免卷入恩情当中。即使是一支香烟，如果递香烟的人跟自己并不存在交往，那也会让人感到不舒服。在这种情况下，最礼貌又不失委婉的说法是："真是过意不去。"（日语是"気の毒"，本意是难为情，难受。）有一个日本朋友告诉我："在这种情况下，直接表示你感到很为难更好，因为你从未想过要为对方做点什么，因而接受他的恩惠会让你感到羞耻。""気の毒"这句话有时译成"Thank you"（谢谢了，谢谢您的香烟），也有时译成"I am sorry"（非常抱歉，很遗憾），要不就译成"I feel like a heel"（承蒙您看得起，实在不好意思）。但这些译法都不能做到完全准确。

在日语里有很多类似"Thank you"的说法，用来表达一个人受到他人恩惠时的不安。其中意思最清楚，并被现代大型百货公司广泛采用的是"谢谢"（ありがとう），这句话的真实含义是"真是太难得了"（Oh,this difficult thing）。这句被日本人时常挂在嘴边的话所表达的含义是说，顾客因为前来购物，给商店带来了很大且难得的恩惠。这是一种恭维方式。在很多别的场合以及接受他人礼物时常用到，还有几种表示感谢的用语更类似"気の毒"（真过意不去），是用来表达难以接受恩惠的意思的。那些小店主们经常挂在嘴边的用语是"すみません"，这句话的本意是："这怎么可以呢？"也就是说："我受到了您的恩惠了。但在目前情况下，我很难偿还，感到非常遗憾。"在英语中这句话被对应为"Thank you"或者是"I apologize"（非常抱歉）。举个例子，假如你在大街上被一阵风吹走了帽子，有人捡到了还给你，这种场合使用这句话最合适。在对方把帽子递给你的时候，为表示感激，在接帽子时你应该表达自己内心很不安："一个陌生人现在对我有了恩惠，我却不知道怎样回报，因此感到非常内疚。我只能深切表示道歉；'すみません'（这怎么可以呢）也许是日语表示谢意的用语中最普通的。这样说等于是承认：'我受到了你的恩惠，接过了帽子并不等于这段恩惠就此为止，但我实在想不出如何报答，因为我俩萍水相逢。'"

在日本人看来，另外还有一句更强烈表达有负于恩惠的用语，那就是"かたじはない"（诚惶诚恐）。这个词的汉字写法是"辱（な）い""忝（な）い"①，同时有"受辱"与"感激"的意思。在日文词典里对这个词的解释是：当你因受到了他人恩惠而感到羞愧与耻辱，因为你觉得自己不配受到这样的恩惠。使用这个词来明确表示自己有愧于这种恩惠，从而感到羞愧。说到羞愧（耻），在下一章里我们会专门讲到，对此日本人格外敏感。那些老派的店员在向顾客表示谢意时，至今还是使用"かたじはない"（诚惶诚恐），而当顾客需要赊购时，也会使用"かたじはない"。在明治前那些小说里，这句用语经常出现。那些身份很低的女孩被领主选中做妾了，会这样向领主说"かたじはない"，意思是说："我非常羞愧，因为我配不上这样的恩宠，您的仁慈让我感到难以承受。"同样，那些因为决斗而被当局赦免了的武士，也会使用"かたじはない"来表达谢恩，同时也表达自己内心的羞愧之情。"我不应该这样做，对此我感到非常悔恨，并向您表达深深的谢意。"

以上种种说法详细而生动地说明了"恩的力量"，要比其他任何总结性的结论更能说明问题。人们在接受恩惠时的心情往往充满了矛盾。在公认的社会关系中，亏欠恩惠的感觉推动着每个日本人都陷入报恩的处境里。当然，欠恩也让人们感到压抑难受，因此也很容易对恩惠产生反感。对这种心态，日本著名的小说家夏目漱石在他的代表作《哥儿》中进行了生动的描写。小说主人公哥儿是一位自幼在东京长大的青年，他起初在一个小镇上教书，但很快就对很多同事感到厌恶。但其中一位年轻的教师和他相处融洽。有次两人一起外出，一位被戏称为"豪猪"的新朋友请他喝了一杯冰水，价格是一钱五厘，大约相当于零点二美分。

不久后，有位教师告诉哥儿，说"豪猪"在背后讲他的坏话。哥儿相信了，

---

① 这里的汉字"忝""辱"含义是受恩者的自谦，意思是"辱没了关照""愧不敢当"。

因为他想起了那杯冰水：

"虽然只是喝了杯冰水，但接受这种虚情假意的人的恩惠，实在是丢人。虽然只是让他破费了一钱五厘，但一厘钱也是钱，不小心接受了这种虚伪的人的恩惠，我死也不能安心……接受别人的恩惠，我不吭声那是表明我尊重对方，看得起他的人品。我自己没有坚持要为那杯冰水付账，而是接受了他的'恩惠'并表示了感谢，这种感激是用再多的金钱也买不到的。我虽无权无势，但我也有独立的人格。要我去接受别人的恩情，还不如让我偿还他一百万日元！

"'豪猪'为我破费了一钱五厘，我觉得我对他的感谢至少值一百万日元。"

在第二天，哥儿把一钱五厘扔到"豪猪"的桌上。原因是如果不算清这杯冰水的恩情，两人之间的问题就没法处理，这个问题就是"豪猪"在背后说了他的坏话。不论接下去会发生什么，即使是打起来了，这笔恩惠也必须先了结，因为这已经不再是朋友间的相互馈赠。

对这些鸡毛蒜皮的小事如此敏感，如此容易受到伤害，在美国人中，只有在那些青少年帮派的不良记录或精神病患者的病历中才能看到。但在日本却被视为一种美德。哥儿这种行为，也许在很多日本人看来也过于极端。但这是因为大多数日本人都不是那么较真。日本的评论家在评论《哥儿》时，说哥儿是"一个性情耿直、纯似水晶、为正义不惜战斗到底的人"。实际上，作者自己曾说过，"哥儿"是自己的化身，评论家们也觉得是这样。这是一个关于崇高美德的故事——受人之恩者，只有把自己的感谢当作价值"百万日元"的东西，并相应采取行动，才能摆脱负恩者的处境。并且，只能从"体面的人"那里接受恩惠。哥儿在愤怒中，将自己得到的"豪猪"的恩情与长久以来一直关心自己的老奶妈的恩情进行了对比。这位老奶妈对他十分偏爱，总感觉家里人都不喜欢他，于是经常私下给他些糖果、彩色铅笔等小礼物，有一次还给了他三块钱。"她对我始终如此关怀，让我非常内疚。"当从老奶妈手里接过那三块钱时，他感到非常"难为情"，把这三块钱当作是借款。可几年过去了，他也没还。为什么没还呢？在与"豪猪"的恩情比较后，哥儿自言自语说那是因为"我把她看成是自己的一部分了"。这句话使我们可以更好地理解日本人对恩情的反应。这就是说，不论感情多么错综复杂，只要"恩人"实际上是在自己或者说"我的"等级范围内的，或是像被风刮走了帽子然后帮人捡起来这类自己也能做的事，要不就是因为崇敬，那样才能心安理得。否则，"恩情"就会成为一种负担，一种让人难堪的行为。不论这种"恩情"多微不足道，也应该对此感到难过，这是一种美德。

日本人都知道，在任何情况下，过多的恩情都会带来麻烦。这一点可以从近期的杂志的"咨询专栏"中找到明显的例证，它有点像"失恋者信箱"，是《东京精神分析杂志》的专栏。它的答疑毫无弗洛伊德精神分析的色彩，完全是日本式的。一位上了年纪的男性在征求意见时这样写道：

"我是一个有三个儿子和一个女儿的父亲。我的老伴十六年前去世了。为了儿女考虑，我没再婚，孩子们也一直认为这是我的一种美德。现在，我的孩子都结婚成家了。八年前儿子结婚时，我退居到离家几个街区远的一幢房子里。有件难堪的事，三年来，我一直和一个夜度娘（被人卖到酒吧当妓女的人）在一起并发生了关系。我听了她的身世后十分同情，就花了一小笔钱替她赎身，并把她带回家，教她礼仪，让她在我家做佣人。她责任心很强，而且生活节俭。但是，我儿子、儿媳、女儿、女婿都因此看不起我，把我当外人。我并不责备他们，这是我的过错。

"那姑娘的父母似乎并不了解这一切。由于姑娘已到了结婚年龄，所以她父母来信希望她能够早日回家。我同她的父母见过面，并说明了具体情况。她的父母虽很穷，但并不是唯利是图的人。他们同意她女儿留下来，就当她已经死了。那姑娘自己也愿意留在我身边，直到我去世。但是，我俩年龄的差异就跟父女一样。因此，我也想过送她回家。我的儿女们都认为她对我的财产有所企图。

"我长年生病，也只能活一两年了。我究竟该怎么办呢？如果您能给我提些建议，我将不胜感激。最后我还要说明一点，虽然那姑娘以前为生活所迫成了"风尘女子"，但她品行端正，她父母也不是唯利是图的人。"

负责为这个病人做解答的医生认为，这个事例明显说明了这位老人把子女欠的恩情看得太重。他说：

"你说的事情非常常见……

"在正式解答前，我必须说明，你似乎希望通过来信从我这得到想要的答案，这使我有些不快。当然，对你长期鳏居我深表同情。可你却试图利用这点意图让子女们对你感恩，并使自己目前的行为正当化，我无法同意你这种想法。我并不是说你是个虚伪的人，但你却是一个懦弱的人。如果你必须找一个女人，并且不想让你的子女们因为你独身而对你感恩，那我建议你最好向子女们说清你必须和那个女人共同生活。当然，你过分强调自己对他们的养育之恩，他们自然会反对你。不过，所有的人都有性欲。但人应该尝试战胜欲望。你的孩子们也希望你如此，因为他们仍认为你是一位他们心目中理想的父亲。然而，你让他们失望了。我理解他们的感受，虽然他们也自私，但我很理解他们的心情。你会有这样的想法很正常，子女们都结了婚，在性欲上能得到满足，却拒绝接受自己父亲也有同样的要求。你的孩子们可能有不同想法（像我前面所说的），你们这两种想法自然会发生冲突。

"你说那姑娘和姑娘的父母都很善良，我认为这只不过是你个人的想法罢了。众所周知，人心的善恶是由环境、条件决定的。不能因为他们眼下没有追求什么利益，就说他们是"善良"的。哪个父母愿意让自己女儿嫁给一个老朽的人做妾？这种想法很愚蠢。如果他们打算让女儿做别人的小老婆，一定是想获得好处。如果你不这样认为，那就是你在幻想。

"你的子女担心那姑娘的父母对你的财产有所企图，我对此一点都不觉得奇怪。我确实也这样认为。那姑娘也许不存在这样的念头，但她的父母则一定会有。

"现在你有两条道路可选择：

"（1）做一个'完人'（毫无私欲并无所不能），与那姑娘彻底断绝关系。你也许做不到，因为你的感情不允许你这么做。

"（2）重新做一个'凡人'（抛弃所有的虚伪），彻底毁掉你在子女们心目中理想父亲的形象。

"至于财产，你应尽快另立一份遗嘱，规定子女们和那姑娘的份额各是多少。

"最后，请不要忘记你不是一个年轻人了，这一点从你的笔迹上我可以看出来，但你已经变得相当孩子气。你的想法与其说是理性的，还不如说是感情用事。你说自己想让那姑娘脱离下层生活，但我觉得你实际上想用她来代替母亲。我们都知道婴儿没有母亲是不能生存的。因此，我建议你选择第二条道路。"

这封信中提到了很多有关恩的观念。一个人如果选择了让别人（甚至是自己的子女）感受自己所施的恩，那么他首先要明白，自己必须改变行为方式，必须准备好为此做出牺牲。而且，不管他在给予儿女恩情时做出过多大牺牲，日后他也不应居功邀赏，利用这种施予的恩惠来"为自己目前的行为开脱"。孩子们对此感到不满是"自然的"，因为他们的父亲未能坚持自己的初衷，他们有种"被出卖"的感觉。如果父亲认为，自己在孩子们需要照顾的时候，已做出了很大牺牲，而当子女们成人后，就应该加倍关心照顾自己的话，那他就太荒谬了。孩子们不但不会跟他想的一样，反而会因为意识到所欠的恩情，而"自然反对你"。

对此美国人的反应完全不同。美国人认为：在妻子去世后，一个人把孩子抚养成人的父亲是伟大的，晚年受到孩子们的感激是理所当然的事，而不会认为孩子们因故反对他是"很自然的"。为了像日本人那样对待这件事，不妨看作是钱财上的关系，因为在钱财问题上，我们美国人的态度也严厉。如果是父亲把金钱借给了孩子们，并要求其偿付利息，我们则可以说："孩子们反对你是自然的。"从这个意义上我们很容易理解，日本人在接受了他人香烟后不直接说声"谢谢"表示感谢，而是说"惭愧"。必须要记住日本人面对他人对自己施恩是会感到讨厌的。也就是说我们至少能理解为什么"哥儿"会把一杯冰水的恩情看得那么重大。不过美国人不会用金钱来衡量这类事，那不过是冷饮店里的一次请客。父亲对早年丧母的孩子们做出的是长期牺牲，还有义犬"哈齐"那样的忠诚，日本人把这类情感看得很重。而美国人看重的是爱、关怀和慷慨的价值，这种价值越是无条件就越是高，之所以会成为此类行为的对象而感觉欠下他人恩情，是因为在日本总是被附加了某些前提，就像那句日本谚语说的："天性慷慨，才能受人之恩。"

第六章　报恩于万一

"事实上，在日本，'仁'是被排斥在伦理体系外的一种道德标准，根本不具备在中国的伦理体系里那种崇高的地位。"

　　"恩"是债务，是必须偿还的。不过在日本，"报恩"被看作是与"恩"完全不同的范畴。在我们的伦理观念里，这两个却是属于同一个范畴，由此形成了中性的词语如obligation（义务、恩惠）跟duty（义务、任务）。对此日本人感到奇怪，无法理解。如同我们对某些部落有关金钱往来的词语不区分"借方"与"贷方"感到奇怪一样。对日本人来说，"恩"是一种一旦产生就具有永久性的债务；但"报恩"不一样，"报恩"是主动积极的行为，而那些紧急到刻不容缓的偿还，则是用另外一系列的概念来表述。欠下恩惠不属于德行，报恩则是。为了报答恩情不惜献身的时候，就是德行开始的时候。

　　作为美国人，想要理解日本人的这种德行，最有效的办法就是把它拿来与金钱交易比较，并看到拒绝偿还后将会受到的制裁是怎样的。在经济交往中，我们美国人认为一个人有义务履行契约，如果他占有了并不属于自己的东西，我们是不会拿客观情况去为其开脱的，对于巧取豪夺的行为，我们不会宽容。欠债人不仅要还本，还要付息。对此我们的看法不同于我们对爱国、爱家的看法，很不一样。对我们来说，爱是一种发自人心灵的情感，是一种自由的产物，而只有这样产生的爱才是高尚的。爱国心意味着我们把国家利益置于一切之上，在这个意义上，除非美国遭到了他国的武装侵略，爱国心跟幻想或者凡人都有缺点的人性是不相容的。我们美国人没有日本人的那种观念，认为一个人从出生之日起，就自然背负了巨大债务。我们认为一个人应该帮助和同情其贫苦的双亲，不能殴打妻儿，必须抚养子女。但这无法像金钱事物一样量化计算，并且也无法像生意一样获得回报。而在日本，这些被看作是跟美国人眼中的金钱债务一样，其背后存在着一股强大的约束力，如同美国人必须偿付账单或抵押贷款的利息一样。这种观点不仅仅是在特殊时期（诸如宣战、父母病危等）才需要注意，而是时时刻刻都如影随形，就像一位纽约农民时刻担心着自己的抵押债务，华尔街的金融家买空卖空需要随时盯着行情一样。

在日本，他们把"恩"分成具有各自不同规则的范畴：一种是在报答与量上具有持续性和无上限的，一种是跟所受的恩等量，并存在特定的偿还期限的。日本人把需要无限报答的恩称作"义务"，也就是说"无法报答所受之恩的万分之一"。一个人的义务分为两大类：父母之恩的"孝"，天皇之恩的"忠"。这是必须履行的两种义务，是与生俱来的。日本的初等教育被称为"义务教育"，没有别的概念能比这个更恰当的了，因为这个词表明了"必修"的含义。

人生中发生的偶然事件可能会改变义务的细节，但无法改变义务是自动加于人身并超越一切的这点。

日本人的义务及相关事物一览表：

一、恩情：恩情是指被动发生的义务。我们往往说一个人"受恩""身受恩宠"，这些都是从被动角度而产生的义务。

皇恩——从天皇那得到的恩情。

亲恩——从父母那得到的恩情。

主恩——从上司那得到的恩情。

师恩——从师长那得到的恩情。

在人的一生当中，会在各种人际交往过程中得到恩情（注：所有对自己施恩的人都是"恩人"）。

二、恩情的相应义务：每个人都必须"偿还"这些债务，每个人都必须向"恩人""回报这些义务"。也就是说，这些义务是从主动偿还的角度而言的。

A. 义务：无论如何努力，无论经过多久，都无法偿还这些义务。

忠——对天皇、对法律、对日本国的义务。

孝——对双亲、对祖先（包括子孙后代）的义务。

敬业——对自己工作的责任。

B.情义：以下的债务必须根据所接受的利益量偿还，并且有时间限制。

（1）对社会的情义：

对君主的义务。

对近亲的义务。

对那些施与自己恩惠的人的义务——他们与自己没有亲戚关系。比如接受了他们的金钱、善意，以及工作上的帮助（如工作互助）等。

对非近亲（如伯父、伯母、表兄妹、堂兄妹等）的义务——并不指从这些人身上得到什么恩情，只是大家共有一个祖先。

（2）对自己名誉的情义，相当于德语中"die Ehre"（名声）：

当一个人受到侮辱或遭到失败时，有为自己"洗刷"污名的义务，例如，报复或复仇（注：这里的反击、报复行动不应被看作是对他人的侵犯）。

不承认自己（在专业上）失败和无知的义务。

遵守日本礼节的义务，即遵守一切礼仪规范、注意自己的身份和地位、在不如意的时候克制自己的感情等。

以上两种"义务"都是无条件的。日本人把这类德行绝对化，从而背离了中国文化关于对国家的义务与忠孝理念。从7世纪以来，日本不断吸收中国的伦理体制。但"忠"跟"孝"这类汉语词语，在中国文化里都不是无条件的。中国文化把"德"设定为置于所有之上的前提条件，这个"德"即所谓"仁"，一般被译为"benevolence"（慈善、博爱），它几乎可以代表西方文化所指的任何良好的人际关系。父母必须是仁的，统治者如果不仁，人民就有权推翻他。在这里，"仁"是忠义的前提条件。天子之所以能成为天子，是因为他施行仁政。文武百官也是一样。在中国，伦理体系把"仁"当作衡量所有人际关系的标准。

但自始至终日本人都没有接受中国的这种伦理学理念。著名的日本学者朝河贯一在论及中世纪日中两国的差异时这样写道："在日本，这类观念显然是不容于天皇制的，因此，即使是作为学术理论，也从未被完全接受过。"[1]事实上，在

---

[1]　摘自《入来院文书》。这是一本日本鹿儿岛萨摩郡入来旧城主的关系文书。由美国耶鲁大学教授朝河贯一编辑出版，是作为一般武家法制性质及其变迁的证明。

日本，"仁"是被排斥在伦理体系外的一种道德标准，根本不具备在中国的伦理体系里的那种崇高地位。在日文中，"仁"的发音是"jin"（书面文字跟汉语是同一个字），"行仁"或"行仁义"，是最高权力拥有者也不一定需要具备的道德素质。由于"仁"完全被排斥在日本的伦理道德体系之外，使它具有了不属于法律范畴之内的属性，它或许只是值得赞扬的行为，比如从事慈善事业以使名声远扬，以及赦免犯人等等。但这些都是职责以外的事情，并不要求每个人都必须如此。

"行仁义"还有另外一种"法律范围外"的意思，通常成为帮派流行的道德标准。比如在德川时代，那些杀人越货的单刀强盗（武士们是佩带双刀，强盗们只佩单刀），就是如此"行仁义"。如果一个歹徒请求另一个帮派的坏蛋帮助自己，后者如果为了防备前者的同伙寻仇，把他藏起来，这也是"行仁义"。在现代社会，"行仁义"行为的社会认同度进一步下降，经常被看作是一种违背社会秩序的不良行为而受到法律的惩罚。正像日本媒体所披露的那样："现在，那些地位低下的劳工们仍然相信仁义。对此，必须加以严惩。警方应该严格加以取缔，禁止那些至今仍在日本社会各个角落盛行的仁义风气。"毫无疑问这里所指的就是那些流氓、黑社会秉持的"盗亦有道"道德观。这样的道德观尤其流行于那些小的工头中间，跟 19 世纪末 20 世纪初的美国码头上的意大利籍工头 padrone 类似，他们跟一些熟练工人签订非法的契约合同，承包工程然后从中赚取非法利润。而这样的行为在日本被称为"行仁义"。原本出自中国的"仁"的概念，因此被贬抑成了反社会的行为。[①]

日本人就是这样完全篡改并贬抑了中国伦理体系的"德"的内涵，而且没有发展出其他足以代替"仁"来作为"义务"的约定物。因而孝道在日本就成了必须履行的义务，即使对父母的恶行也要宽恕。只有当"孝"与对天皇的"忠"发生冲突时，人们才可以放弃孝道；但是当父母道德败坏或者他们破坏了儿女的幸福时，作为儿女也必须履行孝道的义务。

有一部日本近代的电影讲的是这样一个故事：有位母亲经营一家规模相当不

---

① 日本人在使用"知仁"一词时，跟中国传统的用法较为接近。佛教劝人"知仁"，其意思就是慈悲。但日本辞典里则说："知仁，与其说是指行为，不如说是指的一种理想。"

错的餐馆致富了。她的儿子已经成家立业，是一名乡村教师。一年遇到了大灾，有一对农民夫妇为了救一家人，想要把正在上学的女儿卖到妓院去。这位教师为了帮助自己的这名学生，向村里的人募集一笔钱为女孩赎身。可教师的母亲却把募集来的钱偷走了。当儿子知道钱是母亲偷走后，他自己承担了责任，并接受惩罚。他的妻子发现了真相，写下遗书把丢钱的责任自己全部揽下了，然后抱着婴儿投河自尽。事情被曝光后，作为母亲的餐馆老板娘在这出悲剧中应该承担的责任无人问津。儿子在尽到了孝道后，一个人去了北海道，修炼自己的意志品质，以求将来能坚强地经受类似的考验。这位儿子成了品德高尚的英雄。对此，作为美国人的我，认为悲剧的所有责任都在那位偷钱的母亲身上。可我的日本朋友却强烈反对我这种美式的判断。他说，孝道常常会与其他道德观发生冲突。如果片中的主人公足够聪明，他能找到一条无损面子的折中办法。但是，如果为此而谴责母亲，哪怕只是在心里谴责，这对那位教师的自尊心来讲也是不可能的。

不论是在小说中还是在现实生活里，都有很多故事讲述青年人在完婚后也必须履行沉重的孝道义务。除了少数特别现代的家庭外，人们对于父母通过媒人来为儿子选择妻子这种现象，仍然认为是理所当然的。对于这件事，家庭而不是当事人的关心程度最高。这不仅涉及金钱交易，更是因为媳妇也将被记入家谱，生育男孩为这个家族传递香火。通常情况下，媒人会安排一次看似偶然的见面，双方的家长也都参加，但男女双方并不交谈。有时父母会为儿子安排一桩有利益关系的婚姻，女方的家庭可以获得经济收益，或者男方可以与富贵人家结亲。有时父母也会给自己的儿子挑一个人品好的姑娘。儿子出于对父母的养育之恩的感激，是不会对父母的决定提出质疑的。即使婚后，也要继续报答父母恩情。特别是长子，他以后要和父母生活在一起，因而对家长们来说挑选儿媳妇非常重要。众所周知，婆婆通常都不喜欢儿媳妇，总要挑儿媳妇的毛病。就算儿子和媳妇非常恩爱，非常愿意共同生活，婆婆也可以把媳妇赶出家门，解除他们的婚姻关系。日本的小说和个人自传都倾向于描写丈夫和妻子的苦难。当然，丈夫总是为了"尽孝"而被迫结束婚姻的。

一位比较"现代"的日本妇女现住在美国，她在东京时曾收留过一个被婆婆赶出来的年轻孕妇，她被迫离开了伤心的丈夫。当时，她疾病缠身，悲痛异常，却从不责怪自己的丈夫，她逐渐把希望都倾注到了即将出生的婴儿身上。可谁知孩子刚一出生，婆婆就带着自己顺从的儿子来要小孩。当然，这小孩是属于男方家庭的，可婆婆把小孩带走后，随后就送进了孤儿院。

上述的这些例子里的行为都属于孝道范畴，都是子女必须偿还父母的恩情债务。而在美国，这些都会被看作是外部对个人合法幸福的干涉。日本人之所以不把这看作是"外部"的干涉，是因为他们把欠恩看作是一个大前提。这类故事如同美国的故事中描写的那些诚实正直的人，无论经历多少艰难困苦也要还清欠债一样，是在歌颂真正品德高尚的日本人，叙述他们如何赢得了自尊，并证明他们的意志坚强，能忍受巨大磨难。但是，无论这种挫折表面上显得是如何的崇高，其结果都是令人厌恶与难以接受的。一个值得人们注意的现象就是亚洲那些关于"可恨事物"的谚语：在缅甸是"火灾、洪水、小偷、官吏和坏人"；在日本则是"地震、打雷、老人（一家之长、父亲）"。

日本的孝道跟中国的孝道不同，日本人的"尽孝"时间上不会追溯到几个世纪前，范围也不会包括同一祖先繁衍的庞大家族。日本人的祖先崇拜只限于近祖。那些近祖墓碑上的碑文每年都会更新，但如果是记忆中已经模糊的祖先，他们的墓碑就不会再有人在意，家中的佛龛上也不会供奉这些祖先的灵位。日本人重视的那些"尽孝"的对象，只限于记忆中的祖先，他们很注重现世。许多关于日本民族的专著都认为，日本人缺乏抽象思辨和构想非现时形象的兴趣，与中国人比，日本人的孝道观恰好证明了这一点。然而，他们这种观点最重要的现实意义在于，孝道义务被限制在了当下。

不论在中国还是日本，孝道不仅仅是对父母和先人的尊重和服从。对于子女的照料对西方人来说主要源于母亲的本能和父亲的责任感，而东方人则认为源自孝道。日本人对这一点非常明确，他们认为，回报祖先的恩惠，也就是把自己所接受的恩惠传递给自己的儿女。在日语中没有专指"对子女的义务"的词语，因为所有这类义务都是包括在了对父母以及祖父母的尽孝行为里。对家长而言，孝道要求他们履行下列义务：抚养子女，让儿子接受教育，管理财产，保护那些需要保护的亲戚，另外还有那些与此有关的日常义务。日本家庭对此有制度化的严格限制，但同时也限制了具有这类义务的人的数量。按照孝道义务的要求，儿子死后，父母有抚养儿子遗孀和留下的儿女的义务。如果女儿不幸丧夫，做父母的也有义务抚养女儿的儿女。但丧偶的外甥女或侄女就不在"义务"范围内。如果收养，那也是在履行另一种完全不同的义务。抚养和教育自己的子女是"义务"，而想要教育自己的侄子和外甥，习惯上是把他们合法收为养子，否则就不是"义务"。

孝道也不要求对贫困的直系亲属给予援助，援助是出于尊重和仁慈。被收留的年轻寡妇经常被称为"冷饭亲属"，因为她们吃的都是残羹剩饭；而且，家庭中的所有人谁都可以对她呼来唤去，而她则必须对别人所做的有关她的决定保持绝对服从。她和她的子女不过是穷亲戚。在一些特殊情况下，她们会得到较好的待遇，但这并不是家长有"义务"这样做。同样，兄弟之间也没有义务要履行。当兄弟两人水火不相容时，如果哥哥履行对弟弟的义务，那么往往能获得别人的赞赏。

婆媳之间矛盾最激烈。媳妇是以外人身份进入家庭的。她必须熟悉婆婆的脾气与喜好，并学习对婆婆的顺服来与之相处，但在很多情况下，婆婆都会毫不客气宣称自己不喜欢这个媳妇，说她根本配不上自己的儿子。据我们推测，这其中很大因素是婆婆对媳妇的妒忌。但正如日本谚语说的那样，"可恶的媳妇也能生出可爱的孙子"，为此婆媳间也存在孝道。表面上媳妇在婆婆面前总是无比温柔。只是随着时间的流逝，温柔顺服的媳妇也最终会变得苛刻、唠叨和喜欢吹毛求疵，也就是所谓的多年媳妇熬成婆。在她们年轻时她们没法任性，只能忍气吞声；但到了晚年，她们就会像是积郁多年的怨气找到了出口，全部倾泻到媳妇身上。在今天的日本，女性已经开始公开谈论最好嫁给一位不需要继承家业的男人，以避免与霸道的婆婆一起生活。

"尽孝"并不一定能在家庭里得到慈爱。在一些文化中，这种慈爱是维持大家族的基石，但在日本则不然。一位日本作家深刻指出这点："日本人高度重视家庭，也许正因为如此，他们不太重视家庭中的具体成员，以及成员之间的家族纽带。"当然，实际情况不一定相同，但大致情形的确如此。这里的关键在于承担义务和恩债关系。年长者的责任更大，其中之一就是对晚辈的监督，要求他们做出必要牺牲。即使晚辈们不情愿，也必须服从长辈的决定。否则，他们就没有履行"义务"。

　　日本孝道中还有一个特点，就是家庭成员间会存在明显的怨恨。这种现象在与孝道同等重要的"义务"上很难看到，例如对天皇的尽忠。天皇被日本政治家们视为是神圣所在，完全把天皇与普通人隔离开。这样的安排非常巧妙。因为只有这样，天皇才能成为国家统一、全民一心的核心。单单认为天皇是国父是不够的，因为父亲在一个家庭中尽管可以是权力的拥有者，可以对子女提出并监督其尽义务，却很可能是"不受尊重的人"。而天皇必须要超越世俗父亲角色成为圣父才行。于是对天皇的尽忠就有了道德上的高度，成为幻想中的一尘不染、"至善至爱"的存在。明治初期，一些政治家在考察过了西方社会后这样写道：西方那些国家的历史，无不都是统治者与人民之间矛盾冲突的历史，这不符合日本的精神。回国后，这些政治家在新的宪法中明确写明了天皇的"神圣不可侵犯"，强调天皇对国家官员们的任何行为都不负有责任。因此，作为日本国家统一的象征，日本天皇并非是一个负有政治责任的元首。同时，在近700年的历史中，天皇从来也没有作为实际统治者发挥过作用，这就使得让天皇充当幕后主角变得容易。因此，对明治政治家来说，要做的唯一工作就是努力让全体国民在情感与思想上对天皇效忠，把他确立为最高的道德存在。在封建时代的日本，人们的"尽忠"对象主要是世俗首领——将军。这一漫长的历史警告明治时期的政治家，在新的规定下要想实现他们的目标——日本的精神统一——需要做些什么。在过去的几个世纪里，将军既是大元帅又是最高行政首领，其属下虽然也对他顺从，但阴谋推翻其统治以至谋杀他们的事屡见不鲜。对将军的忠诚常常会与对封建主君的忠诚相冲突，而且对封建主君的忠诚往往要比对将军的忠诚显得更有强制性。因为对主君的忠诚是建立在直接的联系上的。相形之下，对将军的忠诚度就难免要低很多。在动乱频发的时期，武士们更是经常逼迫将军退位，以便拥戴自己的主君。那些明治维新的先驱以及他们的领袖们，高呼着"忠于天皇"的口号，和德川幕府进行了长达百年之久的斗争。而在这个时代里，天皇被软禁在皇宫内，因此每个人都可以按照自己的愿望塑造出一个天皇形象。正是由于以"尊王"为口号的明治维新把"忠"的对象由具体存在的将军换成了虚幻的象征"天皇"，1868年的事变最有理由被称之为"王政复古"。那之后天皇继续高高在上，隐居在幕后。是由他赋予"阁下"们权利，而不是亲自管理国家，同时也不参与政策的制定。因此明治维新后的日本，仍然是由一些顾问——他们是经过精心挑选出来的——执掌政权。真正的变化是在精神领域里，因为这之后日本人所要效忠的完全变成了对神圣领袖——最高主祭和日本统一与永恒的象征——的报恩。

之所以效忠的对象能如此轻易转移到天皇身上，这其中古老传统毫无疑问起到了很大作用，这个传统就是传说天皇是天照大神的后裔。不过这一传说的神学意义并不像西方人所想象的那么重要。那些彻底否定这种神学观的日本知识分子，并未因这种否认就对天皇作为效忠的对象产生疑问，这就是最好的证明。甚至大多数接受天皇是神的传人这一观念的普通群众，他们对这一传说的理解也跟西方人不一样。"神"（かみ）在英文中被译作"god"，但词义上却应该是"至高无上"，也就是最高的等级。在日本，神人之间并不存在像西方社会那样巨大的鸿沟。一般说来，每个日本人在死后都会变成神。在封建时代，"忠"的对象是非神格的等级制下的主君。而在"忠"的对象转移到"天皇"这个过程中，有一个非常重要的因素，那就是日本的历史上只有一个皇室，是万世一系的。就算是西方人认为这种万世一系的说法是荒唐的欺人之谈，而且皇位继承也跟比如英国、德国不一样，但事实是这样的指责毫无意义。日本的规则就是日本的规则，根据这一规则，皇统的确就是"万世不坠"的。中国的历史历经 36 个王朝的更替，日本则没有。日本社会虽然也经历了大大小小很多次的变迁，但社会的组织结构一直保持了不变。明治前的 100 年时间中，那些反德川幕府的势力所利用的正是"万世一系"的论据，而不是天皇神裔的传说。他们强调，既然"忠"的对象应该是等级制的最高等级，那么这个对象就只能是天皇。天皇因此被拔高到国民最高主祭地位上。

近代日本经过种种努力，终于使得"忠"的对象人格化，并特指向天皇本人。明治维新后的第一个天皇就是一位杰出、威严的人，同时加上他的长期在位，也使得他很自然成了日本人心中的国体象征。这位天皇很少直接面对人民，仅有的几次也都是在隆重的仪式下出现。民众匍匐在他面前，整个场面鸦雀无声，更没有人敢于抬起头来正视。二楼以上的所有窗户全部紧闭，以保证没有任何人能俯瞰天皇。他接见高级顾问也具有强烈等级制色彩。在日本，没有天皇召见执政官员一说，而是极少数拥有特权的"阁下"，"受赐拜谒陛下"。天皇也从不会对具有争议的政治问题发布诏书。天皇所发布的所有诏书都是有关道德、节俭或者某项具体问题得到解决后对民心的安抚。当他驾崩后，整个日本就会变成一座巨大的寺庙，所有的民众都会为他祈祷。

通过这些方式，天皇成了超越国内一切政治纷争的象征。就像美国人对星条旗的忠诚超越了一切政党政治一样，因此天皇是"神圣不可侵犯"的。我们对国旗有严格的仪式，这种仪式不针对任何普通人实施。然而，日本却充分利用天皇作为最高象征的价值。人民可以敬爱天皇，天皇也可做出回应。民众听说天皇"关心他们"时，会欣喜若狂，感动得热泪盈眶。"为了使陛下放心"，他们甚至可以献出自己的生命。日本的文化是建立在人际关系基础上的，在这样的文化中，天皇作为忠诚的象征，其意义要远超过国旗。如果一个正在受训的教师说人的最高义务就是爱国，那么他将受到指责，因为必须说是要报答天皇。

"忠"建立了一种臣民与天皇的双重体系。一方面臣民直接向天皇效忠，没有任何中间环节，人们用自己的行动来使"陛下安心"；另一方面，民众又是通过各种媒介，经过层层传递才听到天皇的各种敕令。"天皇御旨"就足以唤起人们的"忠"，它的强制力是任何一个现代国家都无法拥有的。罗里（H.Lory）曾描述过这么一个故事：在一次常规军事演习中，带队军官下令，没有命令任何人都不能喝水壶里的水。日本的军队训练非常强调在极困难条件下连续行军五六十英里。在那天的训练中，有二十多个士兵由于口渴和疲劳而倒下，五人死亡。最后检查水壶时，发现里面的水一滴未少。"在那种情况下，那位军官的命令就是天皇的命令。"

"忠"也强烈影响着民政管理，从丧葬一直到税收。臣民正是通过税务官员、警察、地方征兵官员这样的中介向天皇尽忠。在日本人看来，遵守法律就是对最高恩情——"皇恩"的最好回报。这一点与美国的社会习俗形成了强烈对比。在美国人看来，任何新的法律——从汽车的尾灯信号到个人所得税，都是对个人处理自身事务自由的干涉，都会在全国激起民愤。由于联邦法律会实际上构成对各州立法权的干涉，它受到了双重怀疑，认为它是华盛顿官僚集团强加于国民的。为了满足自己的自尊心，人们会竭力反对这些法律。因此，在日本人眼中美国人都是无法无天的，而美国人则认为日本人唯唯诺诺，毫无民主观念。更切实际的说法是，两国民众对自尊有不同的理解。在美国，自尊与自己处理自己的事的权利有关；在日本，自尊则是与回报施恩者相关联。这两种风俗各有难处：美国的难处在于，即使颁布对整个国家都有利的法规，也很难被民众广泛接受；而日本人的难处在于，人的一生都将处在一种负恩的阴影之下。也许每个日本人都能在某些场合找到既不违反法律，又能规避严苛的办法。与美国人不同，日本人甚至还能赞赏某类暴力行为、直接行动和私人的复仇。然而，尽管有这些保留条件以及别的可以列举出来的保留条件，"忠"对日本人的支配力量还是毋庸置疑的。

1945 年 8 月，当日本宣布投降时，"忠"在全世界显示了它令人难以置信的威力。许多对日本有过直接体验或较为了解日本的西方人士都认为日本不可能投降。他们说，幻想散落在亚洲和太平洋诸岛上的日军会毫无反抗放下武器，简直是天真的想法。日军的许多武装部队还从未在局部性的战役中失败过，并确信这场战争的正义性。在日本本土各岛，到处都是誓死抵抗的顽固分子。占领军——其先头部队只会是小部队——只要进入日本舰炮的射程范围，就有被屠杀的危险。在整个战争中，日本人无所畏惧，他们是一个好战的民族。然而，得出这样结论的美国分析家却没有考虑到"忠"的作用。只要天皇说了话，战争就结束了。在天皇前往广播电台发表讲话之前，顽强的反对者们包围了皇宫，试图阻止天皇发布停战诏书。但一旦宣布了，这些人也毫无条件服从。不论是满洲、爪哇等地的前线司令官，还是本土上的"东条"们，没有一个人反对。我们的军队在机场着陆后，受到了礼貌的欢迎。外国记者中有人这样写道："早晨着陆时自己还是手不离枪，中午时他们就把枪收起来了，傍晚就上街悠闲地开始采购小商品。"日本人现在是在用遵守陛下要求的和平，来让"陛下安心"，而在一个星期前，他们还誓死要奋不顾身用竹枪击退蛮夷。

这样的截然不同并没有什么不可思议，除非是不承认人的情绪是会发生变化的西方人。一些人声称，日本民族除了灭亡将别无他路；而另一些人声称，只有日本的自由主义者夺取政权，推翻现任政府，他们才能挽救自己。这两种分析，对全力以赴、获得全民支持进行总体战的西方国家而言是可以理解的。但如果认为日本的行动方针是和西方国家一样，那可就大错特错了。甚至在和平占领日本几个月后，有些西方预言家还在预言，任何机会都已丧失，因为在日本并没有发生西方式的革命，或者因为"日本人不懂得已经战败了"。这是西方的社会哲学，它建立在西方的善恶标准上。但是，日本与西方国家不同，它没有采用西方各国的那种最后的手段——革命。它也没有用消极破坏的方法来与占领军对抗，他们采用了自己传统所固有的力量，也就是在战斗力被彻底消灭前，就把无条件投降这一需要付出巨大代价的目标，当成是自己"忠"的对象。在他们看来，这种代价尽管巨大，但是是值得的，他们因此得到了最值得珍视的东西，因为他们有权这样说：这是天皇的命令，哪怕是投降的命令。这也就是说，即使是投降，但最高的律法与目标仍然是"忠"。

第七章　情义是最难承受的

"一个日本人常常为了'情义'而无视正义。为此他们的理由是：'为了情义，我无法坚持正义。'"

日本人总说"情义是最难承受的"[①]。一个人必须要像履行义务一样报答情义。但"情义"所要求的义务跟"义务"所要求的义务是分属完全不同体系的。在英文里没有一个词与"情义"对等。人类学家发现世界上每种文化的道德义务都会有一些是奇特的，但日本文化中的"情义"最为奇特，它为日本所特有。"忠"与"孝"是日本和中国共有的道德范畴，尽管日本对这两个概念进行了一些修改，但仍旧与东方其他国家的道德有着渊源相关性。而"情义"既跟中国儒教无关，也跟来自东方的佛教无关。它是日本所独有的范畴，不了解情义就不能了解日本人的行为方式。日本人在谈及动机、名誉以及个人在日本国内遇到的任何麻烦，都经常需要涉及"情义"。

对西方人而言，"情义"是一种含义很复杂的义务（参阅本书第六章表格）：从报答旧恩到复仇。难怪日本人不愿向西方人解释"情义"的含义，就连他们自己的辞典也很难对这个词下定义。有一本日语辞典是这样解释的（根据我的翻译）："正道；人应遵循的规则；为了免遭非议而做自己不情愿做的事。"这当然无法使西方人理解这个词的主要意思，但"不情愿"这个词语却指明了情义与义务的差别。不论义务对个人提出的要求是如何艰巨，至少是个人对他最亲密的家庭成员或者对代表他的祖国、他的生活方式以及爱国精神的统治者的一系列责任。这种责任和义务之所以如此牢固，是因为它们是日本人与生俱来的，是

① 原文作"义理"（Giri），该词在日语中有情义、人情、情理的含义。

必须履行的。不论人们在履行义务时有多少"不情愿"的行为，尽管义务的一些特定行为也会招致人的"不情愿"。但对"情义"的报答总是充满了内心的不快。在"情义"的领域里，欠情者所面临的难处是难以想象的。

"情义"从类型上来看，明显可以划分为两种不同的类别。一种被我称为"对社会的情义"，字面的意思就是"报答情义"，也就是群体内的报恩义务；另一类我把它称为"对名誉的情义"，类似于德国人的"名誉"，也就是对自己名誉的维护义务。第一类大体可以描述为对契约性关系的履约，跟"义务"的不同在于它是履行对生而具有的亲属关系的责任。就此而言，"情义"包含了对所有姻亲家人应负的义务，而"义务"则主要指的是对直接亲属应负的所有义务。岳父、公婆一般称为"情义"上的父母，姻亲兄弟姊妹则是"情义"上的兄弟姊妹。这种称谓既适用于针对配偶的亲属，也适用于针对亲属的配偶。当然，在日本，婚姻也是家庭之间的契约。终生为配偶的家庭履行这些契约性质的责任就是在"履行情义"。在履行这种契约性质的责任时，最沉重的恐怕是报答安排婚姻的父母双亲的情义。尤其是年轻的儿媳妇对婆婆的"情义"是最为沉重的，因为正如日本人所说的那样，儿媳妇住的是别人的家。丈夫对岳父母的责任可能要不同一些，但也很可怕。因为当岳父母有困难时，女婿必须借钱给他们，同时还要履行其他一些契约性的责任。一位日本人说："儿子成人后照顾自己的亲生母亲，这是母子情，不能称为情义。"凡是发自内心的行动都不能说成"情义"。然而，对待姻亲的义务却丝毫也不能含糊，不论代价多大都必须严格履行，否则他将会被谴责为"不懂情义的人"，而这种谴责是很可怕的。

日本人的这种姻亲家属义务，在"入赘养子"这里展现得最清晰。入赘者就跟女人嫁入夫家一样。一般来说，如果一个家庭没有儿子，就会为其中一位女儿选择一个女婿入赘过来，以便延续"家名"，也就是家族的姓氏。入赘到妻子家后，他在"情义"上就从属于岳父母，死后也会葬到岳父家的墓地。所有一切待遇都跟女人出嫁后一样。之所以要为女儿择婿入赘，也许不仅仅只是因为自家没有男孩，更多情况是双方家庭出于利益考虑，也就是所谓的"政治联姻"。有时女方家虽然很穷，但"门第"很高，男方带钱入赘则可以提高自己在等级制体系中的地位。或者说女方家庭富裕，有能力让女婿接受更好的教育，男方付出的代价就是放弃自己的家庭，入赘到女方家庭。有时是女方父亲希望通过此举获得理想的公司合作者。不管哪种情况，入赘的养子所要承受的"情义"都会非常沉重。因为在日本，入户其他家庭是一件很严重的事情。如果是在封建时代，这意味着养子必须要为养父参加战争，就算是受令杀的对象是自己的亲生父亲也无法回避，因为只有这样才能证明他成为新的家族的一员。而在近代日本，靠入赘构成的"政治联姻"会形成强大的"情义"上的约束，把一个人捆绑在岳父的事业或者养父家的命运上。在明治时代，这种联姻很可能对双方都有好处。但日本社会有着强烈的对入赘与养子的歧视。日本人有句谚语很能说明问题："有米三合，绝不入赘。"对日本人来说，这样的厌恶感也一样是出于"情义"的关系。如果换成是在美国，美国人会这样表述对这种关系的厌恶之情："男子汉绝不干这种事！"总而言之，对日本人来说，"情义"的履行是一件让人为难的事，是很不情愿为之的。"为了情义"这句话对日本人来说，是最能表明人际关系的沉重负担的。

对姻亲的义务是"情义"，对伯父伯母以及外甥侄儿侄女的义务也一样属于"情义"范畴。这类对近亲的义务不被纳入到孝行，这是中日家族关系最大的差异。因为在中国，和亲属，甚至是和那些血缘关系疏远的亲属分享资源也是属于孝行范畴。但在日本，这类关系则被归属到了"情义"范畴，也就是一种契约关系。对日本人来说，帮助这类亲属并非因为恩情，而是为了报答他们共同的祖先。尽管抚养自己的孩子也有着同样的动机，但却是一种自然义务；而远亲不一样，远亲虽然同样来自同一个先祖，但却被纳入到"情义"范畴。当日本人不得不帮助这类亲属时，他们会像对待姻亲一样，会说："我是为了'情义'才这样做的。"

相较于姻亲之类的情义关系，日本人更看重那些传统的"情义"，比如武士与主君的关系。这样的关系是基于名誉的对上司与同辈的效忠。这类"情义"性质的义务被大量的传统文化作品所讴歌，被看作是武士的德行。在德川氏统一日本前，这种德行的重大性在日本人的内心是远超过"忠"的，也就是对将军的义务。12世纪时，源氏将军曾要求一位大名引渡一个他庇护的敌对领主，这个大名的回信至今还保存着。在信中这位大名表达了自己强烈的愤慨，他对自己的"情义"受到非难非常不满，他坚决拒绝了将军要求自己以忠的名义背叛情义。他这样写道："对于公务，在下无能为力，但武士重名誉，武士间的情义乃永远也不能放弃的真义。"这种超越一切的武士德行，在古代日本受到人们的传颂，进入文学艺术作品里，被加以润色，能乐、歌舞伎以及神乐舞中比比皆是。

流传至今的故事中，最为著名的当属讲述一位12世纪力大无穷的浪人（指那些没有主君，完全依靠自己谋生的武士）弁庆的。除了一身神力，这位浪人一无所有。他寄身寺院，但让那些和尚害怕。他斩杀过往的武士，收集刀剑以筹措武士必需的行装。最后，他向一位看似武艺平平的年轻领主挑战，没想到却遇到了对手。后来，他发现这位青年原来是源氏的后代，正筹划恢复家族的将军地位。这位青年实际上就是日本人极其崇拜的英雄源义经。弁庆立即向源义经表示了热忱的情义，并在战场上为义经立下无数功勋。在最后一次战斗中，敌众我寡，他们被迫率领家臣逃跑。他们将自己化装成为建立寺院而在日本全国化缘的僧人。为了免生怀疑，弁庆装扮成领队，而源义经也穿着同样的服装混在一行人里。沿途遇到敌方的检查，弁庆就拿出编造好的一卷寺院募捐名册诵读来欺骗敌人。然而，在最后时刻，尽管源义经衣着普通，但却无法掩饰其高贵气质，由此引起了敌人的怀疑。他们立即把所有人都召集到一起，弁庆略施小计，借口一点小事打了义经耳光，敌人因此消除了对义经的怀疑。理由是如果这位和尚真是义经，家臣是绝不敢对他动手的，因为这严重违背了传统的"情义"规则。但正是弁庆的不敬拯救了一行人的性命。在到了安全的地方后，弁庆即刻下跪，请求义经赐死。但作为主君的义经赦免了他。

这些历史故事中所描述的"情义"都是发自内心的，是发生在一个没有受到厌恶之念污染的时代，从而成为近代日本梦想中的黄金时代。通过这类故事我们可以看出，在那个时代里，"情义"并不被厌弃。那时代如果"情义"与"忠"发生冲突，人们可以堂堂正正选择坚持"情义"。在这个传说中的时代里，"情义"是日本人珍视的人际关系，同时也具备对封建制度的美化作用。一般说来，"懂得情义"的含义就是对主君的终身忠诚，主君并因此给予回报。所谓的"报答情义"，就是把自己的生命献给深受其恩的主君。

这自然是一种幻想。在日本的封建历史中，有很多武士被敌方大名收买的例子。并且最重要的是，就像我将会在下一章里叙述的，如果主君羞辱了自己的家臣，家臣就可以按照规则离去，甚至勾结敌人。对复仇和尽忠捐躯行为，日本人一样大加赞扬，二者都属于"情义"范畴。尽忠是对主君恩惠的"情义"，但对他人的羞辱的复仇，则是属于自身的"情义"。这在日本就是一块盾牌的正反两面。

不过，那些描述忠诚的古老故事，对当今的日本人来说只是令人高兴的梦想。现在人们所说的报答情义，已经不再指的是对自己合法主君的忠诚，而是要履行对各种各样的人的义务。今天当人们谈到情义时，往往带着强烈的厌恶和不满，强调是迫于舆论压力而违背自己本意不得不履行情义。日本人常说"完全是出于情义才安排这桩婚姻""录用那个人，我完全是出于情义""我必须见他仅仅是出于情义"等等。他们还常说"受到情义的纠缠"。辞典把这句话译成"I am obliged to it"（我被迫这样做）。对此日本人会说"他用情义来强迫我""他用情义来逼我"。这一类习惯语的意思是说，有些人会凭借过往曾经施与的恩惠要挟，迫使说话人做不愿意做的事。在乡村那些小商店里进行的很多交易中，在那些高层财阀的社会关系里，包括在日本的内阁中，人们大都是受到了"情义的强迫"。一个人甚至可以凭借两家之间的传统关系，要求某人做自己的岳父；也有不少人用同样的手段夺取农民的土地。而遇到这样的情况，那些受到"情义"胁迫的人，也不得不接受。他会这样说："要是我不帮助他，人们就会说我无情。"这样的一系列说法里都包含有不得已、仅仅是为了"情面"的意思，正如辞典的解释一样：for mere decency's sake。

"情义"是必须要予以报答的，这种硬性的规则不像摩西十诫是一组道德准则。一个日本人常常为了"情义"而无视正义。为此他们的理由是："为了情义，我无法坚持正义。"同时"情义"的准则跟"爱邻如己"完全不是一回事。它没有要求一个人应该真心对人宽容。它只是说，一个人必须履行情义的义务，否则，人们就会认为他无情无义，他因此会在世人面前蒙羞。这就是人们迫于社会舆论而不得不遵守"情义"的规则。实际上"对社会的情义"在英语里常被译为"conformity to public opinion"（服从公众的舆论）。在辞典中还把"我只好这样，因为这是对社会的'情义'"译作"People will not accept any other course of action"（世人不会承认别的办法）。

如果把日本人在"情义领域"中的规则，跟美国人有关债务偿还的规则作比较，就能更好地理解日本人的表现。在美国人看来，收到他人的信件、礼物或者接受了劝告之类属于情分范畴的好意时，没有必要像对待银行账单那样严格。在金钱交易中，美国人对待无法偿还债务的人的处理方式就是宣布人格的破产，而对于美国人来说，这是非常严酷的惩罚；但日本人则把无视情义的人视为人格的破产，而实际上生活中的一言一行都会涉及"情义"。这意味着美国人可以完全无视、不会联想到涉及义务的那些细微言行，在日本人则必须谨慎对待；这也使得日本人长年累月陷入复杂的生活环境中，时时刻刻都要谨言慎行。

日本人对"社会的情义"的观念，与美国人的债务意识之间有另一个相似，那就是"报答情义"在思想意识上也要等量对待。在这一点上"情义"跟"义务"是完全不同的。"义务"没有完结的时候，不可能彻底得到报答，但"情义"则并非无止境的。在美国人眼里，日本人对恩情的态度就是滴水之恩，当涌泉相报，但日本人自己却不这样认为。我们对日本人的馈赠习俗也觉得好奇，例如，每年有两次，每个家庭都要包一些礼品来作为六个月前接受过的礼物的回礼；女佣人的家里也会年年寄出礼物来感谢雇主的雇佣。但有一点是需要注意的，那就是日本人十分忌讳回礼价值超过所接受礼物的价值，即所谓的"赚礼"，这被认为是不名誉的行为，会被人说是"小虾钓大鱼"。对"情义"的报答也一样。

在可能的前提下，人们会尽可能对彼此间的往来进行记录，不论是劳务还是物品。在农村，这些记录有些由村长保管，有些由组①的一个人保管，有些则由家庭或个人保管。送葬时人们习惯带去"奠仪"。另外，亲戚们还会送各种颜色的布料，供制作送葬时使用的幡。所有的近邻都会来帮忙，女人下厨，男人制作棺材、挖掘墓穴。在须惠村，那里的村长有一本账本记录下了这些事情。这对死者家庭是一份十分珍贵的记录，因为它记录了邻居们送来的礼物，帮过哪些的忙，这份名单也是将来在其他家庭出现丧葬时还礼的依据。上述是一种长期性的礼尚

---

① 原文是"work-party"，可能是日文的"结"，专指农村有关插秧、盖房、婚丧等繁忙时的换工互助之类的互助团体。

往来。另外在乡村里还有葬礼的短期性礼尚往来，以及一些庆宴。葬礼的主人需要请制作棺材的人吃饭，那些帮忙的人也需要为丧家送来大米。村长也会对这些大米做记录。在多数宴会上，客人们也要自带一些米酒作为宴会的饮料。无论是生还是死，或是插秧、盖房、聚会，情义的交往都被仔细记录下来，作为以后回报的依据。

　　日本的情义习俗还有一点是与西方的债务关系类似的。这就是如果归还延期的话，利息就会自然增长。埃克斯坦博士讲述了自己与一位日本制造商交往的故事。这位商人资助埃克斯坦博士去日本旅游，让他去收集野口英世自传的资料。回到美国后，博士就开始着手撰写这部传记，之后把手稿寄给了那位商人。但他既没有收到回执，也没有收到任何回信。对此博士的担心是很自然的，他害怕书中的某些内容冒犯了这位日本人。于是他写了几封信过去，但依然没收到回音。几年后，这位制造商给博士打电话，说他正在美国。不久后他就前来拜访博士，并给他带来了几十棵日本的樱花树。这份礼物非常厚重。之所以会送这样重的礼，正是因为拖延了很长时间。这位日本人对埃克斯坦博士说：“当然，您也不想让我那么早就回报您吧！”

　　“关注情义”的人往往被迫回报那些因时间而增加的恩惠。例如，某人向一位小商人求助，而这人恰好就是这个小商贩启蒙老师的侄子。这位商人由于在年轻时没能报答老师的情义，这种情义就随着时间的流逝逐渐增加。现在，这位商人别无选择，只好伸出援助之手，以报答老师当年的恩情，“以免遭人非议”。

第八章　名誉的维护

"日本的教师会说：'为了保全教师的名誉，不允许我对学生说不知道。'意思是，即使他不知道青蛙属于哪类动物，他也必须装作知道。"

对名誉的"情义"就是维护人的名誉不受玷污。这类"情义"是由一系列具体的德行构成的，尽管在西方人看来，很多是相互矛盾的，但在日本人心中则是一致的。因为不属于报恩范畴，并不涉及受恩他人，仅仅涉及个人名誉。因此，其主要内容包括了：对"各得其所，悉安其业"规则的各种繁文缛节的遵守，忍受痛苦，从而在专业以及技能上维护自己的名声。对于这种来自名誉的"情义"，日本文化并没有一个单独的词语表示，只是把它划分到报恩的范围外。对此应该在这个基础上对待，而不应该根据下述现象分类：对社会的"情义"来自对善意的回报义务，而对名誉的"情义"则是一种复仇行为。在西方文化中，上述两者被直接看作是对立的两个方面，也就是感激与报复，日本人则完全不这样认为。为什么一种德行既包括了对他人善意的反应，又同时包括了对他人的恶意以及轻视的反应呢？

这就是日本人的认识。一个正派人对恩情和侮辱都要做出同样强烈的反应，要全力加以回报。跟西方人不同，日本人把这二者是分开来的，一种被称之为侵犯，一种则不属于侵犯。在一个日本人看来，只有"情义"范围外的行为才是侵犯行为。而只要是属于对"情义"的遵守，对名誉的维护，就不能看作是侵犯，他不过是在清算旧账。日本人认为，凡是自己受到的羞辱、诽谤导致的失败没能得到报复，没能得到昭雪，"世界就不会平稳"。作为正派的人，需要努力维护世界的和谐，这是做人的美德，而绝非恶的人性。欧洲历史上曾经有过一些时期，对名誉的"情义"就像日语中那样，把感激与忠诚结合到一起表达。文艺复兴时期，尤其是在意大利这种表达方式曾经十分流行。这跟古典时期的西班牙的 el valor Español（西班牙式的勇敢），还有德意志的 die Ehre（名誉）十分类似，甚至在潜意识中类似于一百多年前在欧洲流行的决斗行为。无论是在日本还是欧洲，凡是这类看重名誉昭雪的道德观占优势的地方，道德的核心一般都超越了物质利益。一个人如果是因为为了维护自己的名誉而牺牲了财产、家庭甚至自己的生命，就能得到人们的认可，被看作是道德高尚的人。也就是说对名誉的维护成了道德的一部分，构成了这类国家提倡的"精神"价值的基础。正是在这一点上，与充斥了美国人生活的激烈竞争与公开对抗形成鲜明对比。在美国的某些政治与经济交往活动中，对保有并没有限制，但获取与保持获取物一定是一场战争。像肯塔基山中那些居民之间的械斗仅仅是例外，在那一带盛行的名誉观念，就属于"对名誉的情义"范畴。

但"对名誉的情义"以及随之产生的敌意与报复行为，绝不是亚洲大陆上的道德特点。它并没有任何东方气质。中国人没有这种特点，泰国人、印度人也没有。对他人的侮辱与诽谤，中国人会看作是"小人"行为，也就是道德低下。也就是说并没有把对名誉的敏感看作是高尚理想的组成部分。中国的伦理道德认为，一个人突然开始使用暴力，对自己遇到的侮辱与诽谤进行报复，是错误的行为。对这样的神经过敏，他们会觉得很可笑。他们也不会决心用各种善良或了不起的行为来证明诽谤是错误的。而泰国人根本不会在意这类侮辱。他们跟中国人一样，宁愿让诽谤者感到尴尬，也不会因此认为自己的名誉受到了损害。他们认为："容忍退让是暴露对手卑鄙最好的武器。"

想要理解这种"对名誉的情义"概念，就得全方位考虑到日本的各类非侵犯性的道德标准。复仇只是在特定场合所要求的此类德行的一种，另外还有沉静、克制等。一个稳重成熟的日本人要懂得坚韧与自我克制，这也是他"对名誉的情义"的一部分。女性分娩时可以大声喊叫，男人则不能在痛苦和危险时如此，他必须保持不为所动。在遭遇洪水时，每个日本男人都需要准备好必需品，然后寻找到躲避洪水的位置，决不能乱喊乱动，显得惊慌失措。这样的克制在秋分时节台风来临时，看得最清楚。这样的行为属于日本人自尊的一部分，即使是不能完全做到。在日本人眼里，美国人的自尊不要求自我克制。这种自我克制在日本人心中还具有地位越高，责任越重的意思。在封建时代，对武士的要求是规定，对平民的要求只是一种生活的准则。这也就是说，武士要求能忍受极端的肉体痛苦，而平民则要忍受武士的侵害。

日本历史上有很多讲述武士的坚韧不拔的故事。作为武士，必须要能吃苦耐劳，首先是要能忍饥挨饿，这是最基本的要求之一。当一名武士受命要他即使是快饿死了也要装作刚吃完饭的样子时，他会口含牙签慢慢剔牙。俗语说："雏鸟为求食而鸣，武士因饥饿而口含牙签。"在这次战争中，这成了日本士兵的格言。他们不能向痛苦屈服。就像那位少年回答拿破仑一样："受伤了吗？""不，报告陛下，我被打死了！"一名武士在临死前不能流露出丝毫的害怕与痛苦。1899 年去世的胜伯爵①说过——他虽然出身武士之家，但家境贫寒——小时候被狗咬伤了睾丸，当医生为他做手术时，他父亲把刀尖顶在他的鼻尖上对他说："不许哭！要是哭，我就杀死你，你要不愧于一名武士。"

"对名誉的情义"还要求一个人的生活与他的身份相符。否则就会丧失自尊。德川时期的取缔奢侈令对人们的穿着进行了分类，并对财产、生活用品都做了详细的规定。接受这类规定的前提就是按照各自身份生活，这也被看作是一个人的尊严的表现。对此类来自等级制的法律，美国人感到非常吃惊。在美国，自尊始终是与提高自己的社会地位紧密相关的。那种一成不变的诸如取缔奢侈令之类的法令，恰恰是在对美国社会基础的否定。日本的德川时代某一等级的农民可以给他的孩子买某一种洋娃娃，而另一等级的农民则只能给他的小孩买另外一种娃娃，对此，美国人感到不寒而栗。然而在美国，凭借不同的规则，也能得到同样的结果。我们理所当然地认为：工厂主的孩子可以有一列电动火车，而佃农的孩子有一个用玉米棒做的娃娃就该心满意足了。我们承认收入的差异，并认为这是合情合理的。美国自尊自重的一个重要部分就是要不断提高自己的收入。布娃娃的好坏只是由收入的高低决定的，它并不违背我们的道德价值观。有钱的人理所当然可以给孩子买高级布娃娃。而在日本，有钱会使人产生困惑，安分守己才

---

① 胜海舟（1823—1899）：幕府末年、明治初期的日本政治家、军事家。历任幕府陆军总裁、明治政府外务大臣、兵部大臣以及海军卿等。

是让人放心的。即使在今天的日本，不论穷人还是富人，只有在遵守现有的等级制规定的基础上，才有可能保持住自尊。对此美国人完全无法理解。法国人托克维尔（Tocqueville）在1830年前文被引用过的那部著作中指出了这点。虽然19世纪的托克维尔对美国的平等制给予高度的评价，但他仍然只对贵族生活情有独钟。他认为虽然美国有很多特有的美德，但却缺乏真正的尊严。他说："真正的尊严就在于各安其分，不卑不亢。上至王子，下至农夫，皆应如此以自许。"对日本人的态度，托克维尔一定能理解，那就是阶级差别本身并不是不体面的。

今天，在对各种文化进行了客观研究时，人们发现不同的民族对"真正的尊严"有不同的定义，就像各自对屈辱会做出不一样的解释。有些美国人叫嚷，只有由我们来在日本推行这种美国式的平等原则，日本人才可能获得真正的自尊。而他们这是犯了民族自我中心的错误。如果这些美国人真的如所说的那样，希望有一个自尊的日本，那么首先他们就必须搞清楚什么是日本人的自尊的基础。和托克维尔一样，我们也认识到以前的那贵族制度的"真正尊严"正从近代世界中消逝，我们相信，另一种更加优越的尊严正在慢慢形成并取而代之。但今天的日本只能依靠在自身基础上的重建来获取新的自尊，而不是在我们的基础上重建。只有这样，它才能获得提升。

"对名誉的情义"，除了要求每个人要搞清楚自己的身份外，它还要求履行其他各种义务。借款人在借钱时可以把自己"对名誉的情义"抵押给债主。直到二三十年前，借款人都要向债主表示："如果还不了债，我愿在大庭广众面前受人耻笑。"实际上，即使没还清债他也不会真的受到公开羞辱，因为日本没有当众揭丑的惯例。但是，在新年来临之际，借款人必须还清所有债务。否则他只能自杀，以此来"洗刷污名"。至今，仍有一些人会选择在除夕之夜自杀挽回名誉。

所有职业性的责任都与"对名誉的情义"相关。在特定情况下，当一个人成为众矢之的，备受责难时，日本人的要求往往非常奇特。比如，很多学校的校长因为学校遭受火灾而引咎自尽。实际上这些校长对火灾的发生没有任何责任，仅仅是因为火灾使得悬挂的天皇御照受了惊。还有一些教师为抢救天皇御像，冲入火中被活活烧死。他们的死，证明他们是多么珍视"名誉的情义"，证明了他们对天皇是多么的"忠诚"。有一些这样的流传，有些人在庄严捧读天皇教育敕语或军人敕谕时，因为一时口误而读错，竟以自杀来洗刷污名。在当今天皇的统治下，也有人因一时不慎，误把自己小孩也起名为"裕仁"，于是杀死自己的儿子并自杀谢罪。

在日本，一个专业工作者对其专业名誉的"情义"要求是十分严格的。但这种严格却不一定是美国人所理解的那种要保持技术水平上的高度专业水准。日本的教师会说："为了保全教师的名誉，不允许我对学生说不知道。"意思是，即使他不知道青蛙属于哪类动物，他也必须装作知道。即使一个英语老师只在学校学了几年的基础英语，他也不能容忍别人来订正他的错误。对"教师名誉的情义"指的正是这种对自己所从事的职业的自我防御性。实业家也是如此。"实业家的名誉的情义"决定了他不能向任何人透露公司的资金运转不良，也不能向外界宣布公司的某项计划已经失败。外交家出于"情义"也不能承认自己某项外交方针的失败。所有有关"情义"的定义，都把一个人跟他的工作高度等同起来，任何对某人行为或能力的批评，自然变成对他本人的批评。

日本人这种对失败和无能之类不名誉的反应，在美国也一样不断出现。比如有些人一听到诽谤就会气得发狂。但美国人很少会像日本人那样高度自我防御。如果一位教师不知道青蛙的种属，他会觉得老实承认自己的无知要比硬装知道好得多，虽然在刚开始他也很可能想掩饰自己的无知。如果实业家对自己设计的方案不满意，他会考虑再进行另外一种新的设计。他不会固执地认为，要保持自尊就必须坚持自己的一贯正确，而一旦承认自己错误，就必须辞职或退休。然而在日本，这种自我防御是根深蒂固的，不在太多人面前承认自己的过错，既是一种礼节，也是一种智慧。

这样的敏感性在一个人与他人竞争失败时，表现得格外显著。比如，就业面试时录用了其他应聘者，或者自己在激烈的竞争考试中被淘汰了。失败者会因失败而感到"羞耻"。这种羞耻感有时会激发起发愤图强的勇气，但更多时候则是带来危险的沮丧。他要么丧失自信，忧郁不振，要么勃然大怒，或者兼而有之。他觉得自己的努力受到了挫败，一切都是没用的。对美国人来说，最重要的是要认识到，竞争在日本并不会发挥像在美国那样积极的作用。在美国，人们把竞争看作是一件好事，并对它高度依赖。心理测试的结果也证明，竞争可以刺激人们更出色地完成工作。在竞争的刺激下，人们的工作效率更高。事实上，当我们独自一人工作时，就无法达到在竞争者在场时的效率。而在日本，心理测验的结果却正好相反。这种现象在人们的少年时期表现得尤为显著，因为日本的儿童把竞争看作是游戏，对它并不怎么在意。而对青年和成年人来说，一有竞争他们的工作效率就会降低。在日本，人们单独工作时很少犯错，因而速度也相应提高，一旦有了竞争在场，就容易分散注意力，因而也就容易犯错误，工作效率也就下降。当日本人用自己的成绩来衡量自己的进步时，他们干得很好，但如果是和他人对照测试，结果就会相反。几位日本的实验者对竞争状态下的不良表现的原因作了认真分析，他们的结论是：如果一件工作采取竞争的方式，被测试者的思想就会集中到担心失败上，从而造成工作效率的下降。他们对竞争对手格外敏感，觉得自己受到了侵犯，因而注意力转移到了侵犯者身上，不能专心工作。[①]

测试表明，接受这种测试的学生，大多数担心失败并因此蒙羞，心理上受到很大影响。正如教师、实业家各自要保持自己专业上的"名分的情义"，学生们也十分重视自己的"名誉的情义"。在学生组竞赛中输的一队会因为受到耻辱感的驱使，采取非常行动。赛艇运动员会扑在船上号啕大哭；输了的垒球队员会聚在一起失声痛哭。在美国，我们会说这帮家伙气量太小。美国人的礼节是，坦然面对失败向获胜者表示祝贺。无论怎样不喜欢比赛，我们也会看不起那些输不起并情绪冲动的人。

日本人会时常想方设法规避竞争。他们的小学几乎看不到竞争，这让我们感到很奇怪。日本的教师被命令要让每一个学生都获得进步，不能提供机会让学生跟其他同学比较。在日本，不存在留级重读的制度，一起入学的学生必须一起毕业。在小学生成绩单上，记录的是学生的操守品行，而不是学习成绩。当竞争难以避免，例如中学入学考试时，紧张程度可想而知。每个老师都知道一些学生因为考试失败而自杀的故事。

这种尽量避免竞争的行为，几乎贯穿一个日本人的一生。美国人的最高标准

---

① 测试报告，见 Ladislas Farago, The Japanese: Character and Morale.

是在同行中通过竞争获得优异成绩，而以"恩"作为基础的伦理，则容纳竞争的空间很小。日本社会的等级制体系制定有十分细致烦琐的规定，把竞争限制在最低程度。同时，家族制也限制了竞争，因为这种制度本身就不可能允许存在像在美国那样的父子之间的竞争，他们很可能相互抵触排斥，但不会竞争。看到在美国一个家庭里父子之间为汽车的使用以及对母亲、妻子的照料上相互竞争，日本人感到非常吃惊，他们会对此表示自己的费解。

在日本，中介人无处不在，这种习俗也是为了防止竞争者面对面。当某个人因为竞争而遭到失败时，中介人就会立刻介入。在相亲、找工作、退职以及其他无数的日常事务中，中介人都起着当事者双方沟通桥梁的作用。在结婚之类的重要事件中，双方也都各自先找中介人介入，做细致的沟通，然后再分别向对方传达另一方的意见。以这样的方式进行交流，避免了当事人直接接触，不至于在交流中面对难免会听到的伤害言语，从而造成对"名誉情义"的损害。中介人也会因为他自己的成功斡旋博得好感与尊敬。由于中介人的介入和斡旋，事情顺利进展并取得期望结果的概率也就随之增加。另外，中介人还以同样手段来帮助求职者打探雇主的招工意图，或将雇员的辞职意图转告给雇主。

为了尽可能避免造成羞辱，从而引起有关名誉的情义问题，日本社会制定了各种礼节礼仪，以便把矛盾控制在最小范围内。日本人认为，主人在迎接客人时必须换上新衣并按一定的礼节来接待。因此，如果去拜访农民时发现他还穿着工作服，拜访者就必须先在外边稍待。在换上适当衣服并安排好适当礼节前，那个农民是不能出来迎接客人的。甚至主人就在客人所在的同一间屋里更衣，在没有打扮齐整前主人不和客人搭腔，仿佛客人根本不在场。在农村，有一种男青年在夜深人静姑娘已经就寝时前去拜访的习俗。对男青年的求爱，姑娘们可以接受也可以拒绝。但男青年要用毛巾蒙上自己的头，这种装扮并不是为了怕姑娘们认出，而是一种鸵鸟式的小技巧，是为了遭到拒绝后不至于感到羞耻，日后再见面时他也不必承认。另外，日本人还有一种礼节性要求，那就是除非有足够成功的把握，对任何计划都尽可能不闻不问。比如在谈婚论嫁时，媒人重要的任务之一是要在双方没有确立婚期前，使尽手段让未来的新娘、新郎以一种特别偶然的方式会面。因为如果在这个阶段就公开了意图，万一后来双方谈不妥，就势必会损害一方或双方家庭的名誉。在相亲时年轻的男女都要分别由自己的父、母，或双亲陪同，这时媒人就扮演主人（或女主人）的角色。最通常的做法就是安排男女双方去参观每年一次的菊展或樱展，或者去比较著名的公园或游乐园等等，这样双方就可以装作是"偶然""碰"到一起的。

通过以上的种种方法，日本人避免了因失败而引起的耻辱。虽然强调在受辱后有义务要洗刷污名，但在实际生活中，同样是这种义务，使得他们在处理事务时尽量小心，避免受到羞辱。这点与太平洋诸岛上其他部族在洗刷污名时的做法，有着显著的区别。

在新几内亚及美拉尼西亚等地从事园艺的原始民族中，人们遇到羞辱就会愤怒起来，这成为部族介入个人行为的契机。他们在举行部族宴会时，必定会让一个村子的人议论另一个村子。说那个村子的人太穷，穷得连十个客人也招待不起；还特别吝啬，把芋头和椰子都藏了起来；那个村子的首领们都是些蠢货，蠢得连宴会都组织不起来；等等。为了迎接挑战，另外那个村子就会开始炫耀自己的豪奢和大方，他们就大办特办一场宴会，请来众多宾客，让来的客人都惊讶，从而洗刷了污名。提亲和经济交易也是如此。双方交战时，敌我双方在真枪实弹动武前，必定会首先对一大堆鸡毛蒜皮的事互相谩骂一番。不管是多么琐细的事情，他们也会拼一个你死我活，这能成为行动的一大动力。这些部落通常都极有活力，但不会有人认为这些部落是崇尚礼仪的。

与此相反，日本人却是崇尚礼仪的模范。而且，正是由于这些礼仪的存在，才表现出他们如何极力限制那些可能引发对名誉的损害的行为出现。虽然日本人也会把受到的侮辱转化为成功的动力，但他们总是在用一切方法限制受辱情景的出现。只有在特定场合或传统手段不能奏效时，受辱才会发生。这种受辱的鞭策，对日本在远东取得统治地位起到了一定作用，并使得他们在十年时间里成功推行了对英美战争的战略。然而，西方人在谈到日本人对受辱的敏感度，以及他们对复仇的热衷时往往会说：那种在新几内亚部落中知耻而后勇的例子，才最适合日本人。西方人在预测日本战败后的反应时之所以会不切实际，就是因为他们没认识到，日本人在提到对名誉的"情义"时，其实往往还加有很多特定的限制。

我们不能因为日本人崇尚礼仪，就想当然去评判他们对诽谤的敏感度。美国人时常把随意对他人加以评论视同游戏。因此我们很难理解为什么日本人会把一些轻微的批评都当作是不得了的大事。日本画家牧野义雄在自己的英文自传中，绘声绘色地描述了一个日本人对他所说的"嘲弄"会做出的反应。写这部自传时，牧野义雄在欧美已经度过了他的大部分成年时代，但那样的感受依然强烈，就好像他仍然是生活在自己的故乡，日本爱知县的乡下。他出生于一个很有地位的地主之家，是家中的幼子，从小就受到了家人的宠爱。但就在他的童年即将结束时，他的母亲不幸去世。那之后不久，父亲也遭遇了破产，为了偿还债务，变卖了全部家产。从此家道中落，牧野也一下子身无分文，没法去实现自己的那些理想，其中一个就是学习英语。为了学习英语，他不得不到离家不远的一所教会学校当门房。十八岁前，他最远也未超过家乡周边的几个乡镇。但那时他已下决心要去美国。

"我去拜访了一位我最信赖的传教士，向他表明了自己想去美国的愿望，希望他能给予我一些相关知识上的帮助。可我非常失望，这位传教士竟然喊道：'什么？你想去美国？'当时传教士的夫人也在场，两人一起嘲笑我！就在那一瞬间里，我感觉到血液全都流到了脚下。我在那默默站了两三秒钟，连声'再见'也没说就返回自己的房间。我自言自语道：'一切都完了！'

"第二天一大早我就离开了。现在我要说一说我会有那种反应的原因。那之前我一直都坚信，世界上最大的罪恶就是对人不诚恳，而嘲笑他人就是最大的不诚恳。

"人们时常会对我发脾气，但对此我从不生气，因为人总是会有生气的时候；人们向我撒谎时，我一般也能原谅，因为我知道人性是很脆弱的，在面对困难时经常因为不够坚强而害怕说真话；对于那些流言蜚语我也能原谅，因为人在听别人说闲话时，很难避免不参与。

"甚至对杀人犯，我一样可以体谅。但对于嘲笑，我却无法原谅。因为人只有在自己待人不真诚时，才会嘲笑无辜者。

"在这里，请允许我说说自己对两个词的认识。杀人犯：伤害他人肉体的人；嘲笑者：伤害他人心灵的人。

"心灵远比肉体宝贵，因此嘲笑别人才是最严重的犯罪。事实上，那对传教士夫妇是在伤害我的心灵，我的心因此遭到剧创，它在呐喊："为什么你们要……?！'"①

就是出于这样的原因，牧野才会第二天一大早就收拾行装离去。

他感到自己被严重伤害了，仅仅只是因为一个乡村少年，想要去美国学画画，就遭到那位传教士夫妇的嘲笑。他觉得自己的名誉受到了侮辱，而只有实现自己的梦想，才能洗刷掉这种侮辱。对于传教士的嘲笑，他认为自己唯一能做的就是离开，然后证明自己有能力去美国。他指责传教士时所用的英文单词是"insincerity"（不真诚、不诚恳）。这让我们感到很难理解，因为在我们看来，那位传教士对他的要求的惊讶是符合"sincere"（诚实、正直）的词义的。而牧野先生是按日本人的理解在看待这个词语。日本人认为甚至都不屑和别人争吵的人是因为蔑视对方，是不诚实、不正直的表现。对一个日本人来说，这种嘲弄的态度是非常放肆、无礼的。

牧野说："甚至对杀人犯，我一样可以体谅。但对于嘲笑，我却无法原谅。"既然"原谅"不是对嘲笑的正确态度，那么唯一可行的就是报仇。牧野到了美国，也就等于是洗刷了受到羞辱的名誉。在日本文化中，如果遭到了别人的羞辱，那么"报仇"就变成了一件"好事"，在日本传统中这种行为享有很高地位。那些通过写书向西方人传播日本文化的日本作家，常常使用生动的比喻来描写日本人对待复仇的态度。富有博爱思想的日本作家新渡户稻造在他 1900 年所著的一本书中这样写道："复仇具有某种能满足正义感的东西，我们的生活就像数学中的方程式那样，只有复仇才能使方程成为等式。否则，我们的内心会总感到压抑。"②

冈仓由三郎在《日本的生活与思想》一书中，在把复仇与日本一种独特的行为习惯作了比较后写道："所谓日本人的心理特异性，很大一部分是来自日本人喜爱洁净、讨厌污秽的缘故。否则很难解释这种现象。我们从小就被训练成（实际情况就是如此）一旦遇到对家庭名誉的羞辱或是对国家荣誉的羞辱，就会看作

---

① 摘自牧野义雄(Yoshio Makino)的《我的童年》（When I was a Child）一书。
② Nitobe, Inazo, The Soul of Japan. 新渡户稻造：《日本的灵魂》。

是遭到了犹如疥疮似的侮辱，必须要加以申辩洗刷，否则就难以恢复清洁与健康一样。对那些在日本社会公私生活里常见的复仇现象，完全可以看作是一个喜欢洁净的民族所进行的晨浴。"①

他接着说，"日本人过着清净无尘的生活，犹如盛开的樱花，美丽而安静。"换言之，"晨浴"就是洗净别人向你投来的污泥，只要你身上沾上了一点，就会有不贞洁存在。日本人是没有这样的伦理观的，也就是一个人只要自己不觉得受辱，就不能算是受辱了；他们也不会有"人必自侮而后人侮之"的信念。

日本的传统文化公开倡导这种"晨浴"式的复仇理想。对此，有很多事例与家喻户晓的英雄传说，其中最脍炙人口的要数《四十七士》。这些故事被编入教科书，编成了戏剧，拍成了电影，印成了通俗读物，成为日本文化的一部分。

这些故事有很多是描写人们对偶然失败的敏感。例如，有一位大名让他的三个家臣一起来猜猜他的名刀是谁打造的。这三人各自说出了一个名字，等请的专家做出鉴定后，只有名古屋山三准确说出了刀是出自"村正"。另外两位家臣觉得自己受到了羞辱，就想要找机会杀掉山三。其中一人趁山三熟睡时用山三自己的刀刺杀山三，但山三并未被刺死。那两人不甘心，一直寻机复仇，最终把山三杀了，实现了所谓的"情义"。

还有一些故事是有关家臣对自己的主君实施复仇的。按照日本的伦理观，"情义"意味着家臣对自己的主君的终生效忠，但这同时也意味着，当家臣感到受到了侮辱，也必定会向主君复仇。有关德川家康的一个故事就是很好的例子。家康的一位家臣听说，家康曾在背后说他是个"会被鱼骨头卡死的家伙""会是一个死相很难看的人"。这对武士来说是莫大的侮辱。于是这位家臣发誓，至死也不能忘记这等羞辱。当时，德川家康刚刚定都江户，开始着手全国的统一。于是，这位家臣暗中勾结敌对诸侯，策划内应，纵火烧毁了江户。在这位家臣看来，他这是在行使自己的"情义"向德川家康报仇。之所以很多西方人关于日本人的忠诚的看法不切实际，正是因为他们不了解日本人的"情义"观除了忠诚

① Okakura, Yoshisaburo, The Life and Thought of Japan. 冈仓由三郎：《日本的生活与思想》。

外，也包括特定条件下的背叛。正如日本人自己说的那样，"挨打后会成为叛徒"，当然受到羞辱后也会。

日本历史故事中的两个主题是：一个是犯错者向没有犯错人的报复；还有一个是受到了羞辱，不论羞辱自己的是谁，都必定要加以报复。这两个主题在日本文学作品中屡见不鲜，情节也多种多样。但认真考察一下当今日本人的身世、小说及实际记录，真实的情况就会清晰起来。尽管古代日本社会崇尚复仇，但在当今的现实生活里，跟西方社会一样很少见到复仇行为，甚至比起西方还要少。但这并非意味着日本人的名誉观发生了改变，或者对个人名誉看得淡了，而是他们对失败和羞辱的反应日趋自卫性而非主动攻击性。今天的日本人依然对耻辱敏感，仅仅是处理方式越来越多采取自我麻痹。明治之前，日本是一个缺少法律的社会，直接攻击方式的报复可能性更大。进入近代后，社会的各种法律法规日趋健全，同时报复所带来的经济上的损失也越来越难以承受，因此复仇的行为更多变成了隐蔽的行为，要不就采取自虐形式。人们开始采用计谋施加报复，同时避免被对象发觉，这多少有些类似古典故事中，主人把粪便藏在食物中请仇人享用的意味。这样做的目的就是要让对手不知道自己受到了报复。如今连这类隐蔽的攻击行为也很少见了，人们更多是采取自虐手段。这里有两种选择：把羞辱看成是鞭策，是激励自己的手段，让自己完成"不可能完成的事"；再就是让这种羞辱伤害自己的心灵。

由于日本人对失败、诽谤或排斥等很敏感，因而很容易恨自己，怪自己没用，而不是去恨别人。日本小说最近几十年来一再描写那些有教养的人如何在极端愤怒与抑郁之间辗转。小说的主人公厌烦了一切，他们厌烦日常生活，厌烦家庭，厌烦城市，厌烦乡村。他们的厌倦感并不是由于未达到理想，也就是说与理想的宏伟目标比起来，自己的一切努力都显得微不足道，这种厌倦感不是来自现实与理想的对立。要知道日本人一旦有了使命感，不论这个目标有多遥远，厌倦情绪就会马上消失。其实，日本人这种特有的厌倦情绪来自他们性格里的敏感与感伤，他们把被摒弃的恐惧导入了自己的内心，失去了前进的方向。一般来说，日本小说里的厌倦心理，跟我们所熟悉的俄国小说不一样。在俄国小说中，现实与理想的对立是小说人物所有苦闷体验的基础。乔治·桑塞姆爵士（Sir George Sansom）曾说过，日本人缺乏这种现实与理想的对立感。他这样说，不是为了说明日本人容易厌倦的根由，而是为了解释日本人的哲学观的形成，还有他们对人生的态度。的确，这种不同于西方的基本观念，超出了本书讨论的特定范畴，但却与日本人容易忧郁这点有着特殊的关联。日本人跟俄国人一样，喜欢在小说中描写厌倦与忧郁，这跟美国形成了鲜明的对比。美国小说大多数不会涉及这类题材。美国小说往往把书中人物的不幸归咎于性格缺陷，或社会的冷酷，但很少单纯描写厌烦。描写一个人与环境不协调总有一个原因，作者总是让读者从道义上责备主人公的性格缺陷或社会秩序中存在的弊端。日本也有无产者小说，谴责城市中可悲的经济状况以及渔船上的恐怖事件。但正如一位作家说的，日本的小说所暴露的是这样一种社会，在这个社会里，人们的情绪就像有毒气体在弥漫。不论小说的主人公还是作者都不认为有必要解析环境或经历，以便弄清阴云从何而来。这种情绪说来就来了，然后又悄然而去，感伤似乎就是人们与生俱来的。与古代英雄惯于向敌人发起攻击比，现代日本人则把这种攻击转向自己。在他们看来，忧郁不需要理由。虽然人们有时也找些事当作原因，但更多情况下这些事只不过是一种象征。

自杀是现代日本人采取的最极端攻击自己的行为。他们觉得用比较得体的方法来自杀，可以洗刷污名并给世人留下一个好的印象。美国人谴责自杀，认为自杀不过是人因彻底绝望而屈服后，试图自我毁灭的手段。日本人则认为自杀是一种光荣的、有意义的行为，是值得尊重的。在特定情况下，从"对名誉的情义"角度来看，自杀是一种最体面的方式。年关时还不上欠债、因为事故引咎的官员、殉情的恋人、一死以抗议政府不愿发动对中国的战争的所谓爱国志士等等，无不跟那些因考试不及格或者不愿当俘虏的士兵一样，把自己变成自己暴力的最后对象。有些日本权威说，这种自杀倾向是最近才在日本出现的。但很难判断这是否是事实。统计数字表明，分析人士们过分渲染了日本最近自杀率的上升。按自杀比率来说，其实 19 世纪的丹麦和纳粹德国的自杀率要比日本任何时代都高。但可以确定的一点是，日本人偏爱自杀这个主题，这就如同美国人对犯罪行为的大肆张扬一样。跟杀别人比，日本人更喜欢谈论自杀，把自杀当成某种惬意的"刺激性事件"（flagrant case）。用培根（Bacon）的话来说，就是对自杀的讨论，能让他们从中获得别的话题无法给予的心理满足。

与封建时代历史故事中的自杀相比，近代日本社会中的自杀事件更富自虐性。历史故事中武士之所以选择自杀，很大程度上是为了免遭死刑的羞辱，按照朝廷的命令自杀，这就像西方士兵为了不受绞刑或者不致被敌军俘获遭受酷刑而宁愿被枪杀。日本武士被批准选择切腹，和普鲁士军官被允许秘密自杀是一样的。因为犯罪的普鲁士军官知道除了一死外，没有任何其他办法挽回名誉，他的上级会在他卧室的桌上放上一瓶威士忌酒和一把手枪。日本的武士也是一样。死是必然的，只不过选择死亡的方式不同。在封建时代，自杀行为是最终展现一个人的勇敢与决断，今天则是选择自我主动毁灭。在最近的几十年时间里，日本人只要感到"世界混乱""方程式等号的两边不对等"，需要"晨浴"清洁自己了，就会更多选择毁灭自己，而放弃对他者的攻击。

　　把自杀当作是最后的论据来证明自己，尽管任何时代都存在，但在现代则有所变化。在日本有这样一个著名的故事，在德川时代，幕府一位德高望重的顾问担任将军监护人的职务，在一次推荐将军人选的事情中，他曾经在其他顾问官和将军代理人面前袒腹抽刀，威胁说如果不采纳他的意见，他就要以切腹来表明自己的忠心。最后这种威胁手段奏效了，他推荐的人顺利继承了将军职位。这位将军监护人既达到了自己的目的，也不用再自杀了。西方对此的说法是，这位监护人是在用"切腹"胁迫反对者。而在现代，这种抗议性的自杀行为已不再是一种谈判手段，它最多也只能算是为主义殉身。因为当时的多数情况是他所提主张未被采纳，或他自己反对的某些条约已经签字生效了（如伦敦海军裁军条约）。在这种情况下，为了表达自己的反对意见并影响舆论，他只有选择真的自杀，而不是摆摆架势吓唬人能奏效的。

　　现在一种趋势是人们在自己"名誉的情义"受到威胁时，倾向于把攻击的矛头对准自己，不过并不包含自杀这类极端手段。自我攻击更多的表现形式是沮丧、消极以及在日本知识分子中流行的厌倦情绪。这种情绪之所以在这个阶层中广泛蔓延，是有它充分的社会学原因的。现在知识分子普遍过剩，他们在等级制中缺乏安全感。只有相当少数的人能够大展宏图。特别是在 20 世纪 30 年代，当局怀疑知识分子中存在"危险思想"，这使得这个阶层的人越发受到伤害。日本的知识分子经常把自己受到挫折的原因归咎于西方，认为是西方造成了混乱，但这种说法毫无根据。情绪的波动最典型的形式就是从强烈的献身精神变为极度的厌倦。知识分子蒙受这类心理损伤是日本社会传统所固有的。20世纪30年代中期，他们中间很多人也是采用传统方法来摆脱厌倦情绪。很多人树立起了国家主义的目标，把内心的挫折转移到对外的攻击上去。正是从对外的侵略中，他们重新"发现了自己"。通过这种方式，他们摆脱了内心的沮丧与消极，获得了一股新的力量。他们相信自己在人际关系上无法做到的，在对其他民族的征服中能做到。

　　如今战争的结果宣告了日本人这种信念的破产，因而日本人再次陷入心理消沉中。不管怎样想，他们都很难摆脱这种心情。它过于牢固了，很难消除。一位东京的日本人说："再也不用担心炸弹，这真是一次大解脱。但不打仗了，我们也失去了目标。人人都不知道该干什么。我也是一样，还有我老婆也是。现在所有日本人都像是医院里的病人，干什么都慢腾腾的，茫然得厉害。都在抱怨政府的战后救济善后工作进展缓慢。我想应该是那些官僚们和我们有一样的心情吧。"这种危险的麻木状态跟法国解放后差不多。德国在投降后最初的6至8个月里这类现象还没出现，但在日本首先成了问题。对这种反应美国有充分的理解。但日本对占领国的友好却令人吃惊。这种情形几乎是与战争的结束同步出现的：日本人坦然接受了战败的结果。他们对美国人的到来鞠躬致意，面带微笑，甚至发出了欢呼。看上去日本人的表情没有丝毫压抑，也听不到他们任何的抱怨。用天皇投降诏书里的话来说，那就是他们已经"忍所难忍"。问题是，在被占领的情况下，他们完全有机会马上开始重建，但他们却并没有这样做。占领军没有对每一座村庄都实施占领，基础的行政管理仍然掌握在他们自己手里。这样的情形让人觉得整个民族都在笑脸相迎某个无关的事或人一样。但正是这个民族，在明治初年实现了维新的奇迹，在20世纪30年代举国动员开始了军事征服，也正是他们的士兵们，在整个太平洋地区不顾一切、一个岛屿一个岛屿地作战。

　　这个民族并没有变。他们依然是按照自己特有的方式在应对变化。他们可能有时特别努力，而有时又极度懒散，日本人就是这样在两种情绪之间不断摇摆。当前，日本人主要希望在战败后还能保全荣誉，而且他们认为采取友好态度是达到这一目的最好办法。同时，很多日本人则认为依赖美国是最安全的。既然要倚仗美国，努力、积极反而有可能招人猜忌，因此还不如表现得消极为好。在日本国内，当时消极态度蔚然成风。

但日本人绝不会长久沉溺于这样的消极中。"自己从消沉中站起来""把别人从消沉中唤醒"，这既与当前日本提高人民生活的目标一致，也和战争期间那些宣传辞令吻合。日本人正在用自己的方式与消极无为进行着斗争。1946年春天，当日本报纸宣扬"全世界的目光正在注视着我们"时，日本却到处都是狂轰滥炸后的废墟，很多公共事业处于瘫痪状态。这对日本的名誉伤害很大！日本人还对那些无家可归的难民大加责难，说他们意志消沉，居然选择夜宿车站，让美国人看他们的可怜相。日本人很能理解这样的呼吁是为了保全日本人的名誉。而且每个日本人都希望倾注最大努力，将日本建成一个在联合国组织里有影响力的国家。那也是为了名誉，但方向却完全不同。如果未来大国间能保持和平，日本是能走上一条自尊自重道路的。

对日本人来说，名誉才是最终目的，这是获得他人尊敬的前提条件。至于采取何种手段来实现这一目标，则要根据具体情况来取舍。他们会审时度势选择态度，这不能算是一个道德问题。相对于日本人，我们更热衷于所谓的"主义"，信奉意识形态的信念。我们不会因为失败而改变我们的信念。看看战败后的欧洲，到处都有地下组织的活动，而在日本，除了极少数极端分子，根本很少存在地下组织抵制美国的占领。他们不觉得有必要坚持自己旧的方针。仅仅几个月后，占领日本的美国人就能安全乘坐拥挤的火车去最偏僻的乡村旅行，而完全不需要担心自己的安全。到达目的地后，还会受到当地官员的热情接待。至今在日本还未发生过一起针对美国人的报复事件。当美军的吉普车穿过村子时，孩子们会站在道旁高喊"Hello"（你好）、"Good-bye"（再见）。婴儿自己不会招手，母亲就抱着他用他的小手向美国士兵挥舞致敬。

日本人战争前后这种180度的转变，让美国人感到难以理解。我们知道自己是绝对无法做到这样的。这样的情形甚至比俘虏营里的那些日本俘虏态度的变化，还要让我们感到困惑。要知道那些俘虏认为对于日本这个国家，被俘后自己就等于是已经死亡了的。既然是"死人"，那么我们自然就很难知道他们会干些什么。那些了解日本人的欧洲人士，也几乎没有人预测到，日本俘虏的那些性格上的不同表现也会出现在战后的日本民众身上。在这些人士看来，日本是一个

"只知道胜利与失败"的民族，并且在他们的感受中，失败对日本人是毁灭性的羞辱，他们一定会拼死采取暴力的报复。而其中有一些更是认为，日本民族的民族性格注定了他们不会接受任何投降条款。之所以会这样，是因为这些研究日本的学者不懂得"情义"的真正内涵。因此他们从众多维护名誉的方式里，只看到了复仇与侵犯的显性传统行为，而没有考虑到日本人还有着采取别的方式的传统习惯。他们刻板地把日本人有关侵犯的伦理观，与欧洲文化的某些习俗混为一谈。在欧洲社会，认为任何个人与民族首先要确定战争的永恒正义性，确定战争的动力来自内心的憎恨与义愤后，才会开始发动战争。

日本人则依据的是不一样的理由。日本迫切需要得到世界的尊重。而历史告诉他们，所有的大国都是靠军事实力赢得尊敬的，于是他们也企图采用同样的手段获得这样的尊敬。加上日本资源匮乏、技术落后，他们不得不采用比希律王更加残酷的手段。当他们为实现这个目标付出了巨大的努力，但最后的结果还是差强人意时，这只能说明武力侵略不是赢得名誉的最好方法。而一般来说，要保全"对名誉的情义"有两种方法：一种是武力侵略，另一种就是遵守现有的互敬关系。在战败之后，日本人便从第一种方法迅速转向了第二种方法，而且他们在心理上没有任何压力，因为他们觉得这一切都是为了名誉。

在历史上，日本有过类似的举动，同样使西方人迷惑不解。1862 年，日本国内实行闭关锁国政策。一位名叫理查森（Richardson）的英国人在萨摩遭杀害，于是英国派了远征军对萨摩进行惩罚。萨摩是日本排夷运动的策源地，萨摩武士傲慢、好战在整个日本是闻名的。英军炮轰了萨摩藩的重要港口鹿儿岛。日本虽然在整个德川时代都在制造武器，但都是仿造旧式的葡萄牙枪炮，因而这次炮击的结果出人意料。在战败后，萨摩藩不但没有要报复，反而迅速寻求与英国建立友谊。萨摩藩的日本人亲身体会到了敌人的强大，并希望能向敌人学习。随即，他们就与英国建立了通商关系，并于次年在萨摩建立了学校。据当时一位日本人回忆：这所学校"讲授西方科学的奥义，……因生麦①事件而开始的关系也得到持续

---

① 英国人应该是在生麦遭到杀害的。生麦是一座村子，位于横滨市，不是在萨摩。当时的情况是萨摩的藩军正列队通过生麦村，英国人理查森想要横穿队列，引起纠纷被杀。这里所指的战争应该是"萨英战争"，而不是生麦事件。

发展"。所谓生麦事件就是指英国为惩罚萨摩而炮轰鹿儿岛港。

这在历史并不是孤立的事例。在日本，另外一个可以与萨摩藩相媲美，也同样骁勇好战的藩是长州藩。这两个藩都是培养"王政复古"势力的温床。1863年的阴历5月11日，当时已经没有实权的天皇曾发布一道敕令，命令将军把所有蛮夷赶出日本国土。当时的幕府没有理睬这道命令，而长州藩则决定履行天皇的命令。它要对每艘通过下关海峡的西方商船开炮。由于日本的火炮和火药质量低劣，外国船只并未遭受太大损失。为了惩罚长州藩，西方国家迅速组建了一支联合舰队，并摧毁了长州藩的要塞，还向日本索取三百万美元的战争赔偿。出人意料的是这次炮击带来了与萨摩藩同样奇妙的结果。诺曼在谈到萨摩事件和长州事件时曾这样写道："不管他们背后的动机多么复杂，这些曾经是排夷急先锋的藩，都在短时间内发生了急剧变化，这证明了他们的现实主义与冷静。对此，我们表示敬意。"①

这种务实的现实主义正是日本人"对名誉的情义"光明的一面。像月亮一样，"情义"也有其光明面和黑暗面。它的黑暗面在于它使日本人对"美国限制移民法"和"伦敦海军裁军条约"极端仇视，认为这是国际社会对日本民族的极大侮辱，从而将日本卷入了这场不幸的战争之中。它的光明面则在于它使日本能以善意平和的心态来看待1945年的投降及其后果。其实，日本人自始至终都是按照其性格在行事。

近代日本的著作家及评论家在向西方读者介绍日本的"情义"时，往往是对"情义"所包含的诸多内容加以选择加工，最后以"武士道"或"武士之道"的形式塑造了一个日本。有理由说，正是这种介绍才引起了人们的误解。武士道这个正式名称是近代才有的。它不像"迫于情义""完全出于情义""为情义而竭尽全力"等格言那样能够激起人们深厚的民族感情，也不像"情义"的具体内容那样复杂多样。它是评论家们灵感的杰作。而且，由于武士道与国家主义、军国主义有着千丝万缕的联系，而现在军国主义领导人都已名誉扫地，于是人们对武士道也因此有了怀疑。当然，这不是说日本人今后就不再"懂情义"了，而是说

---

① 诺曼（Herbet Norman）的《日本近代国家的诞生》一书。

现在对西方人来说，理解"情义"的真正内涵比以前显得更加重要了。把武士道和武士阶级等同起来也是造成误解的原因之一。"情义"是所有阶级都必须遵从的道德规范。在日本，与其他的义务一样，人的身份越高，他所承担的"情义"就越重。比如，日本人对武士"情义"的要求就要比对平民的"情义"要求高。外国观察者则认为，似乎"情义"对普通百姓要求最高，因为社会对他们的回报最少。在日本人看来，"回报"多少的关键在于他在自己那个圈子里是否受到尊敬。只要受到了充分的尊敬，那他得到的回报就是巨大的；而那些"不懂情义""无情无义"的人，只能遭到同伴的藐视和厌恶。

第九章　人情的社会

"日本人总是把夫妻生活和性爱的享乐划分得清清楚楚，两边截然不同而且都是被公开认可的。在美国生活中，只有夫妻生活是可以公之于世的。"

类似日本这种强调回报义务以及律己的道德体系，在人们心中一般会将个人的私欲看作是罪恶，是必须要加以铲除的。通常来说，古典佛教的教义也是如此。但很奇怪的是，日本的道德准则却对感官的享受十分宽容。日本是一个佛教国家，只是在感官享受这一点上，显然是与佛教背离的。日本人不会责难人对私欲的追求。他们不是清教徒。他们喜欢肉体享乐，认为那是一件好事，值得培养。但同时日本人认为享乐必须有节制，不能因此侵害了人生。

这样的道德准则使日本人的生活经常处于高度紧张状态。印度人和日本人在容忍感官享乐这点上，存在很多共同语言，而美国人却往往很难理解这点。美国人认为享乐是不需要学习的，拒绝感官上的享乐实际上就是在抵御人性的诱惑。但事实上，感官上的享乐就像责任义务一样，也是需要学习的。世界上的很多文化都没有教过人们如何去享乐，甚至连男女间最基本的生理需要也要受到限制，因而人们觉得自己活着更多的是要履行自我牺牲的义务，对自己家庭生活的质量也并不要求很高。在这些国家中，人们的家庭生活主要是建立在另外一些基础之上的。在日本，人们处于一种进退两难的境地，一方面人们很鼓励肉体上的享乐，而另一方面人们又不允许个人沉溺于这种肉体上的放纵。日本人只是把肉体享乐当作艺术加以培养，当品尝完其中滋味后，又必须全力献身到义务的履行之中。

洗热水澡是日本人最喜欢的肉体上的享乐之一。从最贫穷的农民、最卑贱的仆人，到富豪贵族，人们每天傍晚都会到滚烫的热水中去泡泡，这已成为了人们的生活习惯之一。在日本最常见的洗热水澡的方式是用一个木桶装满水，下面用炭火把水温加热到华氏 110 度或更高，人们在入浴前必须首先将自己的身体洗净，然后全身浸入热水中尽情享受温暖和舒适。他们在桶中抱膝而坐，让水一直漫过下颚。和美国人一样，日本人每天洗澡也是为了保持清洁。但有一点世界上其他国家无法与之媲美的是，日本人在洗澡的过程中添加了艺术的情调。用日本人自己的话来说，年龄越大，情味越浓。

虽然日本人想尽办法来降低洗澡的成本和劳力，但入浴是必不可少的。城镇的居民都到公共浴池去洗澡，那里的浴室大概有游泳池那么大，人们在那里洗澡，又可以跟其他澡伴谈笑。农村的习俗则是妇女们轮流在一家院子里烧洗澡水，供几家人轮流洗。在日本洗澡时被人看见也没事。几乎所有的家庭，即使是大户人家，洗澡也讲究先后次序：首先是客人，其次是祖父、父亲、长子，最后是家里最下等的佣人。洗完澡后每人都浑身红得像熟透了的虾一样，然后大家在一起共享晚餐前的轻松和惬意。

跟他们酷爱热水澡一样，他们还非常重视"对体格的锤炼"，洗冷水浴就是传统的方法之一。这种习惯称之为"寒稽古"（冬炼）、"水垢离"（冷水洗身锻炼），至今在日本仍很盛行，但形式上已经与以前大不相同。从前，洗冷水浴时人们必须在黎明前出发，然后坐在冰凉的山间瀑布下。19 世纪 90 年代的日本，冬天的房间里多是没有取暖设备的，在寒冬的夜晚，即使往身上泼些凉水也是受不了的，更别提洗冷水浴了。帕西瓦尔·洛厄尔（Percival Lowell）在他的书中对这种风靡一时的习俗作了详细记述。那些不想去当僧侣或神官，又希望自己能包治百病或能预言未来的人，往往会在就寝前进行"冷水洗身锻炼"。传说凌晨二时是"众神入浴"的时刻，因而这帮人会在这个时候再洗一次冷水浴。对他们来说，早晨起床、中午及日落时分都要各做一次冷水浴的锻炼。[①] 在那些急于精通一门乐器或其他手艺的人中，对这种洗冷水澡立志的功能更加迷信。还有的人为了锻炼身体，往往把身体裸露于严寒之中。对于那些练习书法的孩子们来说更是

---

① 见 Lowell, Percival, Occult Japan,《神秘的日本》。

如此，哪怕手指会冻僵、长冻疮。现代的小学里也没有取暖设备，日本人认为这样可以磨炼孩子们的意志，将来他们才能够平和地对待人生的各种苦难。西方人可能都对日本的孩子们经常感冒和流鼻涕印象很深刻，身处这类习惯之下也只能如此。

睡眠是日本人的另一大爱好，也是日本人最娴熟的技能之一。不论任何姿势，也不论是在任何我们觉得根本不可能入睡的情况下，日本人都能舒舒服服睡觉。这让很多研究日本的西方学者惊讶不已。在美国人看来失眠和精神紧张似乎是一回事，而按美国人的标准，日本人的精神是时刻处于高度紧张状态的。但不可思议的是日本人居然能毫不费力就熟睡。他们晚上睡觉很早，这在东方各国中是非常罕见的。日本村民们往往日落不久就早早上床，这样做并不是为明天积蓄精力，日本人没有这样的概念。一位研究日本的西方学者写道："到了日本，你必须抛弃那种认为今晚的睡眠是为明天的工作做准备的想法；你必须把睡眠与解除疲劳、休息、保养等问题区别开来。"睡觉就如同一项必须完成的工作一样，是"自成一案的，与任何其他的事情无关"。[①]美国人习惯性认为睡眠是为了人的体力的恢复，大多数美国人早晨醒来的第一件事就是计算昨晚睡了几个小时，人们根据睡眠的长短来预测白天的精力和效率。日本人睡觉则不是为了这些。他们就是喜欢睡觉，只要条件允许，他们就会高高兴兴去睡觉。

同时，日本人又能毫不吝啬牺牲睡眠时间。准备应考的学生往往会通宵达旦复习功课，根本不会考虑充足的睡眠会让他在考试中有更好的发挥。军训时睡眠完全服务于训练。在日本陆军部队工作过两年（1934年至1935年）的杜德（Harald Doud）大尉在提及跟手岛上尉的一次交谈时曾说："平时演习中，部队经常连续三天两夜行军，中间只有十分钟的休息。人们除了能在这短暂的时间里打个盹外，完全没有睡眠。有时实在太困了，士兵们边走边打瞌睡。有次一个少尉走着睡着了，撞到了路边的木堆上，人们朝他大笑。好不容易回到兵营后，还是不能睡觉，士兵们还会被分配去站岗或巡逻。我问：'为什么不让一部分人去休息呢？'上尉回答说：'噢，不行，所有的士兵都知道怎么去睡觉，现在训练

---

① Watson, W.Petrie, The Future of Japan.《日本的未来》。

的目的就是要他们不睡觉。'"①这段话简洁生动地描述了日本人的观点。

取暖、洗澡、睡觉，甚至吃饭都既是一种享乐，又是一项严格的训练项目。日本人的一大爱好就是在余暇时间里自己烹调多种菜肴品尝。每道菜的量只有一羹匙，色香味都很有讲究。但有时人们对吃饭又不讲究，甚至还给吃饭定下了很多标准。埃克斯坦（G.Eckstein）引用一位日本农民的话说："快吃快拉是日本人最高德行之一。"②"人们不认为吃饭是大事，……吃饭只是维持生命而已。因此，吃饭应当尽量快。对小孩，尤其是男孩，人们总是催他们快吃。这点跟欧洲人不同，在欧洲人们总是叫小孩慢慢吃。"③在佛教寺院中，僧侣把食物看作是苦口良药④，这样形容的意思是说，正在修行的人应该把吃饭看作是一种生理必需，其间已没有任何享乐的成分。

在日本人看来，强行戒食是磨炼一个人意志的好方法。像经受寒冷和放弃睡眠一样，绝食也能考验一个人的意志。武士们在绝食时都会"口含牙签"。如果能经受住绝食的考验，人们的体能上不仅不会因卡路里、维生素的消耗而下降，反而会因为精神上的胜利得到提高。美国人认为营养与体能是成正比的，而日本人却不这样认为。不然的话，日本东京的广播电台也不会对战时在防空洞内避难的人们，宣传做体操可以缓解饥饿并恢复元气。

浪漫的恋爱也是日本人追求的另一种"人情"。尽管这种对爱情的追求是与日本人对婚姻、家庭所负的义务截然相反的。日本的小说中就充满了这类题材，和法国文学作品一样，书中的角色往往都是已婚者。和相爱的人同归于尽也是日本人最喜欢阅读和谈论的话题。10世纪的《源氏物语》就是一部杰出的描写爱情的小说，书中对爱情的描写与同时代世界上的其他著作比起来毫不逊色。封建时代的大名及武士们的恋爱故事也充满了浪漫色彩。它也是现代小说的主要题材。在这点上，日本是与中国文学存在着很大差异的。中国人很忌讳公开谈论浪漫的

---

① How the Jap Army Fights. 《日军怎样作战》企鹅丛书。
② Eckstein,G.,In Peace Japan Breeds War. 《在平静中孕育战争的日本》一书。
③ Nohara, Komakichi, The True Face of Japan, London, 1936. 野原驹吉：《真实的日本》。
④ 《道元禅师清规》赴粥饭法中有这样一段话："俟闻钟磬，合掌揖食，次作五思：一计功之多少，思彼来处不易；二思已德匮乏，不足受供奉；三思防心远过，以遁世为宗；四思食如良药，为治疗枯骸；五思今受此食，以为成道。"

爱情和性的愉悦，主要是为了避免人和人之间的纠纷，家庭也相对稳定和谐。

在对爱和性的追求这点上，美国人对日本人要比对中国人了解更多。但美国人的这种理解仍然是肤浅的。我们美国人的很多性的禁忌，是日本人所没有的。日本人在这个领域是不大讲伦理道德的，而美国人则讲究得多。日本人认为，"性"和其他的"人情世故"一样，把"性"看作是人生的一种低等级的行为就行。"人情"不存在罪恶，因此性的享乐也就没有必要受到过多的伦理道德的约束。英美人认为日本人珍藏的画册中有很多内容是淫秽的。吉原（艺伎与妓女集中地）在英美人眼中也变成了最悲惨的地方。日本人从开始与西方人接触就对国外的这种评论非常敏感，因而逐渐制定了一些法律法规以便更接近西方标准。但法律法规是无法消除这种文化上的差异的。

有教养的日本人都清楚，往往一些在英美人看来猥亵、不道德的事，在日本人看来并非如此。但是日本人并没完全了解其中的不同，日本人认为"人情不该侵入人生大事"，这一点与我们欧美人有着巨大差异。也正是因为如此，英美人才很难理解日本人对待恋爱和性享乐的态度。日本人总是把夫妻生活和性爱的享乐划分得清清楚楚，两边截然不同而且都是被公开认可的。在美国生活中，只有夫妻生活是可以公之于世。日本人之所以能将两者划分得如此清楚，是因为他们知道夫妻生活是他个人必须尽的义务，而性爱的享受则是不伤大雅的消遣娱乐。这样一来，在不同的场合就可以"各得其所"，一个典型的模范父亲可能同时也是花街柳巷的常客。日本人不像我们美国人，他们的理想不是把恋爱与结婚看作一件事。美国人所认同的恋爱是以寻找生命中的另一半为目的的，"相爱"才是人们结婚的最好理由。结婚后，如果丈夫与其他妇女发生肉体关系，那就是对妻子的侮辱，因为他把理应属于妻子所有的东西给了别人。日本人则不这样看。在选择配偶问题上，他们大多听从家长的意见，草草结婚。夫妻在实际生活也要遵守一些烦琐的规矩。即使是很融洽的家庭，孩子们也很少看到父母间比较亲密的行为。正如一位年轻人对一份日本杂志说的那样："在我们国家里，结婚的真正目的就是生儿育女、传宗接代，除此以外，任何其他目的都是对结婚的真实含义的歪曲。"

结婚并不意味着日本男人只能生活在一种循规蹈矩的生活中。在日本，男人如果有钱就可以去另找情妇。与中国最大的不同是，日本男人不能把自己迷恋的女人带到家里来成为家庭的一员。如果那样，他的生活就会异常杂乱，因为他把那两种本来应当完全分开的生活混在了一起。当然，情妇可能是精通音乐、舞蹈、按摩以及其他技艺的艺妓，也可能是妓女。不管是哪种，想找情妇的日本男人都必须与那个女子的雇主签订契约，以保证那个女人不遭遗弃并且能得到相应的报酬。往往日本男人都要为他的情妇另筑新居。只有在特殊情况下当那情妇有了小孩时，男人为了让这个小孩能名正言顺地与自己原来的孩子生活在一起，才可以把女人接回家来。但进门后，这个女的不能做妾，而只能当佣人。她生的小孩称原配夫人为"母亲"，不承认与这个情妇的母子关系。以中国为典型代表的传统的东方式一夫多妻制在日本显然是不适用的。日本人对家庭义务与外边的"人情世故"是分得一清二楚的。

往往只有上流阶级才有能力养情妇。多数日本男人只能时不时地与艺妓或妓女玩玩。当然，这种玩乐是完全公开的。日本的妻子还要为出去逍遥的丈夫梳洗打扮，妓院也可以给妻子送账单，妻子也理所当然地照单付款。当然，妻子可能对此感到不快，但也只能自己烦恼一下罢了。一般情况下，找艺妓的花费要比找妓女高得多，但即使这样，与艺妓玩乐一晚的费用只包括享受训练有素、衣着入时、举止得体的美女热情款待的服务费，并不包括与艺妓们过夜的费用。如果想与某一艺妓进一步接近，男的就必须先签订契约，规定这位艺妓是他的情妇，而他则是这位艺妓的保护人。还有一种情况就是这位男性魅力十足，敲开了艺妓的芳心从而自愿献身。当然，与艺妓共度夜晚也并不是什么下流无耻的事情。因为艺妓的舞蹈、风趣、歌谣、仪态都是既传统又富有挑逗性的，充满了上层妇人们所不具有的异类情调。这些都是"人情社会"的事情，是对"忠孝"礼仪的一种解脱。因而人们没有理由不去尽情享乐，但关键的一点是必须将这两个领域划分清楚。

妓女都住在政府划定的烟花巷。有的人在与艺妓玩乐过后，如果余兴未尽，还可以再去找妓院。由于妓院费用少，没钱的人都宁愿放弃艺妓到妓院去寻欢作乐。妓院的门口都挂着妓女的照片，嫖客们通常毫不避讳地在众人面前对每张照片品头论足，再做挑选。和艺妓比起来，妓女们身份卑微，地位低下。她们大都是因家境穷困而被迫卖给妓院，不像艺妓那样受过专门的艺术训练。在日本遭到西方人的非议以及旧习惯被废除之前，妓女往往要亲自坐在大庭广众之下，面无表情任人挑选。只是到了近代，才改以照片的形式。

日本的男人在挑定一位妓女后就与妓院签订契约，此后这个男人就是这个妓女唯一的客人，而这个妓女也就理所当然地成了这个男人的情妇。这种妇女是受合同保护的。然而，有时候也有一些男人在不签订合约的情况下将女招待或女店员擅自变为自己的"情妇"，往往这样的女性是最没有法律保障的。因为从分工的角度来说，女招待或女店员是属于跟别人谈恋爱然后与男对象结合的那种，可是现在她们的做法使他们不能被纳入"家庭义务"的考虑范围之内。当日本人读到美国关于年轻妇女被情人抛弃，"婴儿绕膝"，悲痛欲绝的故事或诗歌时，他们会把这些私生子的母亲与日本的"自愿情妇"联系起来。

同性恋是日本传统"人情世故"的另一个组成部分。在日本古代，同性恋是武士、僧侣等上层人物公认的一种娱乐方式。明治时期，为了赢得西洋人的赞许，日本政府宣布同性恋也属于应被废除的陋习之列，违反者要受到法律制裁。然而至今这种习惯却仍被认为是"人情世故"之一，人们的道德标准也对这种现象比较包容，只要是限制在一定范围内，不妨碍家庭关系就行了。日本人觉得虽然有的日本男人自愿当职业男妓，但不必过于担心日本会出现大量的如西方人所说的那种男女同性恋数量膨胀的情况。当得知在美国居然有人强迫成年男子扮演同性恋角色时，日本社会一片哗然。在日本，男人只可能选择未成年的少年作为同性恋的对象。因为强迫成人扮演同性恋的角色是有损人格的。在日本社会中也有他们自己的界限（什么事可以做而不伤害自尊），只不过这种界限与美国人的界限不同罢了。

自慰在日本也不被认为是什么道德问题。在世界上恐怕再找不到其他民族能像日本有那么多的自慰工具了。在这方面，鉴于西方的舆论压力，日本人尽量避免在公开场合宣扬，但骨子里日本人从来没有认为这些工具是什么坏东西。西方人强烈反对手淫，大部分的欧洲国家在这方面的态度比美国甚至还要强烈，很多美国人在未成年之前就对这点印象很深。大人总是悄悄告诉小男孩，手淫会得神经病，头发会秃掉等等。母亲们更是从孩提时代就对小孩的行为非常警觉，如果发现这种事，就会严厉体罚，甚至把双手缚住，或者家长会说上帝会予以惩罚的。日本的幼儿和少年则没有这种体验，因而也不可能指望他们长大后能和美国人在这件事上的态度一样。日本人从来不觉得自慰是罪恶的事，相反，他们认为那是一种享乐。日本人认为只要在文明的生活中，把它放在一种无足轻重的位置，一切就都是可控的。

酗酒是日本"人情社会"的另一种表现。当听到美国人豪言壮志地说要禁酒时，日本人觉得这简直就是西方国家的奇思怪想。同样，对于美国地方上举行投票要求颁布禁酒法令的运动，日本人也是这样看待的。在日本人看来，饮酒是一种乐趣，正常的人都不会拒绝。而且它只是一种小的消遣，因此正常人也绝不会为它所困。按照日本人的看法，就如不必担心人们会成为同性恋者一样，人们也不必担心人人都会成为醉鬼。事实上酗酒问题也确实没有成为日本的社会问题。喝酒是一种愉快的消遣，因此，家庭，以至社会都并不厌恶醉酒的人。喝醉酒的人不会胡来，也不会打自己的孩子。通常的表现就是纵情歌舞，不拘礼节。在城市的酒宴上，人们则喜欢相互坐在对方的膝盖上。

传统的日本人还严格区别饮酒和吃饭。在农村的宴会上，如果谁开始吃饭，就意味着他不再喝酒了。他已涉足另一个"圈子"，对饮酒和吃饭这两个"圈子"，日本人区别得很清楚。在自己家中时，人们有时也在饭后饮酒，但绝不会一边饮酒一边吃饭，而是先享受一种，再享受另一种。

上述的这些日本人关于"人情社会"的观点产生了一系列重要的后果。它从根本上否定了西方人那种身体和精神两种力量在人的一生中一定要一决雌雄的思想。在日本人的哲学中，肉体本身不是罪恶，尽可能享受肉体的快感也不是犯罪，精神与肉体不是对立的。按照这条逻辑走下去，就会得出这样的结论，即世界并不是非黑即白。正如乔治·桑塞姆爵士写的那样："在整个历史进程中，日本人似乎都缺乏这种认识恶的能力，或者说在某种程度上不愿意抓住这些恶的问题。"事实上，日本人始终拒绝把恶的东西也看作是人生的一部分。他们相信人有两种灵魂，但却不是善的冲动与恶的冲动之间的较量，而是"温和"灵魂和"粗暴"灵魂[①]间的斗争。每个人、每个民族的生涯中都既有"温和"也有"粗暴"的时候。并没有注定哪个灵魂就一定要进地狱，而哪个则一定要上天堂。这

---

① 即"和魂"与"荒魂"。

两个灵魂都是必需的，并且在不同场合下都可能是善的。

甚至日本的神也显现出这样善恶的两面性。在日本最著名的神是素盏鸣尊，他是天照大神（女神）之弟，是"迅猛的男神"。西方神话中类似的神都被视为魔鬼，因为他对自己的姐姐行为极其粗暴。天照大神怀疑素盏鸣尊到自己的房间来的动机不良，想把他赶到屋外。于是他放肆地胡闹，在天照大神的大饭厅里拉大便，而当时大神与侍者正在饭厅里举行尝新仪式①。他毁坏稻田的田埂，而这是滔天大罪。最糟的也是西方人最不可理解的是，他居然在他姐姐的卧室上端挖个窟窿，把"倒剥皮"的斑驹从这里投了进去。由于素盏鸣尊罪不可赦，受到了诸神的审判，被处以重刑，赶出了天国，放逐到"黑暗之国"。可是，他仍然是日本众神中一位招人喜爱的神，受到了人们的尊敬。虽然在世界神话中这样的神并不少见，但在高级的伦理性宗教中，这种神则是被排除在外的。因为只有把超自然的东西划成善恶两个对立的集团，明辨是非，才能更符合宇宙斗争的哲学。

日本人明确否认德行包含着与恶的斗争。正如日本的哲学家和宗教家们几百年来一直阐述的那样，这种道德规范对日本是不适用的，并且他们还很引以为豪地声称这就是日本人道德的优越性所在。他们说，中国的道德规范就是将"仁""公正""博爱"上升到一种绝对的高度，按照这个标准，凡是人都会发现自己的缺点和不足。18世纪伟大神道家本居宣长曾说："当然，这种道德规范对中国人来说是好的，因为中国人的劣根性需要这种人为的约束手段。"近代日本佛教家及民族主义者也就这个话题著书立说，提出了自己的见解。他们认为，日本人天性善，值得信赖，因而没有必要与自己性恶的一半进行斗争。人们只需要擦净心灵的窗口，在合适的场合做合适的事就好。如果不小心染上了污秽，也会很容易清除，这样人性中善的光辉定会再放光芒。日本的佛教哲学比其他任何国家的佛教都更加主张人皆可成佛，道德律不在佛经之中，而在于打开自己的悟性和清净无尘的心灵之扉。那么，何必自我怀疑心灵中的发现呢？恶不是人生而具有的。基督教圣经《诗篇》中说："我是在罪孽里生的，在我母亲怀胎的时候就有了罪。"日本人则没有这种想法，他们的思想中也没有关于人的堕落的说

---

① 即尝新祭。新的谷子登场时，要先祭祀神祖才能食用。

教。"人情"是上天赐予的，不论是哲学家还是农民都不应对它进行谴责。

当美国人听到这些后不免会想，这势必导致一种自我放纵的哲学。但是如前所述，日本人把履行义务看作是人生的最高任务。他们承认，报恩就意味着牺牲个人欲望和享乐。认为把追求幸福当作人生重大目标的思想是令人吃惊的、不道德的。享乐只是一种消遣，如果过于郑重对待，以幸福与否作为判断国家和家庭的标准，那是不可思议的。人们履行"忠""孝"及"情义"的义务，要常常经受苦难，这是他们早已想到的。这样虽然会给生活带来很多障碍，但日本人早已有了充分准备。他们放弃了一些自己觉得并不是邪恶的享乐，当然，这需要有坚强的意志，而这种意志正是日本人称颂的美德。

与这种见解一致，日本小说和戏剧中也很少见到"大团圆"的结局。美国的观众一般都渴望看到一种圆满的结局，他们希望剧中人能永远幸福，他们想知道剧中人的美德得到了回报。如果美国人不得不为剧中人流泪，必定是因为主角的性格有缺点，或者是他成了不良社会秩序的牺牲品。但观众更喜爱的是主角万事如意，一切圆满。日本的观众则抽泣着看着命运如何使男主角走向悲剧的结局，美丽的女主角如何遭到杀害。只有这种情节才能激发他们的情感，去戏院就是为了欣赏这种情节。甚至日本的现代电影，也是以男女主角的苦难为主题。两个互相爱慕却又不得不放弃的人，或者他们幸福地结婚了，但其中一方却不得不自杀以履行义务；或者是妻子献出一切以挽救丈夫的职业生涯，勉励丈夫磨砺才艺成为优秀演员，而在丈夫成名前夕，妻子却隐身市井，让丈夫自由享受新的生活；丈夫成名之日，妻子却贫病交加，无怨而死，如此等等。总之，日本的电影往往不会有一个欢乐的结局，只要能唤起观众对男女主角自我牺牲精神的惋惜和同情就可以了。剧中主角的苦难并不是由上帝裁判的，也不是因果报应，而只是为了向人们表明：剧中主人公为履行义务，任何不幸、遗弃、疾病、死亡，都未能使他偏离正常轨道。

日本的现代战争电影也体现了这种传统。凡是看过这些电影的美国人都会说，这是他们看到的最好的反战宣传。这是典型的美国式反应。因为通篇电影都只讲牺牲与苦难，看不到阅兵式、军乐队、舰队演习和巨炮等鼓舞人心的场面。不论是描写日俄战争还是描写中国"七·七"事变，都是一个格调，在泥泞中的行军，凄惨沉闷的苦战和胜负未卜的煎熬等等。银幕上看不到胜利的镜头，甚至看不到高喊"万岁"的冲锋，而是深陷泥泞，夜宿中国小镇。或是描写一家三代，历经三次战争后幸存者的代表，他们成了残废、瘸子、盲人。或者描写士兵死后，家中人集聚在一起悲悼儿子、丈夫、父亲，失去了生计维持者，一家人仍然鼓起勇气活下去。英美骑兵那种动人场景在日本电影中是看不到的。伤残军人的康复也很少被写成剧本。甚至也不涉及战争的目的。对日本观众来说，只要银幕上的人物时刻都是在努力报恩就足够了。所以，这些电影都是日本军国主义者的宣传工具。电影的制作人知道，这些电影是不会在日本观众心中激发和平反战情绪的。

第十章 道德的困境

"应该认识到，日本人对生活'世界'的分类是不包括'恶的世界'的。这并不是说日本人不认为存在坏行为，而是他们不把人生看成是善与恶斗争的舞台。人生被他们看作是一场戏。"

日本人的人生观是通过他们对忠、孝、情义、仁、人情等德行范畴的定义来体现的。也许他们认为，"人的整体的义务"就像在地图上划分范围一样分成若干区域。用他们的话来说，人生就是由"忠的世界""孝的世界""情义的世界""仁的世界""人情的世界"以及许多其他世界组成的，每个世界都有其独特而又详细的准则。一个人责备他人不是依据其完整的人格，而是说他"不懂孝"或"不懂情义"。他们不像美国人那样用"不正派"来批评某个人，而是明确地指出这个人在哪个领域行为不当；他们不用"自私""冷漠"一类的词，而是明确指出他在哪个特定领域里违反了规则。他们不诉诸绝对命令或万世准则。所有那些被认可的行为，都是按照这个行为所属的领域的规则确定的。一个人在"尽孝"时是一种规则，而在"尽情义"或者"在仁的范围"行事时——在西方人看来——又会是另外一种角色。在没有受到主君侮辱前，家臣要对主君尽最大的忠诚；受到主君侮辱后，背叛就是可以接受的。在1945年8月前，"忠"一直要求日本国民对敌人作战到最后一兵一卒。一经天皇广播宣布投降，"忠"的含义就发生了改变，日本人对外来者表现出了合作的态度。

西方人对此感到十分困惑。据我们的经验，人是"随其本性"而行事的。我们按照忠诚还是背信弃义、合作还是顽固来区分绵羊与山羊①。我们把人加以分

---

① 见《新约·马太福音》第二十五章第二十三至第三十三节："万民都要聚集到他面前，他要把他们分别出来，就像牧羊人区分他的绵羊、山羊一般，把绵羊安置在右边，山羊安置在左边。"

类，然后期望他们能行动始终如一。不管他们慷慨大方还是小气吝啬；是主动合作，还是疑心重重；他们不是保守主义者就是自由主义者。我们希望每个人都信仰某种特定的政治思想，并坚决反对与其相左的意识形态。根据我们在欧洲战场的经验，那里有合作者，也有抵抗者。但是我们怀疑合作者会在胜利后改变其立场，结果这种怀疑是正确的。在美国国内政治纷争中，我们也承认有新政派与反新政派。而且我们断定，在出现了新情况时，这两派仍然会随其本性而行事。如果某一个人改变立场，比如由非教徒变成天主教徒，或者由"激进派"变成保守主义者等等，这种转变应当称为"转向"，并应建立起与此相适应的新人格。

虽然西方人这种关于行为完整性的信念并不总能得到验证，但这种信念绝对不是幻觉。在大多数文化中，不论原始的还是开化的，人们都是把自己描绘成某一特定类型在行事。如果他们垂青于权力，就会以别人服从其意志的程度作为衡量成败的标志；如果他希望受人喜爱，那他就该多与人交往，不然就会得不到人们的喜爱。他们会想象自己是严厉而正直的人，或者具有"艺术家气质"，或者是优秀的居家男人。他们的性格一般都具有"完满结构"（Gestalt），并能使人类社会的生活井然有序。

日本人从一种行为转向另一种行为心理上不会感到痛苦，这种能力是西方人所不具有的。我们从来没有体验过如此极端的可能性。但在日本人的生活中，矛盾——在我们看来就是矛盾的——已深深植根于他们的人生观中，正如同一性植根于我们的人生观之中一样。非常重要的是，应该认识到，日本人的生活"世界"的分类是不包括"恶的世界"的。这并不是说日本人不认为存在坏行为，而是他们不把人生看成是善与恶斗争的舞台。人生被他们看作是一场戏。在这场戏中，一个"世界"与另一个"世界"，一种行为与另一种行为间要求保持精妙的均衡。至于每个世界和每个行为其本质都是善的。如果每个人都能遵循其本真，那么每个人都是善的。如上所述，他们甚至把中国的道德规范看作是中国人需要那种道德的证明，从而证明中国人的劣根性。他们说，日本人完全不需要那种包罗万象的伦理戒律。用已引用过的乔治·桑塞姆爵士的话来说，就是他们"不愿抓住恶的问题"。按照他们的观点，即使从低于宇宙的高度，也足以说明坏行为。尽管每个人的心灵本来都闪耀着道德的光辉，就像一把崭新的剑，但如果不经常磨砺就会生锈。这种"自身的锈"像刀上的锈一样，都不是什么好东西。因此，人必须像磨刀那样注意磨炼其本性。即使生了锈，心灵仍在"锈"的下边闪亮。只需稍加打磨，就能重新熠熠生辉。

由于日本人的这种人生观，西方人很难理解日本的民间传说、小说和戏剧。除非将其加以改写，以符合我们对性格一致及善恶相争的要求。但日本人却不这样看。他们的评论总是围绕主人公陷入"情义与人情""忠与孝""情义与义务"的矛盾之中。主人公的失败是沉溺于人情而忽视了"情义"的义务，或者是因为忠孝不能两全。迫于"情义"而不能遵循正义原则；迫于情义而牺牲家庭。这些矛盾仍然是两种具有约束力的义务间的矛盾。两者都是"善"的。两者之间的选择犹如欠债的人面对欠了一屁股债，他必须选择先偿还哪一些债务而暂时忽略别的债务。但事实上，还清一笔债务并不能使他免除其他的债务。

对故事主人公的这种看法与西方人根本对立。我们之所以认为故事中的主人公是好人，因为他主动选择了善，并与恶进行斗争。如我们所说的"德者必胜"，善应有善报，有一个完满的结局。日本人则酷爱那种亏欠了社会恩情，又做不到不在意名誉，于是无法调和只有一死的角色。在别的文化里，这类角色是告诉人无法对抗命运，在日本反倒成了启迪心灵、淬炼意志的主题。主人公因为竭力完成肩负的义务时而忽略了其他义务，最后还是要被他不小心忽视了的"世界"清算。

《四十七士物语》作为日本民族的叙事诗，在世界文学中虽然地位不高，却能紧扣日本人的心。每个日本儿童不仅知道这个故事，而且熟悉其细节。它不断传播、翻印并被拍成现代电影而广泛流传。四十七士的墓地成为著名圣地，成千上万的人前往凭吊。凭吊者留下的名片使墓地四周成为白色的海洋。

《四十七士物语》的主题以对主君的"情义"为核心。在日本人心目中，它描写的是"情义"与"忠"、"情义"与"正义"之间（当然是"情义"在这类冲突中取胜），以及"单纯情义"与"无限情义"之间的冲突。这个历史故事发生在封建制度鼎盛时期的1703年。按照现代日本人的想象，那时的男人都是大丈夫，对"情义"毫不含糊。四十七位勇士为"情义"而牺牲了名誉、父亲、妻子、姐妹、正义（"义"），最后自杀殉"忠"。

按照当时的规定，各地大名要定期觐见幕府将军。幕府将军（Shogunate）任命两位大名主持仪式，浅野侯（Lord Asano）是其中之一。由于这两位司仪官都是地方上的大名，不熟悉仪式，所以不得不向在幕府中枢任职的大名吉良侯（Lord Kira）请教。吉良侯是一位身份很高的幕臣。如果当时浅野侯家最有才智的家臣大石（Oishi）在他身边的话，大石是会帮助他主君周密安排的。但不巧的是，大石回家乡了。浅野侯在世故方面十分幼稚，所以没有向吉良侯赠送厚礼。而另一位大名则在其通晓世故的家臣的指导下，在向吉良请教时不惜重金。于是，吉良侯就故意误导浅野侯，让他穿上与仪式完全相悖的服装。举行仪式时，浅野侯按照吉良侯的指示穿戴上了错误的服装。当发现自己受到侮辱时，他就拔刀砍伤了吉良侯的额头。后来他被其他的家臣拉开。从"对名誉的情义"来说，他因受辱而向吉良侯报复是一种德行；但在幕府将军殿上拔刀动武则属不"忠"。浅野侯正当地履行了"对名誉的情义"，但却必须要按照规定"剖腹"自杀，否则就不能说是"忠"。他回到官邸换好衣服，做好了剖腹的准备，只等最聪明和最忠诚的家臣大石回来。两人对视了许久互道珍重。早已按照仪式要求坐好的浅野侯，于是就用刀剖腹，亲手结束了自己的生命。在浅野侯死后，没有一位亲戚愿意继承这位已故大名的家业，因为他不忠于幕府而受到谴责。浅野侯的封地被没收，他的家臣也成了无主的浪人。

从"情义"的义务角度来讲，浅野侯的家臣有义务随其主君一起剖腹。主君剖腹是为了"名誉的情义"。如果他们也从"情义"出发剖腹，自然是对吉良侯对浅野侯所施侮辱的一种谴责。但是，大石心中暗想：剖腹尚不足以表现他的情义，他应当完成主君未竟之志。主君是因为被其他家臣拉开而未能实施报复。他们应当杀死吉良侯为主君复仇，但这样做则是对幕府不忠。按一般惯例，策划复仇的人必须事先上报计划，确定行动日期，在规定期限不能完成复仇者就必须放弃复仇。这项制度曾使若干幸运儿能够调和"忠"与"情义"的矛盾。吉良侯是幕府的近臣，浪人们复仇的行动绝不可能得到幕府的批准。大石明白，这条道路对他和他的同伙们是行不通的。于是，他把那些曾经是浅野侯家臣的浪人召集在一起，只字不提刺杀吉良侯的计划。这些浪人总共有三百多人（根据1940年日本学校所讲授的内容），他们一致同意剖腹自杀。但大石明白，这些人并不是都有

"无限情义"（在日语里指"讲情义及真诚"的人），因而对吉良侯进行报复这种大事不能信赖所有的人。为了区别哪些人只讲"单纯情义"，哪些人具有"情义和真诚"，他通过询问大家应该怎样分配主君的财产来考验这些浪人。在日本人看来，这是一种考验。如果那些人真的同意剖腹自杀，他们的家属就将获得利益。浪人们对财产分配标准产生了激烈的争执。家老在家臣中俸禄最高，他领导的一派主张按原来的俸禄高低分配；大石领导的一派则主张平均分配。大石很快就弄清楚浪人中哪些人只有"单纯情义"。大石随即赞成家老的分配方案，并且同意那些获胜的家臣离开。于是，家老带领那派人离开了，他们因而获得"败类武士""无情无义的人""无赖"等恶名。大石弄清只有四十七个人情义坚定，足以共谋复仇大业。这四十七个人与大石建立盟约，保证不论信义、爱情或"义务"，都不能妨碍他们的誓言。"情义"必须成为他们的最高行为准则。于是，四十七士歃血为盟。

他们做的第一项工作就是麻痹吉良侯，使其丧失警惕性。他们四散离去，装作没有丝毫对名誉的追求。大石经常沉溺于花街柳巷，打架斗殴。由于过着放荡的生活，他借机与妻子离婚。这是打算采取违法行动的日本人惯用的步骤，因为能保证其妻儿在最后行动时不致受到牵连。大石的妻子悲痛欲绝地与他分了手，但他的儿子却参加了浪人的行列。

江户城里的人都猜测他们要复仇。尊敬浪人的人们深信他们必将策划刺杀吉良侯。可是，四十七士矢口否认有此企图。他们佯装成"不懂情义"的人。他们的岳父们对他们的可耻行为十分愤慨，就把他们赶出家门，解除了婚约；他们的朋友也嘲笑他们。一天，大石的一个密友碰到喝得酩酊大醉的大石在和女人尽欢。甚至对这位密友，大石也否认他对主君的"情义"。他说："复仇？简直是愚蠢透顶，人生就应该及时行乐，哪里还有比饮酒作乐更好的事。"那位朋友不相信，就把大石的刀从刀鞘抽出来看。他以为刀刃一定会闪闪发光，那样就足以证明大石讲的是假话。可大石的刀已经生锈了。于是朋友不得不相信大石说的是真话，他在大街上公开向这个醉汉吐唾沫并用脚踢他。

有个浪人为了筹集参加复仇的资金，竟把自己的妻子卖去当妓女。他妻子的兄长也是浪人之一，得知复仇的秘密已被妹妹知道，竟准备亲手杀死妹妹以证明自己的忠诚，好让大石同意他参加复仇行动。有一位浪人杀死了自己的岳父。还有一个浪人把自己的妹妹送进吉良侯家当女仆兼小妾，以便从内部得到消息来确定何时动手。在完成复仇之后，她不得不自杀。因为，尽管她是伪装侍候吉良，她也必须以死来证明自己的清白。

12月14日夜里大雪纷飞，吉良侯大摆酒宴，连负责警卫的卫士们也都喝得酩酊大醉。浪人们袭击了防守坚固的吉良府，他们杀死了警卫，冲进吉良的卧室。但进去后发现吉良不在里面，只是被子里还有余温。由此浪人们知道吉良还在府里。终于，他们发现有一个人蜷伏在放木炭的小屋里。一个浪人隔着小屋的墙壁将长矛刺了进去，然而拔出来时矛尖上却没有血迹。长矛确实刺中了吉良侯，但在长矛拔出时，吉良侯用衣袖擦去了血迹。但这种小把戏无济于事，他被浪人们揪了出来。他说自己不是吉良，只是吉良府的家老。这时，四十七士中的一个人想起浅野侯曾在幕府将军的殿堂上砍伤吉良侯的额头，额头上肯定会留有伤疤。根据这个伤疤，浪人们认定他就是吉良侯并要他当场剖腹自杀。他拒绝了剖腹——这恰好证明他是个懦夫。于是，浪人们用他们的浅野侯剖腹时使用的刀，砍下了吉良的首级，按照惯例洗净，实现了他们的夙愿。他们带着两度染血的刀和吉良的首级，列队走向浅野侯的墓地。

整个江户（今东京）都被浪人们的行动震撼了。那些曾经怀疑过浪人们的家属争先恐后前来和浪人们拥抱，向他们致以崇高的敬意；大藩的诸侯们则在沿途热情款待他们。他们来到浅野侯的墓前，不仅把首级和刀供在墓前，而且还宣读了一份奉告亡君的祷文。该祷文保存至今，其大意如下：

"四十七士谨拜于主君灵前（省略）。在主君复仇大业未竟前，我等实无颜为主君扫墓。心神焦虑，一日三秋……今方得将吉良首级供上。此短刀乃主君去岁所珍用，嘱吾等保管。愿主君执此刀再击仇敌之首级，以雪遗恨。谨此以祷。[①]"

他们报答了"情义"，但还需要尽"忠"。因为他们犯了国法，未预先呈报就进行复仇，只有一死才能两全。不过他们并没有背叛"忠"，因为他们执行了

---

① 据福本日南《元禄快举录》说，该祷文是后人伪造的。

所有以"忠"的名义要求的事情。幕府将军命令四十七士切腹。对此日本小学五年级的国语课本是这样写的：

"他们为主君报仇，情义坚定，应为后世垂范……于是，幕府经过再三考虑，命令他们切腹自尽，这真是两全其美之策。"

这也就是说，浪人们亲手结束自己的生命，对"情义"和"义务"都做了最高的偿还。

这首日本民间叙事诗由于版本不同，文字运用和细小情节上可能略有差异。在现代电影版中，故事开始时的贿赂情节被改为色情情节。吉良由于对浅野的妻子心怀不轨，才故意让浅野犯错，使之受辱。虽然在片中，贿赂的情节被删除掉了，而有关"情义"的一切义务则描绘得更为准确深刻。"为了情义，他们抛妻弃子，甚至弑父。"

"义务"和"情义"发生冲突之类的题材，也是其他许多故事和电影的基础。最为优秀的一部历史电影取材于德川幕府第三代将军时期。这位将军继位时年纪尚轻，缺乏经验。当时，对继位人选的不同选择，导致了幕臣们的分裂，其中一派遭到了挫败。这一派想拥立一位与他年纪相仿的近亲。其中有一位大名，一直牢记失败之"辱"。虽然第三代将军成长后很有政治才干，这位大名却一直在等待时机谋杀他。一天，将军及其亲信通知他，准备巡视几个藩国。这位大名需要接待将军一行。他企图抓住这个机会一雪前耻，实现"对名誉的情义"。事先，他就把自己的官邸变成了堡垒，堵塞一切出口并层层封锁起来。他甚至还计划好了制造墙倒屋塌，把将军一行砸死。当然，他的阴谋都是在暗中进行的。这个大名对将军一行的接待十分丰盛，还命一位家臣舞剑为将军助兴，指示这位家臣在舞剑的高潮时刺死将军。按照"情义"，这位武士不能违抗主君的命令；但是，"忠"的原则又禁止他刺杀将军。银幕之上，武士的舞剑姿势充分展示出了他内心的矛盾心情：他必须行刺，他又不能行刺；他就要行刺，但又不想行刺。他尽管有"情义"，但"忠"的威力更加强大。他的舞姿渐渐乱了，导致将军一行生了疑心，突然离开座位。铤而走险的大名于是下令毁坏房屋。将军刚刚躲过舞剑者的剑，又面临墙倒屋塌的危险。在千钧一发之际，舞剑家臣走上前去，引领将军一行通过地道来到安全空旷之地。"忠"战胜了"情义"。将军的代表向舞剑者表示万分谢意，并再三邀请他去江户。那位武士回头看了眼即将倒塌的房屋说："不，我要留在这儿。这是我的义务，我的情义。"他离开了将军一行，转身跳进废墟中死去。"通过死，他兼顾了忠和情义，使二者合二为一。"

古代的传说并没有把义务与"人情"的冲突作为中心，到了近代这一冲突才成为主要题材。到了近代，这种题材不仅没有冲淡，反而被大肆渲染，小说主题更多是讲述主人公为了"义务"和"情义"不得不抛弃爱情和人情。就像日本的战争影片容易使西方人感到是绝妙的反战宣传一样，这些小说也常被认为是在追求一种根据自己的意志生活的自由。这些小说证明，确实存在着这样一种冲动。但在议论小说情节或者电影剧情时，日本人的看法往往与我们不同。我们之所以同情主人公，是因为他的爱情或有着某种个人理想。而日本人却批评这是弱者，因为他放任情感而忽视了自己应该履行的"义务"或"情义"。一般情况下西方人认为，反对陈规陋习并且克服障碍去争取自己的幸福是强者的标志。但日本人则认为所谓的强者，应该是能够抛弃个人幸福而履行义务的人。他们认为，性格的力量并不体现在反抗上，而是体现在和谐上。因此，西方人看过日本小说和电影后的体会与日本人截然不同。

在评价自己或周围认识的人的生活时，日本人都使用同样的标准。他们认为，在与义务的准则发生冲突时，关注个人欲望的人就是弱者。对任何事情他们都是这样判断。不过，其中与西方伦理最直接对立的，莫过于丈夫对妻子的态度。在"孝的世界"中，他的妻子位于边缘的地位，父母才是中心。因此他的义务很清楚。道德品质优秀的人必须遵从"孝"道，如果母亲要他与妻子离婚，他就得接受母亲的决定；即使他深爱着自己的妻子或者妻子已经给他生了孩子，那也只能让他的道德品质更加"坚强"。日本人有句谚语："孝道有时要求你把妻子视同路人。"在这种情况下，对待妻子充其量不过是属于"仁的世界"。最坏的情况则是，妻子不能提出任何要求。即使婚姻生活很幸福，妻子也不能被置于义务世界的中心。因此，一个人不能把他同妻子的关系提高到对双亲或祖国的感情的等同地位。20世纪30年代，一位著名的自由主义者曾在公众面前说，他回到日本后非常高兴，其中一个理由就是与妻子重逢，为此他备受指责。其实，他应该说他高兴是因为见到了父母，见到了富士山，以及能为国家的使命而献身。而他的妻子则不属于这个层面。

近代以来，日本人自己也对如此强调区别道德准则的不同层次和范围不满。日本的教育有很大一部分是致力于把"忠"变成最高道德。日本政治家通过把天皇置于顶级，把将军及封建诸侯排除在外，以简化等级制。在道德领域内，他们努力通过把低层次的德行全部置于"忠"的范畴，来简化义务体系。他们希望不仅把全国统一于"天皇崇拜"之下，而且企图由此减少日本道德的层次分散状态。他们力图想要国民知道，只要实现了"忠"，也就完成了其他所有义务。他们的目的是让"忠"不再仅仅是道德拼图中的一个区域，而是道德拱桥的拱心石。

有关这种设想的最权威文本是明治天皇1882年（明治十五年）颁布的《军人敕谕》。这份敕谕跟那份《教育敕谕》一起，构成了近代日本的圣典。日本的神道是没有圣典的，佛教各派也以不诉诸文字为特点，宣扬反复念诵"南无阿弥陀佛"以及"南无妙法莲华经"之类代替经典。而明治天皇的敕谕与敕语被奉为经典。在宣读时场面庄严神圣，所有听众都必须毕恭毕敬。其形式类似对待摩西十诫与旧约五书，奉读时要恭恭敬敬从安放处请出，奉读完后再恭恭敬敬送回。负责宣读的人如果念错了一句，就得自杀谢罪。军人敕谕主要是颁赐给现役军人的。军人要逐字背诵，每天早晨要默念十分钟。重要的民族节日、新兵入伍、期满复员及其他类似的场合，都要在军人面前隆重宣读敕诏。中学和深造班的男生也都要学习《军人敕谕》。

《军人敕谕》是一份长达数页的文件，它纲目严整，文字严谨。但对西方人来说仍然费解，因为内容看起来互相矛盾。善与德被标榜为真正的目标，说明方式西方人也能理解。敕谕告诫民众不要重蹈古代那些死得并不光彩的英雄豪杰的覆辙，因为他们"罔知公道之理，徒守私情之义"（losing sight of the true path of public duty, they kept faith in private relations）。这是日本官方的正式译文，虽不是逐字逐句的翻译，却也很好表达了原意。《敕谕》接下来讲："此类古例，汝等当深以为戒。"

如果不了解日本人各种义务的"势力范围"，就很难理解这里的"为戒"为何意。在敕谕中极力贬低"情义"，拔高"忠"的地位，全文中不见"情义"

这个词。它强调"大节"与"小节"之分，而回避"情义"。这里的所谓"大节"其实就是"忠"；而"小节"就是"徒守私情之义"。敕谕极力想要证明"大节"是足以成为道德的标准的。它说"所谓'义'就是'履行义务'"。尽"忠"的军人必然有"真正的大勇"。所谓"真正的大勇"就是"日常待人必以温和为先，旨在赢得他人爱戴和尊敬"。敕谕还暗示，只要遵从这些教导，就不必求助于"情义"。比起"情义"来，"义务"之外的诺言仅仅是"小节"，人们必须经过慎重考虑才能加以承担。

"如欲守诺言（私人关系上的）而（又）欲尽义务……则至始即应慎重考虑是否可行。如以己身束缚于不智之义务，则将使自身处于进退维谷。如确信不能既守诺言而又坚持义（敕谕把'义'规定为'履行义务'），则应立即放弃（私人的）诺言。古来英雄豪杰，惨遭不幸，或竟身死名裂，遗羞后世，其例盖不鲜矣，皆因唯知信守小节，而不辨大义，或因罔知公道之理，徒守私情之义也。"①

这份宣扬"忠"的圣典是近代日本最基础的文件之一。但敕谕对"情义"的委婉贬斥是否能削弱"情义"对日本社会的影响，这点很难证明。日本人就经常引用这份敕谕的其他段落，来为自己或他人的行为解释、辩护。比如"义者，履行义务之谓也""心诚则事灵"。尽管这样的引用也很得当，但似乎很少有人会引用反对信守私人诺言的告诫。至今在日本"情义"还是具有相当的权威性，一旦有人被斥责"不懂情义"，就会是很严厉的指责。

日本的伦理体系不是通过引进一个"最高准则（大节）"的概念就能轻而易举简化的。正如他们常常自夸的一样，日本人手中没有现成的可以普遍适用的道德作为一切善行的试金石。在大部分文化中，一个人是以其道德水准，如善意、勤俭以及事业上成就的多少，来作为评判其自尊的标准的。他们总需要树立某些人生目的作为追求的目标，如幸福、对他人的控制能力、自由和社会活动的能力等。日本人则遵守着更为特殊的准则。不论是在封建时代还是在《军人敕谕》中，即使他们谈及"最高准则（大节）"时，也只是意味着等级制度上层者的义务要大于下层者的义务。他们仍然是特殊主义者。对于西方人而言，所谓"最高

---

① 这段敕谕是按照英文翻译的，与日文原文有很多出入。在这段译文里，本迪尼克特过度强调了"信义"与"义务"之间的对立关系。实际上两者在日本文化中并非绝对对立的。

准则（大节）"，是对忠诚的忠诚，而不是对某一特定个人或特定目标的忠诚，日本人则不是这样。

近代以来，日本人在试图建立某种能统治一切领域的道德标准时，常常选择"诚"。在论及日本的伦理时，大隈伯爵说："'诚（まこと）'是各种箴言中最重要的。一切道德教训的基础都包含在'诚'字里。在我国的古代词汇中，除了'诚'这个词以外，没有其他表达伦理概念的词汇。"[①]在20世纪初，日本的近代小说家曾赞美西方个人主义新思潮，现在也开始对西方信条感到不满，而极力去赞美诚（诚心）是唯一真正的"主义"。

道德方面强调"诚"，这正是《军人敕谕》所宣扬的。敕谕以一段历史性的话语作为前言，相当于美国同类文件首先列举华盛顿、杰斐逊等"建国之父"。敕谕的这段话主要是在阐述"恩"和"忠"。

"朕赖汝等为股肱，汝等仰朕为首领。朕能否保护国家以报上天之恩，报祖宗之恩，端赖汝等恪尽职守。"

后又阐述了五条训诫。（一）最高的德行就是履行"忠"的义务。一个军人如果不是极"忠"，不论其才能如何，也只能作傀儡。一支缺少"忠"的军队，一旦遇到紧急情况就会变成乌合之众。"故不可惑于横议，不可干预政治，务求保持忠节，牢记义重于山，死轻于鸿毛。"（二）按照军阶遵守礼仪。"下级应视上级军官之命令如朕意，上级军官亦须善待下级。"（三）是勇武。真正的勇武与"血气之刚"不同，应是"小敌不侮，大敌不惧"。"故尚武之人，与人交以温和为先，以资得人敬爱。"（四）是告诫人们"勿守私情信义"。（五）是劝人勤俭。"凡不以质朴为旨者，必流于文弱，趋于轻薄，崇尚骄奢，终至卑鄙自私，堕落至极。虽有节操、武勇，亦难免被世人所唾弃……朕心忧此恶习，故而谆谆诫之。"

这份敕谕最后一段把以上五条称作"天地之公道，人伦之纲常"，是"我军人的精神"。而且，这五条训诫之核心"精神"就是"诚"。"心不诚则嘉言善行徒为文饰，毫无效用；唯有心诚则万事可成。"五条训诫就是这样"易守易

---

① 大隈重信：《开国五十年史》。

行"。在列举了一系列的德行与义务之后，这份敕谕将它们都归结到"诚"这里，这是典型的日本特色。中国人习惯于把一切道德归之于仁爱之心。日本人则不同，他们先确立义务准则，最后才要求人们倾注全部精力与心灵全心全意履行义务。

在禅宗的教义中，"诚"也具有同等的意义。铃木大拙在论禅的专著中记录有一段禅宗师徒的问答：

"僧问：'吾视猛狮袭敌，不问其为兔为象，皆全力以赴，请问此力为何物？'

"师曰：'至诚之力也（字面含义是"不欺之力"）。至诚则不欺，亦即"献出一切"。禅语谓之"全体作用"，即不留一物，毫无矫饰，绝不虚费。如此生活者可谓之金毛狮，乃刚勇、至诚、至纯之象征，神人也。'"

"诚"这个词在日语中的含义前文已提到。"诚"与英语"sincerity"的含意并不同，与sincerity相比，其内涵既更广泛，又更狭窄。这一点西方人总是能立刻看出来，他们常说，当一个日本人说某人"没有诚意"时，其意思是说这个人与自己的意见相左。这种说法包含了一定的道理，因为当一个日本人说某人是"诚实的人"时，其实跟这个人在他心中的爱与恨没有关系。美国人在表示赞美时常说"He was sincerely glad to see me"（他见到我心里很高兴）或"He was sincerely pleased（他发自内心地高兴）"，日本人没有这样的说法，他们拥有各种对"坦诚"（sincerity）表示轻蔑的习惯用语。他们嘲笑道："看那只青蛙，一张开嘴就把肚子里的东西全都亮出来了。""就像是石榴一张开嘴，我们就知道它心里有些什么。""暴露感情"是一件耻辱的事情，因为这样会"暴露"自己。与"坦诚（sincerity）"一词有关的这类联想，在美国是如此重要，而在日本则微不足道。前文所提到的那位日本少年，当他批评美国国传教士"不坦诚（insincerity）"时，他绝没有想过那位美国人是否对这个一无所有的穷小子到美国去的计划感到惊讶。近十年来，日本政治家经常批评英美两国没有诚意，他们一点也没有考虑到西方各国是否确实按照其真实感受在行事。他们并不指责美英两国是虚伪的，因为，虚伪是最轻微的指责。同样，在《军人敕谕》中提到的"诚乃诸项训诫之精神"，也不是在说，"至德"在于所有德行的实践都是真心实意，发自内心的。它并没有教导人们在自己的信念与他人不同时，也要诚实。

但"诚"在日本还有着积极意义。并且，由于日本人非常重视这一概念的伦理作用，西方人因此很有必要掌握日本人使用这个词的含义。日本人关于"诚"的基本含义在《四十七士物语》中有充分的体现。在那个故事里，"诚"是附加于"情义"之上的。"真诚与情义"与"单纯的情义"有明显区别，前者是"足以为垂范后世的情义"。至今日本人还会说："是诚让它坚持存在下去"。根据字意来看，这里的这个"它"是指日本道德中的任何戒律或"日本精神"所要求的任何态度。

战争期间，在美国的隔离收容所内的那些日本人，对这个词的使用跟《四十七士物语》中完全一致。它清楚地表明"诚"的逻辑可以延伸多远，而其含义又如何与美国的定义相反。亲日的"第一代移民"（生在日本而移居美国）对亲美的"第二代移民"（在美国出生）的批评，主要就是说"第二代移民"缺乏"诚"。"第一代移民"说这话的意思是，"第二代移民"没有那种保持"日本精神"（战时日本曾公开为"日本精神"下了定义）的心理因素。"第一代移民"的这种指责绝不是在说他们的孩子的亲美态度是虚伪的，恰恰相反，在"第二代移民"志愿加入美国军队，主动为其第二个祖国作战时，"第一代移民"更加振振有词地指责"第二代移民""不真诚"。

日本人使用的"诚"这个词的基本含义，是指狂热地沿着日本道德戒律和"日本精神"所指示的人生道路前进。在特定条件下，不管"诚"这个词有多少种特殊含义，它总可以理解为对公认的"日本精神"的某个方面的称颂以及对日本道德标准的赞美。一旦我们接受了"诚"这个词不具有美国人认为的那种含义，那么它在日本所有的文献中都是值得注意且极其有用的词。因为它大体上准确无误地等同于日本人强调的各种正面的德行。"诚"这个词经常用来赞扬不追逐个人名利的人，这反映了日本人的伦理对谋取私利者的厌恶。利润（如果不是等级制自然产生的结果）被断定是剥削的所得。从中渔利的中介人会成为人们所嫌恶的放高利贷者，这种人被指责为"不诚"。"诚"也经常被用来颂扬那些不感情用事的人，这体现了日本人所认同的人的自我修炼观念。一个"诚实"的日本人，是决不会干冒犯他人的事的，除非他刻意想要激怒对方。这反映了日本人认为，一个人不仅对自己的行为本身，并且也要对由自己的行为派生的后果负责。最后他们认为，只有"诚"才能"领导人民"，才能有效地使用拥有的技能并摆脱心理冲突的影响。这三种含义以及其他更多的含义，非常明确地表明了日本人的伦理观的一致性，它反映出这样一个事实：在日本，一个人只有当他执行规则的规定时，才能收到实效，才能摆脱矛盾与冲突。

如此看来，既然日本人的"诚"具有多重含义，那么无论敕谕和大隈伯爵如何推崇，"诚"都无法简化日本人的伦理体系。它既不构成日本伦理道德的"基础"，也没有赋予它"灵魂"。它好比幂函数，加在任意数后都可以扩大该数的大小。如 a 的二次方（a^2）可以是 9 的二次方，也可是 159 或 b 或 x 的二次方。"诚"也是这样，它能把日本人的道德伦理的任何一条都提到更高层次。它似乎不是独立的道德，而是信徒对其教义的狂热。

无论日本人如何努力修正自己的道德观，它仍然是一种分门别类的德。道德的原理仍是在这个与那个步骤间寻求平衡，而各种行为本身都是善的。他们所建立的伦理体系就如同桥牌游戏，优秀的选手遵守规则并在规则范围内获胜。跟拙劣选手之间的差异就在于推理的能力，这种能力使得他能利用竞赛规则来判断对手的出牌目的。用我们的话来说，他是在按霍伊尔（Hoyle）[①]规则比赛，每出一张牌都必须考虑到无数细节。如果比赛规则和记分办法事先就已经规定好了，那么一切可能出现的偶然性也应该包括在其中。美国人说的内心善良反而无关紧要了。

在任何一种语言中，人们用来表达失去或获得自尊的那些词句，非常有助于了解他们的人生观。在日本，讲到"尊重自己"时往往是指他本人是一个谨慎的人；而不像英语的用法那样是指诚意遵循为人处世的准则，不谄媚讨好他人，不撒谎，不做伪证等。日本人说"自重"，字面意思是"自我慎重"，其意是"应该通盘考虑事态中的所有因素，决不可遭人耻笑，或者导致成功机会的减少"。"尊重自己"这句话所对应的行为往往跟美国人的相反。如果一个雇员说

---

① 霍伊尔（Hoyle, Edmond, 1672—1769），惠斯特（一种扑克游戏）规则的创立者。他认为此规则不仅限于扑克牌，也可以运用到其他事物上。简单说就是要按照规则、按照既定的硬性规定办事。

"我必须自重"，其含意并不是指他必须坚持自己的权利，而是绝不对雇主讲任何会使自己陷入麻烦的话。作为政治用语使用时，"你应该自重"也具有同样的意思，那就是"身担重担的人"，如果轻率地谈论"危险的思想"，那样就是不"自重"。而在美国，"自重"却没有类似的意思。美国人即使思想危险，也要按照自己内心和良心来思考。

日本父母经常挂在嘴边用来警告其子女的话也是"你应该自重"，这里指的是要懂得察言观色，不要辜负别人的期望。女孩子被告知坐着时不能乱动，双腿位置要摆好；男孩子则要训练自己，学会察言观色，"因为现在可以决定你的未来"。当父母对孩子说"你的行为不是一个自重的人应该做的"时，这是在责备孩子行为不当，并不是责备他缺乏勇气坚持己见。

还不起债的农民对债主说："我本应该自重的。"他这句话的意思并不是责备自己懒惰，或责备自己对债主卑躬屈膝，而是说他对应急之需本来应该考虑得更加周详。社会地位高的人说："我的自尊要求我这样。"这并不意味着他必须坚持正直和廉洁，而是说他在处理事情时必须充分考虑到家庭及自己的身份和社会地位。

公司总裁谈到他的公司时会说："我们必须自重。"意思是说必须加倍慎重和小心。策划复仇的人说："自重地复仇"。这句话的意思并不是指"把炭火堆在敌人的头上"或者他打算遵守任一道德原则；而是说"我一定要复仇"。例如周密地计划，把一切因素都考虑到。在日语中最强烈的语气是"双重自重"，意思是考虑周全，绝不轻易下结论。它还意味着，必须做好计划，然后以各种合适的方法和手段努力达到目的。

上述行为体现的"自重"的含义都符合日本人的人生观。按照"霍伊尔"规则，人们应小心谨慎行事。因为日本人为自重做出了上述定义，所以决不允许以出发点良好为理由来为失败辩护。只要有行动，就会产生后果，因此在行动前人们不能不考虑后果。做人慷慨是好事，但你必须预见到接受恩惠的人是否会感到"背了恩情债"。对此，必须谨慎。批评人是可以的，但必须对可能造成的他人的怨恨做好思想准备。那位年轻画家指责美国传教士嘲笑自己，尽管传教士的目的是善意的也没用。传教士没有估计到自己的行为会带来的后果，而在日本人看来，他的行为是缺乏修养的表现。

把谨慎与自重等同，这就蕴含了要求对他人的行为的所有暗示的注意，并且能强烈感觉到别人是在评论自己。"人需要自重是因为有社会""如果没有社会就不用自重了"，这就是他们的认识。这些极端说法无不表明，自重是来自外界的压力，跟行为的内在因素没有关系。跟很多国家的那些俗语一样，这样的说法的确有夸张成分，因为日本人有时也像清教徒，对自己深重的罪孽反应强烈。但上述这些极端的说法仍体现了日本人内心真正在意的是什么：与其说他们在意罪恶感，还不如说是在意耻辱感。

在人类学对不同文化的研究中，区别文化时以耻辱为基调还是以罪恶感为基调，是非常重要的。凡是提倡道德标准的绝对性，并以此为为基础发展出人的良心的社会，可以将其定义为"罪感文化"。但必须注意，以罪感为基调的社会，人们在做出了并非犯罪的不妥行为后，也一样会有内疚并因此产生羞耻感。比如衣着不当，言辞不当，都会导致懊丧。在以耻为主要外在强制力的文化里，对那些在我们看来是犯罪的行为，那里的人则会感到懊恼。这样的懊恼有时会相当强烈，以至于无法像罪感可以通过忏悔、赎罪等手段得到解脱。类似的手段能通过坦白而减轻犯罪者的心理压力。如今坦白作为手段，已经被用于一般的心理治疗，更多的宗教团体也在运用这种手段，尽管二者在其他方面很少有共同点。我们明白，通过坦白可以得到心理上的解脱。但这种手段在把耻当作基调的社会没有多大作用，那里的人们即使是当众认错，甚至是向神父忏悔了，心理上也无法得到解脱。在他们的感受里，只要自己的罪行没有暴露，就不会有懊悔，而坦白忏悔只是在自寻烦恼。耻文化没有坦白与忏悔习惯，甚至对上帝忏悔的习惯也没有。他们有祈祷幸福的仪式，却没有祈求赎罪的仪式。

耻感文化下的行善是来自外部的强制力促使的。而罪感文化则是依靠罪恶感对人的内心压力促使其行善的。羞耻是对别人批评的反应。一个人感到羞耻，是因为他被当众嘲笑、排斥，或者他自己感觉被嘲弄了。无论哪一种，羞耻感都是一种有效的强制力量。但这要求有外人在场，至少要感到有外人在场。罪恶感则不是这样的，在有的民族，名誉来自人的内心理想，即使是自己的行为无人察觉，也会因为自己的行为违背了自己的内心原则而感到罪恶，同时，这样的罪恶感能通过坦白或者忏悔得到消除。

美洲早期的清教徒移民们，就曾试图把道德准则置于罪恶感的基础之上。大多数精神病学者都知道，良心为现代美国人带来了怎样的苦恼。但在美国，羞耻感的作用越来越大，而罪恶感则不再像从前那样敏感。美国人把这种现象解读为道德的松懈。这种解释虽然也蕴涵着真理，但我们并不指望羞耻感能担起道德的重任。我们不能把伴随耻辱而出现的强烈的个人懊恼纳入我们的基本道德体系。

而日本人却是把羞耻感作为他们道德体系的基础。不遵守明确规定的各种善行标准，不能平衡各种义务或者不能预见偶然性的失误都是耻辱。他们认为耻是道德的基础。对耻辱敏感的人就能够实践善行。"知耻的人"这句话有时被译作"有德的人"（virtuous man），有时译成"重名誉的人（man of honor）"。耻感在日本的伦理体系中的地位，相当于西方伦理中的"心地纯洁""笃信上帝""回避罪恶"。耻感在日本伦理道德中也具有同样的权威地位。由此而来的逻辑推导结果就是，人死后不会再受到惩罚。日本人——那些接触过印度经典的僧侣除外——没有轮回报应的意识。除了那些皈依了基督教的教徒，日本人中很少有接受死后报应以及天堂地狱论的。

正如所有那些看重耻辱的部落或民族，羞耻感在日本人生活中的重要性也是毋庸置疑的。因此而导致的结果是，每个人都十分注意社会对自己的评价。一个人只需要根据他人的反应做出选择，根据他人的判断来调整自己的行为就行。如果所有人都遵守同样的规则开始游戏，并能相互支持，日本人就会愉快地参与进去。当他们感到这是在履行日本国家的使命时，他们就会狂热参与。在他们企图把自己的道德体系输出到别的民族和社会时，自然容易受到抵制。他们的"大东亚共荣"使命的失败，就是最好的例证。很多日本人为中国人还有菲律宾人对自己所推行的理想的抵制情绪感到愤怒。

那些到美国是为了求学或经商，并不是受国家主义情绪所驱使的日本人，当他们试图在这个道德规范不那么严格的社会生活时，就常常感到过去所受的那种烦琐精细的教育是"失败"。他们感到日本的道德观很难输出，他们想要说的并不是所谓改变文化对任何人来说都是困难的这一类话，他们想说的远比这多得多。比起中国人、泰国人，日本人更难适应美国式生活方式。在他们看来，作为日本人，他们是依靠这样一种安全感长大的，这种安全感就是只要一切都按照规矩行事，他人就会认可与他的微妙的关系。当他们看到那些外国人对自己的那些微妙的礼节毫不在乎时，就开始手足无措。他们开始在西方社会生活中努力想要找到一些跟自己类似的细小行为形式，一旦找不到，就会沮丧甚至愤怒。

在其自传《我的狭岛祖国》中，三岛女士（Mishima）成功描写了自己在道德规范不甚严格的文化中的体验。她是如此渴望到美国留学，为此说服了保守的家人，消除了"不愿受恩"的观点，接受一个美国奖学金最终进入了卫斯理学院。她说，老师和同学都对她特别友善，但这却使她很不安。因为"日本人的共同特点是以品行无缺陷而自豪，我这种自豪却受到了严重伤害。为此我不知道在这里该怎样做，周围的环境似乎在嘲笑我以前的经验。我因此而感到恼怒。除了这种模糊而又根深蒂固的恼怒外，我心中再没有其他感情"。她感到自己"似乎是一个从其他行星上掉下来的人，原有的感觉和情感在这个世界都用不上。日本式的教养要求任何动作都要文静优雅，每一句言辞都要礼貌规范，当前的环境令我十分敏感，以至于在社交活动中不知所措"。她为此花了两三年时间才解除紧张，并且开始接受别人的好意。她认为，美国人生活在一种她所谓的"优美的亲密感"中，而"在我三岁时，亲密感就被当作不礼貌扼杀了"。

三岛女士把她在美国结识的日本女孩和中国女孩做了比较，她认为美国生活对两国姑娘的影响完全不同。中国姑娘具有的"那种沉稳风度和社交能力是大多数日本姑娘所不具备的"。"在我看来，这些上流社会中的中国姑娘是世界上最文雅的人，她们仿佛就是这个社会的真正主人。即使在高度机械化与高速度的文明中，她们恬静和沉稳的性格与日本姑娘的怯懦、拘束形成鲜明对比，这显示出社会背景的某些根本差异。"

和其他日本人一样，三岛女士感到自己像网球名将参加棒球游戏，所学到的那些优秀技艺无法施展。她感到过去所学到的东西完全无法适应新环境。她过去所受到的训练也毫无用处，美国人根本不需要这些东西。

一旦日本人接受了美国那种更加简洁明了的行为规则，哪怕只是接受了一点点，也很难想象他们能够再继承日本那种繁文缛节的生活。有时，他们把过去的生活说成是失去了的乐园；有时又说成是"桎梏"；有时说成是"牢笼"；有时又说成是盆景的小树。只要这棵小松树的根是培植在花盆里，这就是件为花园增添风雅的艺术品；一旦移植到野地上它就不再是盆景。他们感到自己再也不能成为日本花园的点缀了，再不能适应往日的要求。他们最尖锐地经历了日本道德的困境。

第十一章　自律与修炼

"他们要求自己履行极端义务，而传统的关于相互义务的强制力，则阻碍他们持有'自我怜悯'和'自以为是'的情感，而这种情感是强调个人主义的社会很容易出现的。"

任何一种文化的自律，在一个外国的观察者眼里，很难说出有何意义来。自我约束的方法很明确，但难以理解的是为何要如此为自己制造麻烦？例如为什么要把自己吊在钩子上？为什么要气沉丹田？为什么要自虐以至于拒绝任何金钱？为什么只是专注于一项苦行，而对其他人认为需要通过训练来限制的冲动却不加克制？尤其是那些从未接受过自律训练的人，一旦来到一个高度重视自律的国度，就很容易产生迷惑跟误解。

美国是一个缺少自我约束传统的社会。美国人认为，一个人一旦在生活中找到了自己可能实现的目标，在必要时就要锻炼自己以求实现这个目标。是否进行锻炼取决于他的雄心、良心或魏博伦[①]所说的"职业本能"（an instinct of workmanship）。为了成为一名足球运动员，他可以接受严格的纪律；为了成为一名音乐家或者取得事业上的成就，他可以放弃一切娱乐活动。由于良心的作用，他可以摒弃一切邪恶和轻浮的行径。

但在美国，自律行为不像算数，可以不考虑其特定应用的需要，而仅作为一种技术来学习。如果在美国也有人在教授这种修行的话，那一定是欧洲某些教派的领袖或传授印度瑜伽之类修炼方法的印度教婆罗门。甚至基督教的圣特丽萨

---

① 魏博伦（Veblen, Thorstein, 1857—1929），美国著名经济学家。

（Saint Theresa）或圣胡安（Saint Juan）①所传授及实践的默想和祈祷式宗教修行，在美国也很难存在。

不过日本人却认为，无论是参加中学考试的少年还是参加剑道比赛的人，甚至仅仅是为了过贵族生活的人，都要进行一些特定内容之外的自我修炼。不管你考试成绩多么优秀，剑术多么高明，也不管你的礼貌多么周到，你都必须放下书本、刀剑或社交形象，接受特殊的训练。当然，并不是所有的日本人都接受秘密的训练，即使那些不参与修炼的日本人也都承认自我修炼这个词在实践过程和实际生活中的地位。各个阶层的日本人都是在用那套普遍流行的自我克制的概念判断自己和他人。

在日本，自我修炼的概念大致可分为两类，一类是培养能力的，另一类不仅培养能力，同时还有更高的要求。我把第二类称之为"圆满"。这两者之间存在着区别，主要是会产生不同的心理效应，并依据不同前提，通过不同的外部形式体现。有关培养个人能力的自我修炼，在这本书里已经有过很多的叙述。比如那位陆军军官讲述的日本士兵的训练强度，每次演习都会持续进行60个小时，中间只能休息10分钟，"所有的士兵都知道怎么去睡觉，现在训练的目的就是要他们不睡觉。"这在我们看来是过于极端了的，其目的是培养一种行为的能力。这位军官所说的是一种在日本得到公认的原理，也就是精神驾驭术，是认为精神意志应该驾驭肉体，而肉体的潜能无限，是可以接受任何形式的训练的。至于肉体会不会因此遭到健康的损害，他们根本不会理会。日本人的"人情"理论都是建立在这种观念之上的：肉体必须服从人生大事，不论对健康如何重要，不论健康是否允许，更不论肉体本身是否容许和能经受得住。一个人应当牺牲一切，修炼自我来弘扬日本精神。

但如此表述日本人的观念有失武断。在美国日常用语中，"不惜任何代价的自我修炼"（at the price of whatever self-discipline）的意思往往是"不惜任何自我牺牲"（at the price of whatever self-sacrifice），而且有"不惜任何代价的自我克制"之意。有关训练，美国人的理论是，男女自幼都需要经过训练而社会化，

---

① 圣特丽萨（Santa Teresa de Jesús，1515—1582）、圣胡安（San Juan de la Cruz，1542—1591），两人都是西班牙卡尔梅修道院神秘主义者。

不论是外部强加的，还是影响到内在形成意识的训练，也不论是主动接受还是由权威强加的。训练是一种压抑，被训练者对其愿望受到极大限制强烈不满。但他必须做出牺牲，并且不可避免会被激发起反抗意识。这不仅是美国心理学家们的见解，也是父母在家庭中抚养下一代的哲学。正因为如此，心理学家们的分析对我们的社会来说确实有许多真理。孩子们到时候都"必须睡觉"，从双亲的态度上他就能懂得这是一种自我压抑。在无数家庭里，孩子们每天晚上都要吵闹一番，以此来表示自己的不满。他已是一个经过训练的美国儿童，虽然知道人"必须"睡觉，却仍要反抗一番。他的母亲还规定他"必须"吃的东西，有燕麦粥、菠菜、面包或橘子汁等，但美国孩子却学会反对那些"必须"的东西：他认定，凡是"对身体好"的食品就一定不好吃。这种现象在日本是绝对没有的，在欧洲某些国家，例如希腊也是看不到的。在美国，长大成人就意味着摆脱食物上的压抑。作为成人，他可以吃美味的食物，而不用再吃对身体"有益"的东西了。

但与西方人关于自我牺牲的整体概念比，这些有关睡眠和食物的事情都是琐碎小事。西方人的标准信条是：父母要为孩子做出很大牺牲，妻子要为丈夫牺牲其事业，丈夫牺牲自己的自由换取一家生计。对美国人来说，一个社会可以不需要自我牺牲简直不可思议，但实际上这种社会存在着。在这种社会里，人们都认为，父母亲会自然疼爱孩子，妇女们喜欢婚姻生活胜于其他，肩负一家生计的人是在从事他所喜爱的工作，比如当猎人或花工。为什么要提到自我牺牲呢？社会强调了要这样解释，人们也同意按照这样的解释生活，自我牺牲的概念也就无人接受。

那些被美国人看作是为他人做出"牺牲"的事，在其他文化中被看作是交换。或者被看作是一种投资，是需要在将来获取回报的；要不就是对以前得到过的他人恩惠的等价回报。在一些文化中，甚至父子关系也是如此。父亲因为在早年照顾过儿子，儿子因此需要在父亲晚年或去世后加以回报。任何一件事之间的关系都是一种民间契约，它的核心通常是对等，庇护与服务构成义务的两面。只要这种关系是建立在双方得利的基础上，就不会有人觉得自己是做出了牺牲。

在日本，为他人服务背后的强制力当然也是相互的，既要求对等，也要求在等级制下彼此承担相应责任。通过这种自我牺牲得到的地位跟美国社会完全不同。日本人对基督教传教士关于自我牺牲的说教特别抵触。他们极力主张，有道德的人不应把为他人服务看作是对自己的压抑。有位日本人对我说："当我们做你们称之为自我牺牲的事时，我们觉得是自愿的，或者认为那样做是对的。我们不会为此感到遗憾。不管实际上我们为别人做了多大牺牲，我们也绝不会认为这是为了提高我们的精神境界，或者认为应当为此得到回报。"像日本人那样把缜密细致的相互义务关系当作社会生活的核心，当然不会发现这里面还有什么"自我牺牲"存在。他们要求自己履行极端义务，而传统的关于相互义务的强制力，则阻碍他们持有"自我怜悯"和"自以为是"的情感，而这种情感是强调个人主义的社会很容易出现的。

美国人要想理解日本社会自我修炼的一般习惯，就必须对美国的"自我训练"（self-discipline）概念施行外科手术，把附生在文化概念上的"自我牺牲"（self-sacrifice）和"压抑"（frustration）之类赘生物切除。在日本，一个人要成为出色的运动员就要进行自我修炼，就像打桥牌，他完全不会意识到这是"牺牲"。当然训练是艰苦的，但这是事物的本性。新生婴儿虽然"幸福"，却没有能力"体验人生"。只有经过精神训练（或者"自我修炼"）才能生活得充实，并且获得"体验人生"的能力。这种说法通常被译作"只有这样才能享受人生的乐趣"（only so can he enjoy life）。通过特殊修炼能培养丹田之气（自制力之所在），从而使人生更加广阔。

在日本，需要培养"能力"的自我修炼，他们的理由是这样能改善人驾驭生活的能力。他们说，人们在修炼的初期可能感到难以忍受，但这种感觉很快就会消失，因为一个人最终会享受到其中的乐趣，否则就会放弃修炼。在日本，学徒要在事业上充分发挥作用，少年要学习"柔道"，新媳妇要学会适应婆婆的要求。在训练的最初阶段，那些不适应新要求的人想逃避也是可以理解的。他们的父亲就会教导他们说："你希望的是什么？要体会人生，就必须要接受训练；如果放弃修养，你今后一定不会快乐。如果因此遭到社会的非议，我是不会袒护你的。"他们常用的说法是，修炼就是磨掉"身上的锈"，它会使人变成一把锋利的刀。

日本人如此强调自我修炼有利于自己，并不意味着他们的道德戒律所要求的极端行为是不导致严重压抑的，也不意味着这种压抑不会导致攻击性冲动。对这样的差别，美国人在游戏和体育活动中是能理解这种区别的。桥牌冠军绝不会抱怨为了打好牌而做出的那些自我牺牲，绝不会把为了成为专家而花费的时间看成是一种"压抑"。尽管如此，医生们还是说当一个人在下大赌注或争夺冠军时，注意力高度集中会导致胃溃疡及身体过度紧张。日本人也不例外。不过，由于相互义务观念的强制力以及人们坚信自我修炼于己有利，使得日本人容易接受许多美国人难以容忍的行为。他们远比美国人更加注意其所能胜任的行为，而不像美国人那样为自己找借口。他们也不像我们那样经常把对生活的不满归咎于他人，他们更不会因为没有得到美国人的所谓平均幸福（average happiness）而沉湎于自怜。他们被训练得比美国人更加注意自己"身上的锈"。

"圆满"是培养"能力"达到的更高一层境界。日本作家有关这类修养技巧的书是西方人了解这种修养的主要途径，但却很难由此真正懂得。而研究这个问题的西方专家又往往对它不太重视。有时候，他们称之为"怪癖"。一位法国学者在其著作中说他们完全是"无视常识"，并说最讲究修养的教派——禅宗是"严肃的荒谬之集大成者"。但日本人通过这种技巧所想要达到的目标，却并非是难以理解的，探讨这个问题有助于我们了解日本人的精神控制术。

在日语中，有一系列用来描述自我修炼达到"圆满"精神境界的词语。这些词汇有的适用于演员，有的适用于宗教信徒，有的适用于剑客，有的适用于演说家，有的适用于画家和茶道宗师。一般来说，它们大体上含义都是相同的。我仅举"无我"一词为例，这是在上流社会流行的禅宗用语。不管它是世俗的经验还是宗教的经验，它所表达的"圆满"境界的体验，是指在意志与行动间"毫无破绽，浑然天成"。犹如电流从阳极直接导入阴极。没有达到"圆满"境界的人，在意志与行动之间则仿佛有一块绝缘的屏障。日本人把这个称作"观我""妨我"。经过特别训练消除了这种障碍后，"圆满"者就完全意识不到"我正在做什么"。就像电流在电路中自由流动一样，无须费力。这种境界就是"一点"（one-pointed）[①]。行为与内心所描写的形象完全一致。

---

① "一点"是铃木大拙所著的《禅宗概论》一书中的用语。据作者自己解释，这个词是从梵语的《楞伽经》里"ekagra"一词翻译过来的，所表示的是"主客不分"，心神集中到一点的状态。佛教一般称之为"一缘""一心"。

即使最普通的日本人也要努力达到这种"圆满"境界。英国研究佛教的权威查尔斯·艾利奥特爵士（Sir Charles Eliot）在谈到他的一位女学生时说：

"她到东京一个著名传教士那里，说希望成为基督徒。传教士问她为什么，她说想坐飞机。于是传教士就让她说说坐飞机与基督教有什么联系，她说，坐飞机要有一颗非常镇定、遇事不乱的心，而这只有经过宗教训练才能获得。她认为基督教可能是最好的宗教，因此前来求教。"[①]

除了把基督教和飞机联系起来，日本人还能把"镇定、遇事沉着"跟应付考试、演讲、政治生涯联系到一起。在他们看来，培养"一点"，也就是集中、专注的能力，对从事任何事业都有好处。

许多文明都拥有这类训练，但日本人的训练目标与技巧显然具有很强的独特性。更加有趣的是，日本的很多修炼技巧来自印度的瑜伽教派。日本的自我催眠、全神贯注、控制感官的技巧至今仍显示出与印度修行方法的继承关系。都同样重视"空灵（排除杂念）""体静（身体静止）"，以及成千上万遍反复诵念同一句话，专注于某一选定目标。甚至一些印度的术语在日本也被使用。但除了这些表面上的共同点，日本的修炼术与印度的几乎没有相同之处。

瑜伽教派在印度是一个极端禁欲苦行的教派，它认为这是一种从轮回中获得解脱的方法。除了解脱（"涅槃"）外，人别无其他脱出轮回的办法，而获得解脱主要的障碍是欲望。人的欲望只有通过忍受饥饿、忍受羞辱、自虐才能消除。通过这些手段，人就可以脱俗入圣，获得灵性，达到神人合一境界。瑜伽是一种摒弃世俗肉欲世界，逃脱无边苦海的方法，同时又是一种掌控性灵能力的方法。修炼越是残酷，就越是能缩短到达目标的过程。

这种哲学在日本很难存在。尽管日本是一个佛教大国，但轮回和涅槃思想从没成为过日本人佛教信仰的一部分。虽然这种教义被少数僧侣所接受，但从未对民间思想习俗产生过影响。在日本，没有把鸟兽鱼虫看作是人的转世而不准杀生的现象，葬礼和出生庆典也没受轮回思想的影响。轮回不是日本的思维模式，涅槃也不是。不仅一般民众对它一无所知，僧侣们也对它进行加工改造使之适应日

---

① Eliot, Sir Charles, 《日本的佛教》。

本社会。有学问的僧侣断言，顿"悟"之人即已达到涅槃；即在此时此地，在松树和野鸟中都能"见到涅槃"。日本人从来都不会对死后的世界有任何兴趣。他们的神话都是讲关于神的故事，而从不讲死人的故事。他们甚至拒绝佛教关于人死后因果报应的思想。日本人认为，不管什么人，甚至身份最低的农民，死后都能成佛，日本人供在佛龛中的家属灵位就称作"佛"。没有第二个佛教国家这样使用这个术语。对一般死者用如此大胆的尊称，完全可以由此得出，这样的民族是不可能追求涅槃这样艰难的目标的。既然一个人怎样都能成佛，那也就没有必要终生忍受肉体的痛苦，去达到某个绝对静止的目标了。

在日本，也没有关于肉体与精神相排斥的理念。瑜伽是一种消除欲望的方法，欲望寄生于肉体。然而日本却没有这种教义，认为"人情"（烦恼）并非魔鬼。他们认为感官享受是生活智慧的一部分，唯一的条件就是必须为人生重大义务做出牺牲。在日本人对待瑜伽修行上，这一信条已在逻辑上扩展到了极端：不仅一切自虐苦行被排除，而且这个教派在日本也不是禁欲主义的。他们的"悟者"虽然被称为"隐士"并过着隐遁的生活，但一般仍与妻子同住并过着安逸的生活。娶妻生子与超凡入圣没有一丝半点矛盾。在日本，佛教最通俗流行的教派①的僧侣是可以娶妻生子的。日本人从不轻易接受灵肉不相容的说教。顿"悟"者是得自于自我冥想修行和质朴的生活，而不在于衣衫褴褛、禁绝声色犬马。日本的圣者整天吟诗作对、品茶对饮、观花赏月。现在的禅宗甚至要求其信徒尽量避免衣、食不足和眠不足这"三不足"。

瑜伽哲学的最终信条是神秘主义，认同可以把修行者引入忘我的天人合一境界。这种信条不存在于日本。无论是原始部族的民众、伊斯兰教的阿訇、印度的瑜伽修行者还是中世纪的基督徒，虽然其信仰各异，但奉行神秘主义的修行者都异口同声坚称自己体验到了"人世所没有的"快乐，达到了"天人合一"。日本虽然也有神秘主义修行方法，但却没有神秘主义哲学。他们也懂得如何入定，但他们不把它称作"超凡入神"的途径，而是看作修炼"一点"的方法。神秘主义者说，入定时五官会停止活动；禅宗的信众们却认为入定能使"六官"达到极其

---

① 指的是净土宗。源自中国。

灵敏的状态。通过训练第六官，可以使其支配平常的五官，五感要接受特殊的训练才能入定。禅宗修行者有一项练习是倾听足音来准确跟踪足迹的；或者在三昧境界中仍能辨别诱人的美味。嗅、视、听、触、味都是"辅助第六器官的"，人要在这种境界中学会使"各器官变得非常灵敏"。

对于任何重视超感经验的教派来说，这都是非同寻常的。即使在入定时，参禅者也不会游荡于自身外，而是像尼采（Nietzsche）描述的古代希腊人那样"保持原状，保留名分"。许多日本佛法大师都有对这种现象的生动描述。而最精彩的当属高僧道元，他在 13 世纪创立了曹洞宗①，至今仍是禅宗中最有影响力的教派。谈到自己顿悟的经验（satori）时他说："我只知道眼睛是横在鼻子上的……（在禅的体验里）没有什么神秘的。就像时间的流逝，太阳的东升，月亮的西沉。"②在那些禅学的著作里，也不认为"入定"除了培养自我的修养外，还能获得别的什么。一位日本佛教徒写道："瑜伽认为通过冥想可以获得超自然能力，但是禅宗不采纳这种荒谬的说法。"③

这样一来，印度瑜伽派的理论基础就被日本人彻底抹杀了。日本人喜爱对事物进行限定，这让人联想到古希腊人。他们把瑜伽理解为追求自我完善的一种修炼方法；理解为求得圆满，让人的精神跟自己的行为之间消除偏差的手段。这是一种完全依靠自我的修炼，回报是当下的，使得人们能有效应对所面临的任何局面，轻重恰到好处；它能让人控制自我，远离躁动，无论遇到怎样的外部危险或者内心的不安，都能不动如山。

这种训练对僧侣和武士都有益处。准确地说，武士正是把禅宗当作了自己的信仰。在任何其他地方，你都很难发现会像日本人这样，用神秘主义的修行法来训练武士的单兵作战能力，而不是用来追求神秘主义的体验。在日本，从禅宗开始发生影响时起就一直是这样。12 世纪日本禅宗的开山鼻祖荣西为自己的巨著就取名为《兴禅护国论》，而且禅宗还训练了武士、政治家、剑术家和大学生，从

---

① 曹洞宗：禅宗五家之一，唐朝良介在今天的江西宜丰洞山首创，其弟子本寂在今天的江西宜黄曹山发扬光大，因此被称为曹洞宗。13 世纪由来华学习的日本僧人道元带回日本。本山在日本福井吉田郡永平寺、横滨鹤见区总持寺。

② 引自忽滑谷快天《武士的宗教》一书。

③ 同上。

而完成自己的世俗目标。正如查尔斯·艾利奥特爵士所说，中国的禅宗没有任何迹象会使人想到，禅宗传到日本后会成为军事训练的手段。"禅宗和茶道、能乐一样，完全日本化了。可以设想在12、13世纪那个动乱的年代，这种主张内心直接体验而不是从经典中寻求真理的冥想、有着神秘的教义的教派，会在逃避尘世苦难的寺庙里流行，但很难想到它会被武士阶层接受，并作为生活准则，但实际情况正是这样。"

在日本，很多的宗教教派，包括佛教和道教都特别强调冥想，强调自我催眠和入定这类神秘修行法。其中有些教派把这种训练的成果看成是神的恩宠的具体体现，其哲学基础是建立在"他力"，即外部力量也就是神的帮助上。而有些教派，则强调"自力"，主张自力更生，自己帮助自己。禅宗是其代表者。他们教导人们，人的潜力只存在于自身，只有靠自己的努力才能发掘出来。日本武士们发现这种教义符合他们的性格，无论作为僧侣，作为政治家还是教育家——他们都从事这类修炼——都以禅宗的修行来加强自己的朴素的个人主义。禅宗的教义简单明了："禅所求者，唯在己身可发现光明，不容许任何阻碍。除尔途中一切孽障……遇佛杀佛，逢祖灭祖，遇圣屠圣，唯此一途，可以得救。"[1]

人们探索真理，不能依靠间接的体验，无论是佛祖教导、祖宗经典还是神学都是一样。"三乘十二因缘说都是废纸。[2]"研究它虽不能说毫无益处，却不能使灵光闪现。而唯有灵光闪现才能使人顿悟。在一本禅语对答的书中记载了弟子求禅僧讲《法华经》的事迹。[3]禅僧讲得头头是道，弟子却失望地说："我还以为禅僧蔑视经典、理论和逻辑体系呢！"禅僧回答说："禅并不是一无所知，禅只是相信真知在一切经典、文献之外。你并不是来求知的，你不过是来求解佛经罢了。"[4]

禅师传授的传统修炼方法，目的是引导弟子通过寻找到"真知"从而达到顿

---

① 引自 E.Steinilber-Oberlin，《日本的佛教教派》一书。
② 三乘十二因缘即：三乘，佛教称人有三种根器，因此有三种修持途径，并将此比作乘坐三种车，所以称为"三乘"，曰声闻乘、缘觉乘、菩萨乘；十二因缘又叫十二缘起。是佛教三世轮回的基本理论。包括了无明、行、识、名色、六入、触、受、爱、取、有、生、老死。
③ 全称《妙法莲华经》。
④ 引自 E.Steinilber-Oberlin，《日本的佛教教派》一书。

悟。这样的修炼既有身体的，也有精神的，目的都只有一个，那就是最后能在内心意识得到确认。其中剑术家的修禅是最好的例证。剑术家必须经常练习基本的击剑技术，但这仅仅是属于"技能"范畴，还必须要能做到"忘我"。一开始他会被要求全神贯注于自己脚下站立的那几平方英寸的地板。接下去站立的地方会逐渐被抬高，直到最后站立的是 4 英尺高的一根柱子，到训练的人能感觉到跟站在庭院中一样自如为止。一旦能在这根柱子上随心所欲站立了，他也就能够达到顿悟。他已经能随心所欲，不再会摇晃跌落。

这种站柱术是将人们熟知的西欧中世纪圣西蒙（Saint Simeon）派[①]的立柱苦行术加以改造，使之成为一种有目的的自我修炼法。但它不再是苦行。无论是修禅还是农村中的许多风俗习惯，各种身体训练都经过这种改造。潜入冰水和站在山泉瀑布下这类苦行修炼在世界上许多地方都存在。有的是为了锻炼身体，有的是为了祈求上苍的怜悯，有的则是为了进入恍惚获得奇异体验。日本人最喜欢在天亮前站或坐在冰凉刺骨的瀑布中，或在冬夜用冰水洗澡三次，但目的是锻炼自我意识，直到觉不出痛苦。求道者的目的是训练自己能不受外界干扰。当他意识不到水的冰冷，在寒冷的清晨身体也不颤抖时，他就"圆满"了。除此以外，并不企图寻求任何别的回报。

精神训练也必须适当。你可以请教老师，但老师也不会对你进行西方意义上的"指导"，因为你从自身以外学到的不可能是有用的东西。老师可以和弟子讨论，却不会温和地引导弟子使之能抵达智慧的新境界。老师越是粗暴，就会认为越是对弟子的帮助大。当老师突然打掉弟子送到嘴边的茶杯，或者把弟子摔倒，或者用铜如意敲打弟子的指关节时，在这种冲击下，弟子就会像触电般顿悟。[②]因为这打掉了他的自满。在僧侣们的那些言行录中这类故事比比皆是。

"公案"是为使弟子开悟而最常用的方法，字面意思就是"问题"，据说有 1700 多个。禅僧逸话中说，有人为解决一件公案竟费时七年之久。"公案"的目的并不是要得到合理的答案。比如"设想孤掌独鸣"、或者"缅思未生儿时

[①]　圣西蒙（Saint Simeon），　公元 3 世纪时的基督教修行僧，生于今叙利亚北部。传说他在一个柱子上生活、传道了 30 年。柱子最初为 6 英尺高，后逐渐升高到了 60 英尺。
[②]　来自我国禅宗的"棒喝"。传说最初始于德山宜鉴、临济义玄，也就是所谓的"德山棒，临济喝"。

母"①、"背负尸体而行者为谁？"、"朝我而来者何人？"、"万法（万物）归一，一又何归？"等等。12、13世纪前这类公案在中国曾经流行过，后被日本在引进禅宗的同时引入。但公案在中国早已消失，在日本却发扬光大，成了获得"圆满"的一种重要的修炼手段。禅宗的入门书就很重视公案。他们说"公案里包含了人生的困境所在"，说思考公案就像是"被赶入绝境的老鼠"，要不就是"像吞下烧热了的铁球"的人或"想叮咬铁块的蚊子"②。当他忘我地努力后，横亘在心灵与公案间的"观我"就被除掉，宛若一道闪电照亮了心灵与公案，使二者合而为一。这就是"顿悟"。

这些有关精神的高度紧张状态的描述，在读过后你如果再从这些文字中寻求他们耗尽精力所发现的伟大真理，你也许会感到失望。例如，南岳③花了八年时间思索"朝我而来者何人也"，最后，他明白了。他的结论是："说此地有一物，旋即失之矣，即使此地有物，也随即失去。"但禅语的启示也有一定的模式，以下数句问答可以说明：

僧问："怎样才能避免生死轮回？"

师曰："谁使你受到束缚（即谁把你绑在轮回上）？"

这一问一答的意思是说，他们学习所用的方式就像中国一句谚语说的那样，是"骑驴找驴"。他们要学的"不是渔网和陷阱，而是那些工具想要捕捉的鱼和兽"。借用西方的术语说就是，他们学的是二难推理，跟题旨没有关系。目的只是使人顿悟，也就是开天眼，现有的手段就能达到目的。一切皆有可能，没必要去借助外力，反求诸己就行。

公案的意义不在于这些真理追求者所发现的真理（这些真理是跟全世界的神秘主义者的真理一样的），而在于日本人如何探索真理。

公案被称作"敲门砖"。"门"就装在未顿悟的人性外的围墙上，这种人性担心现存手段是否够用，总是幻想有许多人盯着自己并准备进行褒贬。这堵墙就是日本人感受深切的"耻感（haji）"。一旦把门敲开，人就进入自由的天地，

---

① 指父母没有生出我之前的本来面目。

② 禅书上写作"铁牛"。

③ 南岳，禅宗六祖大鉴慧能禅师的法嗣，金州人。唐玄宗天宝三年圆寂，谥号大禅法师。其门徒为临济、沩仰两宗。"朝我而来者何人"的中文原文为："怎么来物是谁？"

砖就会被弃之一旁，也不用再去解答什么公案了。功课修完了，日本人的道德困境也解脱了。他们拼命钻牛角尖，"为修炼"而变成了"咬铁牛的蚊子"。直到最后，才发现死角根本就没有存在过。在"义务"与"情义"，"情义"与"人情"以及"正义"与"情义"之间都不存在死角。他们发现了一条出路并且获得了自由。他们首次充分"体验"人生，达到了"无我"境界。他们的"修炼"成功实现了"圆满"的目标。

　　禅宗的权威铃木（大拙）把"无我"解释为"无为意识的三昧境界"[1]，"不着力，无用心"，"观我"被根除了，人"失我"，也就是指自己不再是自身行为的观察者。铃木说，"随着意识的觉醒，意志就一分为二：行事者和观察者。两者之间的冲突不可避免，因为，行事者（真我）要求摆脱（观我者）束缚。"而当"悟"时，弟子发现，既无"观我者"，也无"作为不知或不可知之量的灵体"[2]，只有目标及实现目标的行为，其他的都不存在。研究人类行为的学者如果变换一下表述方式，就能更具体地指出日本文化的特性。就好比一个小孩，受到严格训练去观察自己的行为，注意别人的评论并据此判断自己的行为。这样作为观我者他很容易受伤害。一旦进入灵魂的三昧境界，他就根除了这个易受伤害的自我。他不再会去意识到"他在有所为"。这时，他就觉得自己的心性修炼成功了，就跟那个可以站在四英尺高的柱子上的剑术家一样，随心所欲。

　　画家、诗人、演说家和武士都通过这种训练来求得"无我"。他们学到的并不是"无限"，而是对有限美的明晰，是排除外界的干扰。或者是学会通过调整手段与目标，用适当的努力达到适当的目的。

　　即使没经过训练的人也可能有一种"无我"的体验。在欣赏能乐和歌舞伎时，一个人陶醉于剧情中，也可以说是忘我了。他手心出汗，他感觉这是"无我的汗"。轰炸机飞行员在接近目标投弹前，也会渗出"无我之汗"。"他意识不到自己在做"，他的意识中没有了观我。当高射炮手全神贯注瞄准时，他消失在周围的世界里，同样会渗出"无我的汗"，并失去了"观我"。凡是身处此种状态的人，以及其他一些类似的例子，都达到了最高境界。这是日本人的观点。

---

① 铃木大拙：《禅宗论集》。
② 转引自 Sir Charles Eliot 的《日本的佛教》一书。

上述论说雄辩地证明了日本人把自我监督变成了沉重的负担。他们说，一旦这种牵制消失，就感到自由并且很有效率。美国人把"观我"与理性原则当作一回事，并以能临危不惧，"机智灵活"而自豪。日本人却要靠进入灵魂三昧，摆脱自我监视的束缚，才有去除颈上之枷的感觉。这让我们看到了，日本文化反复向自己的心灵深处灌注谨慎；但日本人却不承认这点，他们极力辩解说：当内心的压力消弭了，人的意识就会进入有效的状态。

日本人用来表达这种信条的最极端的方式（至少在西方人看来是这样）就是他们高度赞赏"像死人一样活着"的人。如果照字面翻译成西方语言，就应该是"活死尸"，在西方任何语言中，这句话所表达的都是招人厌恶。当我们这样说的时候，通常是指一个人的自我已经死去，在人世只空留一具躯体。日本人讲"就像死了一样活着"则是说这个人已达到了"圆满"境界。他们常把这句话用于鼓励。在鼓励为中学考试而苦恼的少年时，他们会说："就当你已经死了，这样就很容易通过考试了。"鼓励进行重要商业交易的人时也是如此，他的朋友会说："就当死了。"当一个人陷入严重心理危机，看不到希望时，也常以"权且当已死"的决心去生活。战败后被选为参议院议员的基督教领袖贺川丰彦在他的自传体小说中写道："像被恶鬼缠身的人一样，每天他都躲在房间里哭泣。他那爆发性的抽泣已接近歇斯底里。苦苦挣扎了一个半月，最终他的生命取得了胜利……我要我的身躯带着死的勇气活下去……他就当是死了一样投入战斗……他决心要当一个基督徒。"[1]战争期间，日本士兵喜欢这样说："我决心就当自己死了，以谢皇恩。"这句话包含着一系列的行为，如在出征前为自己举行葬礼；发誓把自己的身体"变成硫磺岛上的一抔土"，决心"与缅甸的鲜花一起凋零"等。

以"无我"作为基础的哲学也指向于"就当死了那样活着"。在这种状态中人就能忘掉自我监视，忘掉恐惧和警惕。他已经成为死人了，也就是说不需再为恰当的行为而费思量。死者是不用再报"恩"的。因此，"我就当死了地那样活着"这句话意味着摆脱一切冲突，意味着"我的精力和注意力不受任何束缚，

---

① 贺川丰彦：《天亮之前》。

可以勇往直前地实现目标。观我及其一切恐惧已不再阻隔在我和目标之间。过去在我奋力追求时，一直困扰我的紧张和消沉也随之消失。现在我能够为所欲为了"。

按照西方人的说法，日本人在"无我"和"就当已死"的状态中排除了意识。他们的"观我""扰我"是判断一个人行为的标准。这生动指明了西方人与东方人之间的心理差异。我们讲到一个没有良心（意识）的美国人是指他在作恶时没有罪恶感。但按照日本人的哲学，在人的内心深处存在着善，要是内心的冲动能直接转化为行动，那么一个人就能本能地践行德，因此才需要修炼，以达到"圆满"，从而消除监视着自我的"羞耻感"。只有达到这种境界，才能阻挡"第六感"的障碍，从自我意识和矛盾冲突中彻底解脱。

如果脱离日本人在他们的文化中的个人生活经验来考察他们的哲学，他们的哲学就会成为不解之谜。就像前面我所说的，那种被归纳为"观我"的"羞耻感"，对日本人来说是沉重的压力。要想弄清他们的哲学以及那些控制精神的手段，不分析他们养育后代的方式是很难做到的。在任何文化中，道德的规范都是代代相传的，不仅仅通过语言，更是通过长者对晚辈的态度传承。作为局外人，想要理解一个国家的人们的生活方式以及生活里的重大事件，不研究这个国家如何养育他们的后代，那就不可能做到。到目前为止，我们一直都是在描述日本人成人的人生观。当我们进一步了解了他们养育后代的方式，我们对这种人生观就能有一个更透彻的了解。

第十二章　儿童教育

"……但除此之外，他们所想要的更多，不仅仅是情感的满足，更有家族血缘的延续，而且这一点相当重要……"

日本的育儿方式，是喜欢思考的西方人很难想象的。在美国，父母训练孩子为适应社会生活做准备，很少会像日本的父母那样要求孩子们谨小慎微，而且还会在一开始就告诉孩子，他们并非独一无二的，更不是世界的中心。我们把婴儿吃奶与睡眠的时间划分得很严格。在规定的时间没有到来前，无论婴儿怎样哭闹，我们都会让他等待。当婴儿开始吮吸手指，或是触摸自己身体其他部位时，母亲会通过比如敲打婴儿的手指等方式加以制止。母亲不会时刻都在婴儿身旁，在母亲外出时，婴儿会被留在家中。如果婴儿在长到一定大小的时候，拒绝放弃奶水吃其他食物的话，也会强制断奶。如果是用奶瓶喂养的话，就会拿走奶瓶。那些有益于健康的食物，孩子必须要吃。孩子如果违反规定，就会遭到惩罚。对于日本人的育儿方式，美国人会想当然认为，他们的幼儿一定受到了比美国还严格的训练，理由是日本人长大后都很克制，善于隐藏自己的欲望，为人处世也都小心翼翼，严格遵守道德规则。

其实这是误解，日本人的做法完全不是想象那样的。如果把人生看作是一条曲线，那么美国人的那条曲线刚好跟日本人的相反。日本人的生命曲线是一个很大的浅底的 U 型。他们对婴儿和老人格外宽容，允许他们自由放任。但随着婴儿期的过去，各种限制就开始相继出现，到结婚前，个人的自由就会降至谷底。而这种谷底会贯穿整个壮年期，要持续几十年之久，然后才开始逐渐上升。六十岁后日本人就又可以像婴幼儿一样不再为羞耻与名誉纠缠了。而在美国，这条曲线是倒过来的，在婴幼儿时期曲线处在低处，随着孩子逐渐长大，各种限制也自然放松起来。等他找到工作能够独立了，有了自己的家庭，那时就几乎不再受他人的限制和约束。美国人根本不可能想象自己要向日本人那样来安排人生，在我们看来，这种人生是不自然的。

但无论美国人还是日本人的人生曲线，其走向都在事实上确保了每个人在成年后，能尽可能参与社会。在美国，是依靠增加成年时期的个人自由来确保这种参与；而在日本，则是依靠对个人的最大限度约束来达到目的。尽管一个人在这个时期无论是身体还是心智，都是最强的，但他们还是无法控制自己的生活。因为他们相信，约束是最好的精神训练（修养），能产生自由所无法产生的效果。不过尽管日本人在其壮年期创造力受到了限制，但却并非终生如此，在他们的幼年和老年时期，他们获得了足够宽广的"自由园地"。

娇宠孩子的民族都渴望拥有孩子。日本人也不例外。他们希望有孩子首先是因为孩子能带给他们快乐，这一点跟美国人没有区别。但除此之外，他们所想要的更多，不仅仅是情感的满足，更有家族血缘的延续，而且这一点相当重要，一旦血缘得不到延续，那么对他们来说就是人生最大的失败。美国人并不在意这一点。在日本，每个男性都要生养儿子，原因是香火的继承，死后自己的墓前有人祭拜，是生物上的传宗接代，并保持家族的荣誉与财产。社会的传统要求父亲需要儿子，这跟幼儿需要父亲一样。儿子自然会取代父亲，但这不是抛弃，而是为了让父亲安心。在很多年里，父亲还会继续管理着"家务"，之后儿子才能接班。父亲的意义就在于将家庭传递给儿子，否则就失去了意义。这种延续性的意识非常坚固，使得日本人依靠父亲不像西方人觉得是一件丢人的事，是非常有失体面的。即使是对父亲的依赖延续时间比美国长很多，日本人也会觉得心安理得。

日本女人想生个儿子不仅是因为情感需要，同时也是因为只有当了母亲后才有地位。一个没有子嗣的女人在家庭中是没有稳固地位的。她无论如何也没有希望成为婆婆，对儿女的婚姻毫无发言权。而男人可以领养后代，从而达到延续家系的目的，但按照规定，这样的结果跟不能生养的女性没有关系，她一样还是失败者。在日本，妇女希望自己能更多地生养。20世纪前半段，日本的出生率达到了 31.7‰，甚至比东欧那些传统上多子女的国家还高。1940 年美国的出生率是 17.6‰。通常日本的女性都很早开始生育，多数是在 19 岁时。

在日本，分娩与性交一样是属于隐秘的事情。分娩时妇女不能大声喊叫，以免被人听到。由于日本人认为新生儿如果没有新的被褥和小床，会不吉利，所以她们都会提前准备。那些家境贫寒的家庭，买不起新的，也会把旧的洗干净，重新制作一遍成为"新"的。一般来说，婴儿的被褥不会像大人睡的那样僵硬沉重。据说婴儿在自己的床上会睡得更香甜。但实际上在她们内心里，让婴儿单独睡的理由是来自一种"感应巫术"，这种传统的巫术认知认为，新人必须要睡"新"床。另外，婴儿的床虽然紧挨着母亲的床，但要一直等到婴儿长大后，懂得提出跟母亲一起睡的要求了，才能跟母亲一起睡。他们说这也许要等到一岁后婴儿知道伸出手提出要求时。只有到那时，母亲才能搂着孩子睡。

日本人认为母亲头三天是无法分泌出真正的乳汁的，因此婴儿出生后的头三天是不能为他哺乳的。到了三天后，婴儿就可以随时叼着母亲的乳头，或者吃奶，或者玩耍。做母亲的也以给孩子喂奶为乐事，因为他们相信，为孩子哺乳是女人最大的生理快乐之一，同时婴儿也能感受到母亲的这种快感。乳房提供的不仅仅是营养，也有喜悦与快乐。在出生后的头一个月里，婴儿不是放在小床上睡觉，就是被母亲抱在怀里。三十天后，婴儿会被抱去参拜当地的神社。参拜后才会认为生命是真正扎根在了婴儿的身体里，否则是不能随便带出去的。一个月后婴儿会被背在母亲背上，用一根双重的带子系住孩子的腋下和臀部，挂在母亲肩头，在腰前打一个结。天冷的时候，母亲会用外衣包裹起孩子。一般日本家庭里大一点的孩子——无论男孩女孩——也都要背婴儿，甚至在玩耍时也要背在背上。那些农民家庭以及那些贫困的家庭，大多数是由大孩子照看婴儿。这样一来，"由于日本的婴儿是在人群中生长，很快就会显得聪明伶俐，看上去也是在玩着背着自己的哥哥姐姐玩的游戏。"[1]日本的婴儿被四肢伸展绑在他人的背上，这种方式跟太平洋诸岛以及别的一些地方用披肩包裹婴儿的方式类似。在这些民族里，大多是把婴儿看作是缺乏主动性的。用这种方式养育的婴儿，在他们长大

---

[1]　Bacon, Alice Mabel,《日本的女人和女孩》。

后能随时随地，不讲究姿势地安睡。日本人正是这样的。不过日本人背婴儿的方式跟那种用披肩或者包袱包裹住婴儿的方式有所不同，按日本人的方式，婴儿并非完全被动。"在他人的背上，婴儿会像小猫那样搂着背自己的人……把他们绑在背上的带子是牢固的，但婴儿……会自己找到最舒适的姿势；要不了多长时间，就会找到一种最舒服的姿势趴在他人背上，而不仅仅只是被动地被人绑在肩上的包袱里。"①

母亲工作的时候就把婴儿放在他自己的宝宝床上，当要上街外出时就把婴儿背在自己的肩上。母亲会边走边跟婴儿讲话，自己哼着小曲，教婴儿学着跟别人礼貌地打招呼。如果她自己向别人还礼，也会晃着婴儿的头和小手向别人致意。总之，养小孩是要费很多心思的。每天下午，母亲都要带着婴儿一起洗热水澡，然后抱在膝上逗玩。

三四个月大的婴儿都要用尿布，但尿布布质非常粗厚。因而日本人常抱怨说他们的罗圈腿是尿布造成的。再大一点，母亲就会教小孩自己大便与尿尿：估计好时间，把婴儿带到屋外，用手托着婴儿，吹响单调的口哨催促婴儿。婴儿也能明白这一听觉刺激的目的。人们公认中国的小孩和日本的小孩很早就学会了自己便溺。如果婴儿尿床了，有时母亲就会拧婴儿的屁股，但更多情况是训斥一下，把那些记性不是太好的婴儿反复带到户外学习。要是出现便秘，会给孩子灌肠，要不就给孩子服用泻药。这样做的理由是为了让孩子舒服。在学会自己大小便后，就不用再带着那种不舒服的尿布了。日本的婴儿也一定不会觉得带着尿布很舒服，不仅仅是因为尿布又粗又厚，而且还因为每当尿布尿湿了，没有换尿布的习惯。而婴儿还太小，当然不懂得撒尿和尿布间的关系。他们只知道这是每天不能逃避的任务。而且母亲在让小孩撒尿时，都会尽量让婴儿的身体离得远点，抱紧点。这种看上去无情的训练，很好地为婴儿长大后服从日本文化里的繁文缛节提供了先期准备。②

日本的婴儿通常都是先学会说话，后学会走路。人们不鼓励爬。传统的习惯是婴儿不满周岁是不能站立或走路的。以前所有的母亲都不准自己的小孩在未满

---

① Bacon, Alice Mabel, 《日本的女人和女孩》。
② Geoffrey Gorer 在《日本文化的主题》一书中强调了日本人训练孩子便溺的效用。

周岁时走路，近十几年来，由于一份官方名叫《母亲手帐》的刊物大力宣传母亲应鼓励婴儿早学走路，这才逐渐被接受。学走路时，母亲在婴儿腋下系根带子，或者用手扶着婴儿。但婴儿还是想早点学会说话。当婴儿开始能发出简单的单词时，大人逗婴儿讲话时的话语，就开始起到教导的效果。他们并不是让婴儿从偶尔的模仿中学习说话，而是从单词开始，然后是语法、敬语，而且婴儿和大人一样喜欢这样。

日本的小孩在学会走路后，就会干出些恶作剧来。他们会用手指去捅破窗户纸，在屋内乱跑然后掉到地板中间的火炉里等等。而大人们对此十分不满意，认为室内也到处潜藏着危险，最明显的就是"门槛"。门槛对孩子成了违禁品，因为日本的房屋没有地下室结构，房屋是靠梁柱支撑在地面上的，他们认为踩了门槛会导致整座房屋变形甚至坍塌。除此之外，孩子还不许在两张榻榻米之间踩踏坐卧。榻榻米的尺寸是固定的，一般日本的房间按照榻榻米的多少被称为"三铺席"或"十二铺席"。大人们经常给孩子讲这类故事，说是在古代，武士会从铺席下面用剑从连接处刺杀他人。只有那种很厚很软的铺席是安全的，铺席连接处则是危险的。母亲们经常会用"危险"跟"不行"来阻止幼儿，这里面就包含着这种情感。还有一个词也比较多被使用，那就是"脏"。日本的孩子从小就受到重视整洁的教育，而且日本的家庭以整洁著称。

在下一个孩子出生前，日本的孩子是不会断奶的。近来政府才在《母亲手帐》杂志上刊登文章，提倡最好在八个月后给孩子断奶。这种倡议被很多中产阶级的母亲所接受，但在日本要形成社会风俗还需要时日。哺乳被看作是符合日本人情感需求的。他们认为那是做母亲最大的快乐。开始采用新办法的人，也是把缩短哺乳期看作是母亲为孩子做出的一种牺牲。她们赞同新的方法，也认可"长期哺乳对孩子身体发育不好"，同时批评那些不愿意给孩子断奶的母亲是在放纵自己，缺乏自制力。对于那些不愿意给孩子断奶的人，会这样说："她说没法让孩子断奶，根本不是那回事。""那是因为她自己下不了决心。""她就是想要孩子一直吃自己的奶。""她那是为了自己的快乐。"正是因为这种态度，八个月后断奶很难在日本社会普及。另外还有一个原因，那就是日本人没有给刚断奶的孩子吃特殊食物的习惯。断奶后的孩子应该先喂他们一段时间的稀粥，但在日本则大多数是从吃奶一下子转为吃成人的固体食物。同时，日本人的食物里不包括牛奶。并且他们也不给孩子准备特殊的蔬菜。在此情形下，当然就会有人怀疑政府所倡导的不要长期给孩子哺乳是否是正确的了。

在婴儿能够听懂大人说话后就可以断奶。在此之前，母亲应该在一家人吃饭时抱着婴儿坐在餐桌前，给婴儿喂一点食物。断奶后婴儿吃的食物会增加。这时候，要是有些孩子还是继续吃母乳的话，喂养就会成为问题。对那些因为下一个孩子的出生而不得不断奶的孩子，这很容易理解。母亲会经常喂点零食，让孩子忘掉母乳。有时候做母亲的会在乳头上抹上一点胡椒粉。不过几乎所有的母亲都会嘲笑说吃奶就不是好娃娃。她们会说："看你表弟，他才是大人。可他的年纪跟你一样小，他都不吃奶了。""看，那个孩子在看你笑话呢。你都当哥哥了还吃奶。"那些两三岁甚至四岁大的孩子要是还玩妈妈的乳头，遇到大点的孩子走近就会赶忙放开，装出一副无辜的样子。

不仅是为了断奶，用这种方法督促孩子成长是很常见的。当孩子开始能听懂话后，这样的讥笑方法每一个场合都能见到。比如在男孩子哭鼻子时，做妈妈的就会说"你又不是女孩子""你是个男孩子！"等等。要不就说："看啦，那个小孩就不哭。"在有客人带着小孩来串门时，做妈妈的会当着自己孩子的面，亲客人的孩子，同时会说："我要这个小宝宝，我就喜欢这样聪明的娃娃，不像你，都长这么大了还淘气。"一般这种时候，孩子都会很快跑到妈妈身边，一边用拳头打妈妈，一边哭着说："我不喜欢，我不喜欢！不要这个宝宝，我听妈妈的话。"而当一两岁的孩子不听话吵闹时，做妈妈的就会对男客人说："请带走他吧，我们已经不想要他了。"客人这时也会配合，并尝试着要把孩子带走。于是孩子就像疯了一样，哭着喊着要妈妈救救他。母亲看到差不多达到了效果，就和颜悦色地把孩子带到自己跟前，并要求仍在抽泣的孩子发誓，今后再也不调皮捣蛋了。当然，对五六岁的孩子有时也会用这种小小的滑稽剧。

还有别的一些类似的嘲弄孩子的方式。比如母亲会当着孩子的面走到孩子父亲跟前说："我不爱你，我爱你爸爸，因为你爸爸比你好。"这时，孩子就会产生嫉妒，一个劲要把父亲和母亲分开。然后母亲会说："你爸爸又不像你，他从来不在家里乱喊乱叫，也不乱跑"。这时候孩子会马上说："你撒谎，我才不是这样的，我不乱喊乱叫，也不乱跑。我是个好孩子。你为什么不喜欢我？"玩笑开得差不多时，父母就会相视而笑。无论是针对男孩还是女孩，他们都会采用这类方法。

小时候的这种经历对养成日本人害怕被嘲笑与轻视，起到了很大作用。很难确定幼儿要多大才能理解这种嘲弄其实是在跟他开玩笑，不过他早晚会懂得的。但即使是懂得了，这种害怕被嘲弄并因此失去安全感的恐惧，已经深深植入到他们的经验中。这种经验会在他们长大后一直影响着他们的心理。

这样的嘲弄之所以能在二至五岁大小的小孩的心理上造成恐惧，主要是因为家庭是孩子安全感的主要来源。父母双方无论是在体能还是情感上，都有着明确分工，在孩子面前，父母双方很少以竞争者的面目出现。母亲或者祖母通常承担着家务和教育孩子的工作。她们都会恭敬地对待孩子的父亲，并表现出崇拜。在家庭等级制中，家庭成员各自的地位十分明确。孩子很早就能懂得，家中的年长者拥有一定的特权，男性拥有女性所没有的的权利，兄长拥有弟弟所没有的特权。不过幼儿都会得到家庭所有人的宠爱，尤其是男孩子。而这其中母亲总是第一个满足孩子愿望的人。一个三岁的男孩可以对母亲或者祖母发泄自己的不满和愤怒，但他对父亲则不能这样。当然也不是所有男孩都脾气暴躁。只是无论是在上流家庭，还是在乡村家庭中，三到六岁的男孩脾气暴躁几乎是通病。小孩经常会用拳头捶打自己的母亲，冲母亲哭闹，行为极度粗暴不讲理，他们会弄乱母亲的发髻。潜在的原因就是母亲是女人，而他自己是男人。男孩有时甚至以这种粗暴和无端攻击为乐。

而孩子对父亲则只能表示出尊敬。因为男孩清楚地知道，在等级上父亲要高于自己。用日本人常说的话来说，就是"为了训练"，孩子必须对父亲表示应有的尊敬。在孩子的教育上，日本的父亲比所有西方民族的父亲承担的任务都要少。家庭中教育孩子的工作基本上由女性承担。在对孩子有所要求时，做父亲的通常只会用眼神示意，最多说几句训诫的话。通常情况下类似的情形很少见到，并且孩子大多会马上屈服于父亲。在工作之余，日本的父亲也会为孩子制作些玩具，孩子在学会走路后，做父亲的也会偶尔抱一抱他们，或者是背起来来回走动（母亲当然会抱）。在这个年龄段，日本的父亲经常会参与一些教育儿童的工作，而在美国则全都交给了做母亲的。

虽然祖父母是受到孩子尊敬的对象，但孩子可以在他们面前撒娇。一般来说祖父母不参与孩子的教育，尽管他们有权利提出自己的看法，甚至亲自承担教养的工作，但这样的结果总会导致很多的矛盾出现。做祖母的会成天守着孩子。要知道在日本，婆婆跟媳妇争夺孩子的事是经常发生的。对于孩子自己来说，这种争夺能让自己获得更多的宠爱，从祖母的立场来看，她能利用孙子要挟儿媳。在日本，年轻的母亲需要获取婆婆的欢心，这甚至成了她终生的义务。因此，在孩子的问题上，无论祖父母如何娇宠孩子，做母亲的都很难提出异议。经常会看到这样的情形，当做妈妈的说不能给孩子糖果吃时，做祖母的却立刻给了孩子糖果，并且还会带着恶意说："奶奶给的点心又没有毒。"在很多家庭里，祖母能给孩子的东西是母亲没法给的，同时祖母也有更多时间陪孩子玩耍。

日本家长都会要求哥哥和姐姐宠爱弟妹。当自己的妈妈生下另一个孩子后，日本的小孩往往会强烈害怕被"剥夺"。感到这种威胁的孩子很容易联想到自己曾经从母亲那里得到的关爱，母亲的乳汁，母亲的床榻，这些现在全都要被新出现的婴儿占有。在新的孩子出生前，母亲通常都会对孩子说："现在，你会有一个活的娃娃，而不是'假'宝宝。以后你就不能跟妈妈一起睡，而是要跟爸爸睡了。"而且会不知不觉把这表述成一种特权。对为新生婴儿做的各种准备，最开始孩子会很感兴趣。在新的婴儿刚出生时，孩子会显示出真诚的好奇与喜悦，但很快就会消失，因为这一切都是在预期中的，所以不会为此特别难受。那些感觉到失去宠爱的孩子常常会想要把新的婴儿抱走。他会为此对妈妈说："这宝宝送给别人吧。"但母亲会回答："这可不行，这是我们家的宝宝呢！大家都喜欢他。你也要爱宝宝，要帮助妈妈照看小宝宝，好不好？"这样的情景有时会持续很长一段时间，对此做母亲的似乎也不是很在意。那些多子女的家庭会很自然做出调整。孩子们会按照年龄大小秩序，相互结为伙伴，比如老大会更多照顾老三，而老二会更多在意老四。在弟妹之间大约也是这样一个间隔的秩序。要一直到七八岁，这种秩序里的性别特点都很模糊。

日本的孩子都有玩具。父母亲、亲戚朋友们都会送孩子们布娃娃或其他玩具作为礼物，有的是自己做，有的是买的。穷人们通常都是自己亲手制作。布娃娃和其他玩具是幼儿游戏的主要道具，会被用来玩过家家、扮新娘、过节日等游戏。他们在开始游戏时会先争辩大人是怎么做的。要是争论不下，就会找母亲做仲裁。当孩子们之间发生了争吵，母亲会对他们说："大人大量。"以此规劝孩子学习忍让。最常被使用的话是"吃亏者占大便宜"，这句话的意思是：你先把玩具给弟弟妹妹，等会他就会不想玩了，那时候还是你的。母亲这么讲，三岁大的小孩很快就明白了。在玩主仆游戏时，母亲也是让年龄大点的小孩当仆人，说这样大家都高兴，大点的小孩自己也能得到乐趣。在日本人生活中，即使是成年人也对这种"退一步海阔天空"的原则非常认可。

除了训诫与嘲弄，日本人在教育孩子时还经常使用转移孩子注意力的方式。例如利用糖果来这样做。他们会根据孩子的年龄不断改变方法，用来"治疗"孩子身上的毛病。有些孩子好动，脾气暴躁，为此母亲会把孩子带去神社或者寺庙，"求神治疗一下孩子"。这样的情形多半跟一次郊游一样是愉快的。那些神官或者僧侣会跟孩子很严肃地交谈，询问孩子的生日以及别的一些问题。然后他们退回到后屋去祈祷，再回来宣布孩子的毛病已经治愈。有些时候他们会宣布淘气的孩子肚子里有蛔虫，于是就开始施行被除仪式。这种方法日本人认为短时间内有效，自然也被认为是"良药"。有一种治疗方式是把一种盛满干粉的小型圆锥形容器放在小孩的皮肤上，点火燃烧，被称为"灸"。灸后会在孩子皮肤上留下一生都不会消失的疤痕。艾灸在东亚地区是一种流行的古老治疗方法。日本也有这种传统，被用来治疗各种疾病，同时也被用来治疗孩子的脾气暴躁以及倔强。一般六七岁大的孩子都是由他们的祖母和母亲施行这种治疗。有些还会第二次施行，但很少会有第三次。艾灸跟美国人对孩子说的"你这样干，小心我揍你"不同，不是一种惩罚。但艾灸时是很痛苦的，痛苦的程度甚至要超过体罚，于是经受过的孩子会懂得，自己要是淘气就会受到这样的惩罚。

除了这些对付调皮孩子的方法外，还有很多习惯的方法用来训练孩子的基本身体技能。在日本强调教师手把手教孩子如何做动作，小孩则要老老实实地学。两岁前，父亲就教小孩如何用正确的姿势盘腿端坐，小孩两腿盘起来时，腿的背面要贴着地板。刚开始孩子很难做到不向后倒。端坐的时候身子要直，不能乱晃。日本人说，掌握端坐的诀窍就是全身放松，要处在被动状态下。这种被动性依靠父亲用手压住孩子的腿摆正姿势来获得。父亲会亲自帮小孩纠正腿的姿势，而小孩则完全处于一种被动状态即可。小孩不仅要学坐，还要学睡。日本妇女非常重视睡觉的姿势是否优美，其重要程度超过美国妇女在乎自己被人看到裸体。而日本人并不以公开裸浴为羞，只是后来日本政府为了赢得外国政府的认可，才对内宣布裸浴是陋习，必须加以制止。在日本，男人怎么睡都没关系，而妇女则必须双脚并拢，正面朝上睡。这也是最早的男女有别的规则之一。和其他所有规则一样，上层社会比下层社会更加严格遵守。杉本夫人出生于一个武士家庭，在她回忆自己从小受的教养时说："自我记事时起，我晚上总是小心地静静躺在小小的木枕上……武士的女儿不论在什么场合都应该从容镇定、身心不乱，即使在睡觉时也是如此。男孩子睡觉可以四肢叉开，呈'大'字形，手足乱放。但女孩子睡觉必须规规矩矩，身体曲成"き"字形。这表达的是一种'自制'精神。"① 日本妇女告诉我，晚上睡觉时，母亲或奶妈会督促她们把手脚都放规矩。

孩子学习传统书法时，老师也是手把着手教。目的是让孩子"体会感受"。在孩子还不会写字甚至还不认字前，老师就会让他们去体会那种张弛有度，一板一眼的运笔方法。在日本近代学校大班的教学过程中，类似的教学方法已经不像以前那样常见，但仍然还是存在。行礼、用箸、射箭乃至用枕头代替婴儿学习背婴儿，老师都是手把手地教孩子应如何做才是正确姿势。

除了上等人家外，日本的小孩子学前都跟左邻右舍的小孩们一起自由玩耍。在农村，孩子们不满三岁就开始有自己小的游戏圈。在乡镇和城市里，他们甚至还在行人拥挤、车辆来去的街头自由嬉戏。在日本，孩子们是"特权阶层"。他们可以在商铺周边随意转，偷听大人们说话，玩踢石子和橡皮球的游戏。他们还一起跑到村社去玩耍嬉戏，而据说神祇也会保护他们。学前的最后两三年里，男孩会跟女孩在一起玩耍，但大多数还是同性之间结成伙伴，尤其是同龄孩子之间最容易形成团体。这种同龄团体在农村很可能会持续一生，这样的持续性有时远超过别的团体。在须惠村，上年纪的人"随着性兴趣的减退，同龄人在一起的集

---

① Sugimoto, Etsu Inagaki, A Daughter of the Samurai, Doubleday Page and Company. 杉本钺子：《武士的女儿》。

会就成了生活中真正的乐趣所在。在须惠村人们常说："同龄比老婆更亲。'"①

　　学龄前的儿童在一起玩时无拘无束。他们在一起玩的很多游戏在西方人看来，简直就是一些下流的事情。由于大人们谈话时不太注意，也由于日本家庭居室狭窄，孩子们已经懂得了一些很浅显的性知识。而且，母亲在给孩子洗澡时也常常拨弄孩子的生殖器，尤其是男孩子的阴茎。只要能注意场合和对象，日本人一般不会对小孩的性游戏加以责备。手淫也不认为是危险的事。小孩伙伴之间可以随意相互揭短（大人们则不行，对大人们这是羞辱），相互炫耀（大人要是相互炫耀就会造成羞耻）。对此日本人会微笑着告诉你："小孩是不知道羞耻的。"并且还会进一步补充说："他们这样才会觉得快乐"。跟对待孩子不同，如果说成年人"不知羞耻"的话，那就是在辱骂这个人。

　　孩子们喜欢相互攀比家庭情况和财产状况，他们还特别喜欢炫耀自己的父亲。比如"我爸爸比你爸爸有本事""我爸爸比你爸爸聪明"，甚至会比谁的父亲更会打架。所有的这些，在美国人看来都是不值一提的。而在日本，孩子们关注的东西与社会上大人经常说的是完全不同的。大人会称自己家是"敝宅"，邻居的家为"府上"；称自己的家庭为"寒舍"，邻居的家庭为"贵府"。日本人也承认，在幼儿期的数年时间里，也就是从游伴的形成到小学三年级这段时间，大概在九岁之前，孩子们是强烈的个人主义者，以自己为中心。孩子们会说这样的话："我是主君，你是家臣。""不行，我不当家臣，我要当主君。"他们会炫耀自己贬低伙伴。总之，这个年龄段的孩子童言无忌。但随着年龄的增长，他们就会明白这些话是不可以随便说的了，于是就会变得不再随意开口，只是等着他人询问，更不会自我炫耀。

　　孩子们是在家庭里学会对待神灵的态度的。那些神官和僧侣不会就此"教"他们什么。日本的孩子有组织地接触宗教是在民族节日或者祭日上，他们会跟其他参拜者一起接受神官的祓灾水。有一些孩子会被带去参加佛教的仪式，那也多半是在特殊的祭日里。而以家庭佛坛和神龛为中心的家庭祭祀，是孩子最初宗教体验的主要来源。尤其是供奉着祖先牌位的佛坛，那里会供奉着鲜花和香火，

---

① Embree, John F.，约翰·恩布里：《须惠村》。

还有特殊的树枝，当然还会有供品。由家中的长者向祖先告祭家中发生的大小事情，每天都要跪拜。天黑前佛坛前会燃起油灯。日本人会说，正因为家中的这种告祭，才使得他们不愿离家在外。一般情况下神龛是一个简易的棚架，供奉着从伊势神宫请来的神符等，也可以放置各种供品。厨房还有被熏黑了的灶神，窗户上还有墙上到处贴着护符，用来保一家平安。因为有着慈悲的众神保佑，村里的神殿也是安全的地方。母亲们很愿意让自己的孩子去神殿玩，孩子们的经验中没有对神的害怕一说，也没必要揣摩神的意图。众神受人拜祭，并赐福给人们。但它们不是当权者。

男孩要到二、三年级才开始接受训练，开始逐渐纳入到成人谨慎的生活模式中去。在此之前，孩子们要学习控制自己的身体。如果太淘气，就会想法分散他的注意力，并"治疗"他的淘气。人们会和蔼地对他提出劝诫，有时会采取嘲笑的方式。但他仍然可以由着性子来，有时甚至可以对他的母亲动武。男孩的自我中心受到了助长，一直到上学后也不会有多大变化。在三年级前是男女同校。在学校里，无论是男教师还是女教师，对孩子的态度都很好，能跟孩子们平等相处。但家庭也好，学校也好，都会经常督促孩子们不要让自己陷入尴尬境地。尽管在孩子还小的时候他们很难意识到"羞耻"是什么，但却教导他们不要使自己陷入"难堪"境地。在那个"狼来了"的很流行的故事里，就讲述了一个男孩用叫喊"狼来了"捉弄人们。这个故事就是告诫孩子不要撒谎，因为撒谎会让人们失去对自己的信任。"如果你愚弄他人，人们就不会相信你。那样你就会很难堪。"很多日本人都说，当他们做错事后，最先嘲笑他们的是同伴而不是老师或家长。的确如此，在这个年龄段，家中的长辈是不会嘲笑自己的孩子的，他们是逐渐把受人嘲笑和必须根据"对社会的情义"生活这样的道德教育结合起来。到了六岁左右，孩子就会受到有关忠义以及献身精神的教育，这种教育主要以故事的形式提倡人的义务（也就是上文引用过的儿童读本中义犬报恩一类的故事），这时候一系列的约束才开始出现。长辈会对孩子说："你不应该这样下去，这样人们会耻笑你的。"规则因时因事而异，大多数规则都跟我们所说的礼节有关。这些规则要求人的个人意志服从于逐渐扩大的人际关系领域，包括对家庭、邻居、国家的义务。一个人必须要学会自我抑制，必须要清楚地意识到自己所承担的"债务"，并逐渐处于欠恩还债的地位，要想还清这种恩情债务，就必须要谨慎地为人处世。

孩子的角色之所以会发生这样的变化，主要是因为在成长过程中，人们逐渐不再对他使用戏谑调侃的方式交流，取而代之以严肃的方式。到八九岁时，孩子会感受到家人真正的排斥与打击。如果老师向家里报告说他不听话或有什么不好的举动，比如操行分不及格，家里人就会不理睬他。如果店主人说小孩很淘气，那家里人就会觉得他是"辱没了门风"，因而全家都会批评他。我就认识两个还不到十岁的日本小孩曾被父亲两度逐出家门，他们因为觉得羞耻，也不敢去亲戚家。在学校老师也处罚他们。当时，这两个人只好待在外边的窝棚里，后来被母亲发现了才通过调解让他们回家。小学的高年级孩子有时被关在家里"闭门思过"，他们还必须认真写悔过的日记。总之，家里人都会把这种小孩看作是"问题少年"，在很多问题上都不支持他，整个社会也都批评他。因为他违背了"对社会的情义"，因而也别指望得到家庭的支持，也不可能指望得到同龄人的理解。要想得到同学们的亲近，他必须首先认错并保证下不为例。

杰佛里·格拉曾说："值得大书特书的是，上述约束从社会学角度来看，到了极端的程度。在存在大家族和宗派集团活动的绝大多数社会，当集团成员受到其他集团成员的非难与攻击时，这个集团会团结一致袒护自己的成员。只要他继续得到集团的认可，在必要时或者在遭到攻击时，他完全可以希望从集团那里得到支持，从而有胆量与集团外的任何人对抗。而在日本情况则恰恰相反。也就是说，日本人只有得到其他集团的承认，才有可能得到本集团的支持。如果外部批评指责他，那本集团也会反对、惩罚他，除非他能使其他集团改变对他的看法。由于这种机制的存在，日本与其他社会最大的不同就是'外部世界'的重要性，比起任何社会都要大。"①

在这段年龄前，女孩和男孩的教育本质上没有差别，只是存在一些细枝末节的不同。女孩从小在家里受的约束要比男孩多一些。家务活也承担得多一些，虽然男孩子有时也看护婴儿，但这种工作主要是由女孩来做。在准备礼物和关怀

---

① 引自杰佛里·格拉（Geoffrey Gorer）的《日本人的性格结构》。

上，女孩比较容易被忽略。而且，她们不能像男孩子那样发脾气。但和亚洲其他国家的女孩比起来，日本女孩子算是自由的。她们可以穿鲜红的衣服，可以和男孩子们一样在外面玩耍吵闹，并且还常常不服输。在幼儿期，女孩也没有羞耻感。只有到了六岁至九岁阶段，她们才逐渐开始懂得自己作为女孩的社会责任，但基本上跟男孩差不多。九岁后，日本就开始男女分班，男孩逐渐建立起新的男性团体。这时候男孩子开始排斥女孩，很害怕被人看见自己跟女孩说话，母亲们也会开始告诫女孩不要跟男孩来往。很多人说这个年龄段的少女容易忧郁，不喜欢外出，难以教育。在日本，这被看作是"童欢"的结束。女孩的幼年期就是这样在男孩的排挤中终结的。那之后的很多年，她们都受到"自重再自重"的训诫。这样的训诫会一直持续到她们生命的终结，不管是订婚前还是结婚后。

在懂得了"自重"与"对社会的情义"后，男孩还不能说就已经算是懂得了日本男人的全部义务。日本人自己说："男孩从十岁开始学习'对社会的情义'。"其含义当然是"憎恶受辱"。他还需要学会怎样的情况下可以直接攻击对方，怎样的情况下只能采用间接的方式为自己洗刷污名。我并不认为这是在要求孩子学会在遭到羞辱时去攻击。男孩很小就学会了对母亲粗暴，学会了跟同龄人争辩打斗，完全没有必要到了十岁后再度学习怎样攻击对手。我认为仅仅是"对名誉的情义"这一规则要求十几岁的少年要把自己的行为纳入到社会公认的模式里去，并提出了受到认可的特定处理方式。正如前面讲到过的，日本人经常会把攻击的对象从外部转移到自己。他们的学童也不例外。

日本的六年制小学毕业后需要继续升学的学生（大概占总人数15%，男生占的比例较高）即刻就进入激烈的中学升学考试中。竞争几乎涉及每个考生和每个科目，这些少年也开始承担"对名誉的情义"的责任。对这种竞争他们并没有多少经验，因为不论是在小学还是在家里，都是尽量把竞争降到最低程度。突如其来的竞争性考试，由于是全新的体验，其竞争激烈程度令人担忧。在意名次的先后，怀疑竞争的不公正等等。然而，日本人在回忆时谈的最多的却不是这种激烈的竞争，而是他们进了中学后受到的高年级学生的欺辱。在日本，高年级学生对低年级学生的欺辱是很常见的。那些高年级的学生会强迫低年级的学生做一些有辱人格的事。低年级学生对此耿耿于怀。在日本，男孩是不会把这类行为看作是玩笑的。当一个男孩子被迫在高年级学生面前像狗一样四脚爬行时，他会咬牙切齿记恨在心，并图谋报复。由于不能立即报复，因而就会更加怀恨。他们认为这是事关"名誉"的大事，是有关道德的大问题。也许几年后，这位受到了羞辱的男孩会利用家庭势力，把羞辱自己的人从职位上拉下来；或者刻苦练习剑术或柔道，待毕业后在大庭广众当众羞辱对方。总之，仇一日不报，他们就会觉得"心事未了"。这正是日本人崇尚复仇的一个很重要的原因。

在军队的训练中，那些没有机会升入中学的少年也会获得类似的体验。在日本，每四个青年有一个会被征入伍。在训练中，那些两年兵欺辱新兵的严重程度，远非中学高年级对低年级学生的欺辱可比。对此现象军官通常都会睁只眼闭只眼，士官除了特殊情况也很少会干预。日本军队的军规有一条就是，向军官申诉是丢脸的事。通常情况下，争执都是在士兵之间自行解决。日本军队的军官认为这是"锻炼"军队的一种方式，但自己不会参与。那些两年兵用尽所有方法欺辱一年新兵，几乎是在把前一年自己受到的欺辱全部发泄到新兵们的身上，以此来显示自己受的"锻炼"水准。据说征集兵在接受了这样的军队教育后，往往会变成不折不扣的"穷兵黩武的国家主义者"。然而这不是因为他们接受了极权主义的国家理论，也不是因为他们被灌输了效忠天皇的教育，而是因为他们得到了刻骨铭心的屈辱教训。那些在家中受到日本式教养，并对"自尊"极度敏感的日本青年，一旦陷入类似的环境下，就很容易变得非常野蛮。他们无法忍受屈辱，会把这类折磨看作是排斥，因此也让他们自己变成以折磨他人为乐的人。

近代日本中学和军队中上述事态之所以会呈现出这类特性，很多是来自日本古老的嘲笑与羞辱的传统习俗。对这类习俗的回应，也不是由中学和军队创造出来的。日本由于有"对名誉的情义"的传统规范，嘲弄与折磨人的行为比起美国的类似行为就更加让人难以忍受。尽管受到嘲弄的团体会在某个时候同样去嘲弄另一个团体，但这并不能阻止受到过侮辱的少年千方百计要对侮辱自己的人施行报复，因为这种行为符合日本社会传统的模式。找替罪羊来发泄积怨，在西方很多国家属于一种习俗，但在日本却不是这样。例如在波兰，如果一个新学徒或一个年轻的收割手遭到别人的嘲弄，他不是向嘲弄者泄恨，而是对自己的徒弟或其他新的收割手发泄。当然，有些日本少年也是用这种方法来消除怨恨，但更多的少年会选择直接复仇。只有在和虐待自己的人有个了断后，他才会"感到痛快"。

在战后重建工作中，真正关心日本前途的领导者，应该对战前日本学校和军队这类戏弄、侮辱青少年的习俗给予特别关注。提倡"团结精神"，鼓励人们重视"同校关系"，尽量杜绝以大欺小、以高压低的陋习。在军队中，尽管老兵应当对新兵的训练给予严格的帮助，但必须杜绝对新兵的虐待。这一点可以借鉴一下日本军队的各级军官之间的关系，严格要求是正确的，但嘲弄、虐待则是侮辱。对那些发生在学校以及军队中的，高年级生和老兵逼迫低年级生和新兵诸如模仿狗摇尾、蝉鸣等，或者吃饭时"立大顶"之类的行为，一定要严惩。这样的改变如果能成为现实，对日本的重新教育将会比否定天皇的神性，以及从教科书中删除国家主义内容更为有效。

在日本，年轻女孩子一般不需要学习"对名誉的情义"之类的规则，也没有男性青少年在学校跟军队训练中的那种严酷体验。相对于男性她们的生活要平稳很多。她们从一懂事开始学到的就是：男性为主，无论是礼品还是关怀，她们都没有享有的权利。对于她们来说，需要遵从的原则是不允许公开要求自己的权利。但她们在幼儿时期一样享受过日本幼儿的特权生活。当女孩子还是幼女时，可以穿鲜艳的衣服，但在长大成人后，人们不再允许她们这样穿了，要一直等到第二个特权期也就是六十岁后。在家里，她们也能跟兄弟们一样，经常受到关系紧张的母亲和祖母双方的宠爱。另外，如果一个女孩有弟妹的话，弟妹总是会渴望得到姐姐的爱，就像渴望家里其他人的爱一样。弟妹总是想要跟姐姐一起睡，表示亲切。并且她通常都会把从祖母那里得到的礼物跟两岁以下的弟妹分享。日本人不喜欢单独睡觉。在夜里，幼小的孩子有权紧挨着比自己年长的人睡。人们都这样说，"你是我最亲的人"的证据，就是挨着睡。女孩子到了九岁或者十岁，就会被男孩子从自己的群体中排斥出去，但能从其他方面得到一定的补偿。她们可以炫耀自己新的发型。十四岁到十八岁的日本姑娘的发型是最讲究的。那个年龄的女孩子们可以穿丝绸衣服了，而以前她们只能穿棉布的。这时，家里也会千方百计打扮她们，让她们看上去更漂亮。这样一来，女孩子也得到了一定程度的满足。

社会对女孩子有各种约束，这种约束在日本是一项义务，需要女孩子们自己承担，父母完全不需要加以强制。对女孩，家长的权利并不是通过体罚，而是通过平静而坚决的期待来体现。社会和家庭都希望女孩子按照规则生活。下面我将以一个极端的例子，来展现一下女孩所受到的那种不是很严厉、看上去有些特权，却有着一种看不见的权威性压力的教养的特点。前文引用过的那位杉本女士说自己从六岁时起，就专门由一位博学的儒者教授汉文经典：

"在两个小时的授课时间里，老师除了双手和嘴唇外纹丝不动。我端坐在老师面前的榻榻米上，同样纹丝不动。有一次正在上课，我不知什么地方不太合适，稍微挪动了一下身子，屈起的双膝稍微有点偏移，老师的脸上立刻露出不满的神色。他合上书，慢条斯理然而很严肃地说：'姑娘，你今天的心情显然不适合学习，你先回房好好反思一下吧。'我幼小的心灵感到了羞愧，无地自容，但又毫无办法。我先向孔子的像行礼，再向老师行礼道歉，然后毕恭毕敬退出书房。我小心翼翼来到父亲跟前，跟平时下课后一样向父亲做汇报。爸爸非常吃惊，因为下课时间没到。他看上去很随意地问我：'今天你的功课学得真快呀！'听到这句话，我仿佛像听到了丧钟。时至今日，每当想起这事我的心都会隐约作痛。"

杉本夫人在另一个地方对她祖母的描述，很好地说明了日本父母对待子女的态度：

"祖母安详和蔼，她希望每个人都按照她的想法去做。尽管听不到她的呵斥与争辩，但祖母的希望却像真丝一样柔软而坚韧，使她那个小家族朝着她认定的方向前进。"

这种"像真丝一样柔软而坚韧"的"希望"之所以能收到如此好的效果，其中一个主要原因就是，每一种工艺，每一项技术的训练方式都非常明确。从这种教养中女孩学到的不是规则而是习惯。例如幼儿正确使用筷子，进入房间的姿态，还有成年后所学的茶道与按摩等等，无一不是在长辈手把手下反复练习，直到娴熟后形成习惯的结果。长辈们从不认为小孩子能"自然而然学到"正确的习惯。在书中，杉本夫人描写了自己十四岁订婚后，是怎样学习伺候未来丈夫用餐的。她未来的丈夫在美国，而她自己则在国内的越后，那之前他们从未见过面。

她在母亲和祖母的监督下，反反复复亲自下厨做几样据哥哥说是松雄（未来丈夫）特别喜爱的食品。"我想象他就坐在我身边，我为他夹菜，不停劝他吃。我就是这样学习关心未来丈夫，学习如何让他快乐的。祖母和母亲也总是假装松雄就在眼前似的问这问那。我对自己的服饰还有动作格外注意，就像是丈夫就在跟前。就是这样，我学会了尊重丈夫，尊重作为妻子的地位。"

对男孩子的要求尽管不像对女孩子那么严格，但也需要通过一系列的实例和模仿来接受习惯训练。一旦"学了"这些习惯后，就不能违反。青年期后，他就得靠自己的主动性去进入生活中一个很重要的领域。在男欢女爱上长辈们是不会教他们的，日本家庭禁止任何公开的性行为，并且从八到九岁开始，没有亲属关系的男女孩是不能同席的。在日本，最理想的情况是双亲在男孩开始对性有兴趣前，就为他订下亲。因此，男孩在接触到女孩时，最好的表现是"害羞"。在乡村，人们经常会用这个话题来调侃男孩子，使他们表现出"害羞"的神情来。但男孩仍然有办法学到性爱的相关知识。从古至今，即使是在最偏僻的农村，有许多姑娘，有时甚至还是大多数，都会未婚先孕。这种婚前性行为在日本社会属于较自由的一个领域，不属于大事的范围，而且父母在谈婚论嫁时也对这些事不在乎。但是今天，就像须惠村一位日本人对恩布里博士讲的那样，甚至连女佣都受到教育，要保持婚前的贞洁。在日本的中学，也严禁异性之间的交往。为了防止两性婚前的性行为，日本的教育部门以及舆论都通过各种方法宣传与切实加以管理。在日本的电影里，那些对年轻女性不加检点表示亲昵的青年男子会被当作是"坏青年"，而那些像对可爱的少女表现出在美国人眼里是冷酷甚至粗野的青年，则被当作是"好青年"。日本人认为对女性表示亲昵就等于"放荡"，或者是追逐艺妓、娼妓、咖啡馆女郎的人。

当然，去艺妓馆是学习调情的最好办法，因为"艺妓会做示范，男人只需在一旁悠闲地观看"。他们不用在意自己是不是笨手笨脚，也不可能指望能跟艺妓发生性关系。不过到艺妓馆去的日本男青年并不多，多数青年是到咖啡馆去看其他男人如何接近女人，但这种观察与他们在其他领域所受的训练不一样。在相当长的一段时间内，男孩们都会担心自己笨手笨脚。性是他们在现实生活中为数极少的不能得到年长者亲自指导的领域。有声望的家庭会在年轻夫妇结婚时送给他们一本《枕草子》①和一些绘有各种姿态的画卷。正如一位日本人所说："看书就可以学。这就好比庭园布置，父亲并不会教导如何布置一个日本式的庭园，但当你大后一样能养成这种嗜好。"在日本，性行为和园艺被看作是可以通过阅读学会的，这很有趣，尽管大多数日本青年是通过别的途径学会性行为的。但无论如何，这方面他们不靠长辈指导。这使得日本的青年深信，性属于一个特殊领域，是跟人生大事不相关的，不需要在长辈的指导下严格训练。尽管他会表现得不安，感到迷惑，但性却是一个能通过自己的努力掌握的东西。男性在结婚后就可以无所顾忌地在外面享受性爱的快乐，对此妻子没有干涉的权利，也不至于影响到家庭的安定。

但作为妻子，女性则没有这样的权利。对女性来说，她们的义务就是保持对丈夫的忠贞。即使是偷情，那也是暗地里进行的，在日本，妇女很少被人发现私情。人们常常把那些精神紧张或心绪不宁的妇女说成是"歇斯底里"。"妇女最常遇到的困难不是社会生活，而是性生活，很多被认为精神不正常，以及那些歇斯底里（神经过敏、心神不宁）的女性患者，其实是缺乏性生活的协调。在日本妇女只能指望丈夫根据他的意愿来满足性的需求。"须惠村的农民们说，大多数妇女病都"始于子宫"，然后殃及大脑。丈夫如果只迷恋其他女人的话，妻子也会求助于日本人公认的手淫传统。下至农村上至大户人家，妇女们都秘藏有这种用于性事的传统器具。在农村，妇女如果有了小孩，她们就可以相当随便谈论性。在做母亲前，她们是不能开半点涉及性的玩笑的，而当做了母亲后，随着年龄增长，这种玩笑就成了男女混杂聚会时的家常便饭。她们会合着下流小曲的节拍扭腰摆臀，毫无顾忌地跳色情舞，"这种余兴必定会引起哄堂大笑"。在须惠村，士兵服役期满回乡时，村里的人都会跑到村外去迎接。这时，妇女们就会女扮男装，互开下流玩笑，假装要强奸年轻姑娘。

就此而言，日本妇女在性上有一些自由。出身越是卑微，这种自由的空间就越大。她们一生要遵从许多禁忌，但绝不包括男女之事。在满足男人性欲时，她们是淫荡的；同时，当男人提出性要求时，她们又是克制的。女人到了成熟年

---

① 日本古代一本随笔，成书于 11 世纪后，主要描写宫廷生活。

龄，就会抛开禁忌，如果出身卑微，她的淫荡会不逊色于男人。日本人对女性品行端正的标准是要因年龄、场合的不同而不同，并不要求一成不变。这一点与西方不同，日本人不会简单把女性区分为"贞洁"与"放荡"。

男人们也是有时放纵有时节制谨慎的，这也要根据场合而定。男人的最大乐趣就是跟伙伴们一起喝酒，如果有艺妓陪坐那就更好。日本人饮酒没有节制的习惯，他们喜欢喝醉的感觉。平时的那种拘谨刻板，通常在几杯酒下肚后就没有了，相互间的距离也消失了，变得亲密无间。喝醉了的人除了极少数"很难相处的人"会吵闹外，很少见到粗暴行为。对日本男人来说，除了在饮酒这样一个"自由领域"，不能在任何别的场合做出让人讨厌的事来。一个人在生活中如果被指责为讨厌的家伙，是仅次于被骂作"马鹿"（混蛋）的。

西方人所描述的日本人性格的矛盾，都能从他们的幼年教育里找到依据。正是这种教育，才使得日本人的人生观具有了两面性。在幼年时期，日本人过的是一种无拘无束的生活，享有很多成年后所没有的特权，之后在他们接受各种严格训练时，都不会忘记那段"不知羞耻"的岁月。对他们来说，天堂不在未来，而是在他们经历过的那段生活中。在描述自己的童年生活时，他们经常使用的一个术语就是人性本善，众神慈悲，以及做一个日本人是光荣的。这使得他们很容易把自己的道德观建立在一个极端的立场上，即人人皆佛。他们也为此而自负、顽固，这也是日本人干任何事时，都不考虑自己的能力是否所及的原因所在，是他们敢于坚持己见，不惜反对政府以死力争，从而证明自己的正确的原因。但很多时候，这样的过于自信往往使得他们陷入集体性的狂妄中去。

六七岁后，一股强大的压力开始要求他们"谨言慎行"和"知耻"。如果犯了错，家庭就会给予巨大压力。这种压力尽管不是普鲁士式的，却更难逃避。幼儿时代的两件事为必须履行的义务建立起了基础：一件事是父母顽固地训练他们大小便的习惯和纠正他们的各种姿势；还有一件就是父母对他们经常性的嘲弄调侃，尤其是吓唬要遗弃他们。幼年的这种经历让他们有所准备，能面对严格的约束，从而回避被耻笑和遗弃。当他们开始压抑自己幼年时的无拘束行为时，不是因为这种行为本身不好，而是不合时宜。是他们必须要开始进入严肃的生活里去。童年特权逐渐被拿掉，他被允许享受成人的享乐，但幼年时的体验没法被代替。因此，他会在自己的人生中不断去从幼年时代汲取经验。即使是在承认"人情"的存在，也需要回到童年时的记忆里。当他在成年生活中来到那些"自由领域"里时，他会感到自己又回到了童年。

日本儿童生活有一个前后期显著的连续性的衔接，这就是取得同伴的认可，这一认可的意义非常大。扎根于儿童心灵的不是道德标准，而是这种认可。在他还只会撒娇的时候，如果母亲把他抱到自己床上一起睡，他就会在心里慢慢盘算自己能得到多少糖果，而兄弟姐妹们又能得到多少，以此来判断自己在母亲心目中的地位。如果他敏感察觉到自己受到了冷落，他甚至会问姐姐："你是最疼爱我吗？"在童年生活的后期，他逐渐放弃了纯粹的个人满足，取而代之的是"世人"的赞许和接纳，而受到的新惩罚则是遭到"世人"的嘲笑。当然不仅仅是日本，这也是大多数文化施加给儿童的压力，只是在日本这种压力更加沉重。被"世人"所抛弃，对应的是遭到母亲的嘲弄和扬言要遗弃他。因此，在一个日本人心理上，被同伴排斥比责打还要可怕。随着年龄增长，他对嘲笑和排斥带来的威胁越来越敏感，即使这种威胁只是在想象中，也一样让他感到可怕。还因为日本是一个很少有个人隐私的社会，一个人的所作所为对社会几乎是袒露的，个人太容易遭到排斥与遗弃。要知道日本家庭的房屋建筑，基本上是由薄薄的木板材料构成的，完全没有隔音效果，而且白天还洞开着。因此，大多数没有能力修筑围墙和庭院的家庭，就毫无隐私可言。

某些被日本人使用的象征形象，能有效帮助人们了解日本儿童教养中存在的不连续性，正是这种连续性的缺失，造成日本人性格的双重性。在幼年时期养成的是"不知羞耻的自我"，这使得他们在成年后，会经常下意识窥视自己还保存有多少幼年的童真。日本人喜欢照镜子，他们说镜子"反映永恒的纯洁"，既不会培养虚荣，也不会反映"观我"，反映出的是人深处的灵魂。从镜中，人可以看到那个"不知羞耻的自我"，他们把自己的眼睛看作是灵魂的窗户，这可以帮助他们作为"不知羞耻的自我"而生活。他还能从镜子中看到理想父母的形象。据说有人因此镜不离身。更甚者有人会在佛坛上放一面特殊的镜子，用来静观自身，反省灵魂。那样的时候，一个人其实就是在"自我祭奠""自我膜拜"。尽管很不寻常，却并不难办到。因为在日本家庭中，神龛上都会摆放一面镜子作为神器。在战争期间，日本的电台曾经特意放送过一首歌，歌中赞扬几个女学生自己掏钱买下一面镜子放在教室里。对此人们不认为是出自虚荣，而是说她们心灵得到了重新焕发，是一种献身精神的体现。在日本人看来，揽镜自照是测试人的精神高尚程度的具体行为。

在小孩心中还没有培植出"观我"观念前，日本人就已经产生了这种对镜子的特殊感情。他们照镜子时并没有看见"观我"，镜中展现的是自我童年时的自然善良，不需要受到"耻"的限制。赋予镜子这种象征意义，也成为修炼"圆满"的基础。从这种修炼中，他们锲而不舍地清除着自己内心的"观我"，以求童年纯真的回归。

尽管幼儿时期的特权生活对日本人产生了重要影响，但他们自己并不认为童年后期的以耻感为基础的道德规则，是单纯的剥夺。我们都知道自我牺牲也是基督教的核心概念之一，但日本人对这种思想非常质疑，并批判这种观念。即使是在生命的最后时刻，他们也说是"自觉自愿"为"尽忠""尽孝"，为"情义"而死，并不认为这些是属于自我牺牲的范畴。日本人认为这种心甘情愿选择去死才是自己要达到的人生目标，否则就是"犬死"，是毫无价值的。英语中"dog's death"指的是贫困潦倒而死，但日本人所要表达的不是这个意思。至于那些不是很极端的行为，在英语中被表述为"selfsacrificing（自我牺牲）"，日语则属于"自重"范畴。"自重"意味的是克制，克制在价值上等同于"自重"。只有克制才能做成大事。美国人则强调，自由是实现目标的必要条件。但对于拥有完全不同生活体验的日本人，光有自由是远远不够的。对他们来说，克制才能真正体现一个人的自我价值，这构成了他们的道德律的一个主要方面。不然他们就很难抑制内心冲动、危险的自我，这很可能会成为制造混乱的因素，打乱他们的生活。

一位日本人说："日积月累，漆坯上的漆一层层累积，制作出来的漆器就越发贵重。一个民族也同样如此。……人们讲到俄罗斯人时说：'剥开俄罗斯人的外表，出现的是鞑靼人。'对于日本人，人们也可以说，'剥开日本人的外衣，除掉它的漆层，露出来的是海盗。'但请不要忘记：日本的漆是珍品，是制作杰出工艺品的材料，而不是用来掩盖瑕疵的，这种材料纯正无比，与坯胎一样精美。"①

　　日本男性行为中展现出的那种让西方人吃惊的二重性，源自儿童时期教育的连贯性缺失。这种断层导致他们在成年后无法忘记曾有过的那样一个时期，在那个时期，他们在属于自己的那片小天地里神一般存在，可以随心所欲，甚至在恣意攻击他人后也不会受到责罚。这样的经历让他们有了可以满足所有欲望的错觉，这样的错觉尽管被后来一层层新的社会规则所掩埋，却深深根植于他们的心灵。这使得他们在成人后拥有顽固的二元性，因此既可以沉溺于浪漫的爱情中，又能顺服地接受家庭的婚姻安排；既能沉溺于享乐安逸，又能为了承担的义务放弃一切；谨慎的教育使他们懦弱，同时也使他们近乎鲁莽地勇敢；他们能做等级制顺从的奴隶，又不愿轻易接受上级的管理；他们彬彬有礼，又桀骜不驯；他们可以接受军队中野蛮的训练，又绝不会轻易就范；他们既是顽固的保守主义者，又很容易被新生事物所吸引。关于这点，只要回顾一下他们曾孜孜以求学习中国文化，近代以来又毫不犹豫学习西方，就是最好的证明。

　　这种性格的二元性使日本人经常陷于紧张里。虽然每个日本人对这种紧张的反应不尽相同，但每个日本人都要对一个基本问题给出自己的答案，那就是怎样协调儿时那种纵情无虑、处处得到宽容的经验，跟当下生活中无处不在的约束之间的关系。很多人都无法找到解决的方法。有些人像道家那样，一丝不苟约束自己的生活，唯恐稍微放纵就会跟实际生活发生冲突。恰恰是因为放纵不是想象而是经历过的现实，这种恐惧才更加严重。他们墨守自己制定的规则，采取一种超然态度，把自己想象成发号施令的权威。而有些人会精神分裂，意志崩溃。他们害怕自己心中郁积的情绪有一天会爆发，于是以表面的温顺来加以掩饰。他们让自己沉溺于日常的生活琐事，不让自己有认清自己真实感情的机会。每天他们都只是机械地重复那些基本上毫无意义的生活琐事。还有一些人，由于对儿时的生活过分依赖，长大后面对社会对成年人的一切要求他们都感到无所适从，他们总是想依赖别人，而实际的年龄已不允许他们再这么做。他们觉得任何失败都是对权威的背叛，从而动不动就陷入紧张状态。凡是无法用常规方法来妥善处理的意

---

① Nohara, Komakichi, The True Face of Japan, London, 1936. 野原驹吉：《真实的日本》。

外情况，都会使他们恐惧。①

以上就是日本人在极度担心遭排斥或受非难时面临的特殊困境。只要不感受到压力，日本人在生活中还是能表现得既能享受生活，又能保持幼年所培养出的不伤害他人的情感方式的，并且还相当成功。幼年时期的生活让他们拥有了自信，罪感意识还没有成为沉重负担。幼年之后受到的种种束缚的目的是为了让他们与伙伴保持协调一致，义务总是相互的。尽管个人愿望在某些时候会受到他人的干涉，但在那些明确规定的"自由领域"内，情感一样能得到纾解。日本人以迷恋自然著名，观樱、赏月、眺望新雪，在屋内悬挂虫笼倾听虫鸣，还有和歌与俳句，园艺插画茶道等等，都是日本人日常生活中常见的休闲。这类活动让人们很难相信这是一个沉闷并具有侵略倾向民族所具有的。在追求享乐上，日本民族也不是一个颓废的民族。在开始担负"不幸"的使命前的那段日子，日本人的生活是幸福的，尤其是在农村，人们的生活悠闲愉快，尽管他们工作起来时的勤勉不逊于当代任何民族。

但日本人的自我要求太多。为了避免遭受疏远和非议这类被他们视为的巨大的威胁，他们宁愿放弃刚尝到甜头的个人乐趣。在人生重大事情上他们必须抑制对个人乐趣的冲动，极少数违背这些规则的人甚至有丧失自尊的危险。在日本，自尊（自重）的生活准绳不是明辨"善恶"，而是迎合他人的"期望"，为了不让他者"失望"，他们把个人诉求埋葬在群体"期望"中。这样的人才是"知耻"而谨慎的善人，才能为家族、家乡和国家添光加彩。由此造成的精神心理紧张很强烈，这种紧张感对国家来说，最终能汇聚成一股巨大力量，使日本成为东方世界的领袖和世界强国；但对个人，却是沉重的负担。人们为此总是处在高度紧张状态下，害怕失败，害怕自己付出了全部心血从事的工作不被他人认同。当紧张过度后，就会爆发，表现为极端的攻击性。当日本人发起攻击时，他们不像美国人是因为自己的主张和自由受到了威胁，而是感觉到自己受到了侮辱和诽谤。在这样的时候，他们那危险的自我，如果可能的话，就会针对侮辱、诽谤自己的人；否则就会针对自己。

---

① 上述各项来自 Dr. Dorothea Leighton 对战时收容所里的日本人所做的罗氏墨渍测验。

日本人为这种生活方式付出了很高的代价。他们自愿放弃了很多在美国人看来如同空气一样必不可少的自由。我们应该注意到，自战败后，日本人正在追求民主。如果有一天他们能率真而无所顾虑，那他们将会多么高兴！杉本夫人就曾绘声绘色地描述过她在东京一所教会学校学习英语时的经历，在那儿，她可以在花园里种自己喜爱的花草树木。老师给每个女学生分了一块苗圃并供给她们所需的种子。

"这块可以随意种植的苗圃给了我一种关于个人权利的全新感受……人的心中能有这种幸福感，这件事本身就让我吃惊……像我这种从不违背传统，从不玷污家庭名誉，从不惹父母、老师、邻居生气，也从不伤害世上任何事物的人，竟然也能拥有自由自在的感受。"

别的女孩都种花，而杉本却种植马铃薯。

"没人能理解我这种近乎荒唐的行为给我心灵带来的自由恣意的感受，那是自由之神在叩响我的心扉。"

这是一个崭新的世界。

"我家花园中有块土地是特意让它荒芜着的，以保持天然野趣，但总会有人修剪松枝，整饬树篱。每天一早老大爷还要清扫石阶，把松树下那块地方扫净，然后把从林中采来的嫩绿松针细心撒在上面。"

刻意营造这种天然野趣，对杉本夫人来说，就是她一直被教育的那种虚假自由意志的象征。这样的虚假在日本随处可见。日本的庭院中超过一半的石头是精心挑选来的，并会用小石子铺底。庭院中的假山石的布置要与流水、建筑、矮树丛以及花草树木相呼应。在日本菊花都是盆栽的，用来参加每年都会到处举办的菊展。甚至每一瓣花瓣都经过了精心修整，并且还会用看不见的金属丝支撑，用来保持姿态。

当杉本夫人有幸拿掉菊花上的金属丝后，她的心情是欢悦而纯真的。那些经过修剪的盆栽菊花，花瓣一直都受到人的摆弄，一旦回归自然状态，也显出欢悦。但在今天的日本，如果不考虑他人的期望并怀疑"耻"的压力，这样的自由很可能破坏他们习以为常的生活方式的平衡。在新形势下，他们必须学会接受新的制约机制。任何变化都是需要付出代价的。建立新观念和新道德从来不是一件轻而易举的事。西方人不能指望日本人能立即吸收一种新的道德观念，并把它们真正变成自己的东西。同时，悲观地认为日本永远不可能建立一套比较自由、宽容的伦理体系也是不正确的。在美国生活了"二代"的日本人已经对日本道德的知识和实践非常陌生，他们的血液中也没有了他们父辈必须墨守的那些来自传统习俗的东西。同样，生活在日本国内的人们，也有可能在新时代建立一种不需要过去那种克制义务的生活方式。菊花并非一定要被支撑上金属丝，才能秀美多姿。

在转向扩展精神自由的过渡时期，日本人或许可以借助两三种古老传统来保持生活的平稳。其中之一就是"自我负责"精神，也就是日本人喜欢说的自己擦去"身上的锈"。把身体比喻为刀，佩带刀的人需要经常擦拭，保持刀的光洁与锋利，用来比喻人的自我修养非常形象。这也就是说一个人必须接受由于自身的弱点带来的一切后果。在日本，对自己负责的解释要比在自由的美国严格得多。在这种比喻里，刀并非是用来进攻的武器，而是人的理想与自身责任。在一个尊重个人权利的自由社会里，这种德行所起到的平衡社会的作用十分明显有效。要知道在日本，儿童教育与行为哲学早已使得自我负责的理念深入人心，构成了日本精神的一个组成部分。如今的日本已经在西方文化意义上提出了"放下刀子"（投降）的诉求，但就日本自身而言，更重要的是他们还需要继续努力让心中那把易锈蚀的刀保持光洁。但就道德意义而言，他们的这把刀即使是在自由、和平的时代，仍然是值得保存的象征。

第十三章　投降后的日本人

"因为日本的行为动机是随机应变的，如果情况允许，日本将在和平的世界中谋求其地位。反之，则会成为武装阵营的一员。"

美国人有着充分理由为自己战后对日本在管理方面发挥的作用自豪。1945年8月29日，美国国务院通过电台颁布了美国陆、海军的联合指令，并由麦克阿瑟将军卓越地加以了实施。但引以为豪的理由却被美国报刊、电台上出现的党派性的赞扬或者批评弄得含混不清。只有极少数对日本文化具备足够了解的人，才知道这种明确的既定政策合适与否。

日本投降时一个重要问题是盟军对日本占领的性质。战胜国对现任政府乃至天皇是应该保留、利用还是废弃？是否应该在美国的军政官员指挥下管理日本县市的行政？盟军对意大利和德国的占领采用的方式是在每个地区设立 A.M.G（盟军军政府）总部，它们属于战斗部队的一部分，保证地方政权控制在盟军官员手里。在刚战胜日本时，太平洋地区的 A.M.G 官员预计，在日本也将建立同样的统治体制。日本人自己也很难清楚能保留多少行政责任与权力。在波茨坦公告中仅仅是说："日本领土中经由盟国指定的地点必须予以占领，以确保吾人于兹所示之根本目标。"并必须永久排除"欺骗及错误领导日本人民使其妄欲征服世界之威权及势力"。

国务院、陆军部、海军部三部联合向麦克阿瑟部队发出指令，对上述各节做出重大决定，并得到麦克阿瑟将军司令部的全面支持。决定认定了由日本人自己负责本国行政管理和重建。"只要能满足并促进美利坚合众国之目标，最高司令官将通过日本国包括天皇在内的政府诸机构行使其权利。日本国政府将在最高司令官（麦克阿瑟将军）的指令下，被允许就内政行使政府正常的职能。"这样的结果就是麦克阿瑟对日本的管理跟盟军对意大利、德国的管理存在很大差别。它成为一个纯粹的最高司令部，自上而下利用日本各级官僚机构进行管理。最高司令部的各项通告将发给日本国政府，而不是直接颁布给日本的国民，或者某个县市的居民。它的主要任务和工作是规定日本国政府的工作目标与方向。如果某位日本国内阁大臣认为指令无法实施，那他可以辞职，但如果他的建议正确，当然也可以修改指令。

这是一种很大胆的尝试。从美国自身角度看，它的好处十分明显。诚如席德林将军（General Hilldring）所说："充分利用日本国政府这种占领方式的好处是巨大的。如果没有日本国政府这样一种现存资源可资利用，我们就不得不亲自管理一个七千万人的国家，并保证它的全部复杂的机构都能顺利运行。他们拥有和我们不一样的语言、习俗、态度。通过净化并利用日本国政府，我们节省了时间、人力和物力。换句话说，我们是在要求日本人自己整顿自己的国家，而我们仅仅是提供具体指导。"

就在华盛顿制定这一指令时，很多美国人还在担心日本人很可能会采取不合作甚至敌对的态度，而一个怒目相视，随时都在想着报复的民族，将会抵消所有的和平计划。后来的事实证明，这些担忧没有变为事实。究其原因，不得不说日本特殊的文化起到了很大作用，而并非是所谓战败民族与战败国的政治、经济之类的一般性原因。也许从没有一个民族能像日本这样顺利地接受这种政策。在日本人看来，这种政策是从严酷的战败现实中摆脱屈辱的象征，促使了他们实行新的国策，而他们之所以能如此坦然接受，正因为他们在特异文化下所形成的特异性格。

美国人曾无休止地争论媾和条件的宽严，但问题的关键并不在于宽严，而在于恰如其分，适当到足以摧毁其传统的、危险的侵略性模式，并足以建立起新的目标、秩序。至于手段的选择则应根据该国特有的国民性格和传统的社会秩序来确定。在德国，普鲁士传统的权威主义不仅仅在家庭，而且在市民日常生活中都根深蒂固，这就需要对德国制定特定的和平条款。这对日本来说应该有所不同。因为德国人不像日本人，他们从不认为自己对社会、对历史有着恩惠的亏欠，他们之所以努力奋斗，并不是因为他们需要偿还债务或者恩情，而是为了避免成为牺牲者。德国人对待权威的父亲会这样说：那是一个"强迫别人尊重自己的人"。他要是得不到尊敬就会难受。德国人的生活中每一代人在年轻时都在对抗父权，但在他们自己成为父母后，还是会屈从于这种单调乏味的生活。他们一生唯一的高峰期就是青春期叛逆的狂飙岁月。

日本文化的问题并不是所谓极端的权威主义。几乎所有的西方观察者都认为，日本父亲对孩子的关怀和钟爱在西方是少见的。日本小孩认为儿子与父亲亲近是理所当然的事，而且他们还经常公开炫耀自己的父亲。因此，只要父亲声调稍有改变，孩子就会马上按照父亲的意愿行为。但父亲在儿子心目中并不是严厉的老师，儿子青年时期也不反抗父母的权威。相反，孩子在进入青年期后，就在人们眼里成了一个家庭责任的驯服代表。日本人说，他们尊重父亲是"为了学习、为了训练"，这也就是说，作为尊敬的对象，父亲是等级制与正确处理人际关系的超人格象征。

在儿童时期从跟父亲的接触中学到的这种态度成为整个日本社会的一种模式。处于等级制上层、备受他人爱戴的人其实并不一定掌握实权；身居高位的官员也并不一定具有行使权。上自天皇下至基层官员，都有顾问和隐蔽力量在幕后操纵。20世纪30年代初期，日本超国粹组织黑龙会的一位领导在接受东京一家英文报纸的访问时，曾对日本社会的这一侧面作了确切的描述。他说："社会（当然是指日本）是一个三角，它的一角被大头针钉住了。"[①]换句话说，三角形在桌上，大家都看得见。而大头针在下面，大家不易察觉。三角形有时往右偏，有时往左偏，但都是围绕着一个隐蔽的轴在摆动。借用西方人常用的一句话就是，凡事都要用"镜子"来反映。要想专制权力不被人看见，就要有对象征性地位的忠诚姿态的存在，而这个象征性地位经常是不行使权力的。日本人一旦发现了假面具下的权利源泉，就会认为那是一种剥夺，是不符合制度的，就像高利贷者与暴发户一样。

正是由于日本人是这样在看自己的社会，因而他们不会成为革命者去反抗剥

---

① 引自厄普顿·克洛塞（Upton Close）《日本的另一面》一书。

削与不公正。他们从不想要打碎他们的社会。他们能像明治维新那样施行彻底的改革，却不会去批判他们的社会制度。在他们看来，这种变革是对过去的回归。他们从来都不是革命者。在西方，有些著述者寄希望于日本掀起意识形态上的群众运动，有些夸大战争期间日本存在的那些地下组织的能力，指望这些组织在战后能掌握日本的政权，也有人预言，在日本，激进势力将会在选举中获胜，但这些都是错误估计了现实。保守派首相币原男爵在 1945 年 10 月组阁时发表的下述演讲，最准确地表达了日本人的想法：

"新的日本政府将具有尊重全体国民意志的民主主义意识形态……自古以来，天皇就是把自己的意志作为全体国民的意志，这就是明治天皇宪法的精神。而我所提倡的民主政治，可以看作是这种精神的真正体现。"

对民主的如此解读，在美国读者看来毫无意义。但在这种复古解说的基础上，日本无疑将会比基于西方意识形态更有利于扩大其国民的自由范围，增进国民的福利。

当然，日本将试行西方的民主政治制度。但西方的制度并不一定就是改善世界的灵丹妙药，即使在美国也是如此。在日本要推行普选和由选举产生立法机构尽管能解决一些问题，但同样也会带来很多困难。而当这些困难进一步发展时，日本人就一定会修改我们实现民主的方式。如果到了那时，美国人一定会认为这场战争白打了。我们相信自己的方法是最好的，但也仅此而已。普选在日本重建和平国家的进程中，充其量占据了次要的位置。自 19 世纪 90 年代日本第一次试行选举以来，日本并没有发生根本性变化，小泉八云（Lafcadio Hearn）当时记述的那些来自传统的阻力，今后依然会重复出现。

"在为此牺牲了很多生命的竞选战中，的确不存在着个人恩怨。议会里的激烈争论，以至于使用了暴力，往往让人错愕，但严格说很少属于个人间的争斗，而是藩阀之间、党派之间的利益之争。并且，每一个藩阀或者党派的那些狂热追随者，只会把新的政策看作是新的一场战争———一场忠于领袖利益的战争。"①

---

① 引自《日本：一种解释》。

在 20 世纪 20 年代的那些选举中，村民们在选举投票前往往会说："洗干净脑袋准备砍头。"人们经常会把选举战等同于过去武士对平民的攻击行为。直至今日，日本选举所包含的意义仍与美国有巨大的差别。不论日本是否采取危险的侵略政策，这种差异都无法弥补。

日本能否成为一个和平的国家，关键是要看它敢不敢面对现实，敢不敢承认自己过去的政策是"失败的"，同时它能不能很快将精力转到其他方面。日本是一个适应性很强的民族，有一种善变的伦理。它曾尝试过以战争的方式使自己赢得在世界上的"适当地位"，然而失败了。于是他们就很快放弃这种政策，因为从小到大，日本人一直受到审时度势思想的熏陶，他们善于改变自己的方向。任何一个拥有更加绝对性伦理观的民族，总是相信自己是在为原则而战，他们在投降时会说："我们失败了，正义也不存在了。"这类民族的自尊心要求他们继续努力去实现"正义"的胜利；要不他们就承认自己犯了罪，需要真诚忏悔。日本人则不同。在投降后第五天，那时候美国还没有一兵一卒登陆日本，东京最大的报纸《每日新闻》就开始大谈特谈日本的失败以及由此可能带来的政治变化了。它说："然而，这对最终解救日本国民还是大有好处的。"这篇社论一再强调每个人都必须明白日本已经彻底失败了。既然凭武力来谋取日本地位的努力已宣告失败了，那今后日本就必须选择走和平国家的道路。另外一家东京大报《朝日新闻》也在同一星期发表文章，说日本近年来"过分相信军事力量"是日本内外政策的"重大错误"，"过去的政策使我们遭受惨重损失，却一无所获，今后我们必须抛弃过去的政策，立足于国际协调与爱好和平的新政策"。

西方人注意到了这种转变是原则性的，因而对此心怀疑虑。但这却是日本人处世的基本方式，不论是在人际关系上还是在国际关系上都是如此。如果日本人采取了某种行动而未能达到其预定目标，那就会认为是自己犯了"错"。如果失败，他们就会看作是失败的策略加以放弃，因为他们不会顽固地坚持错误的策略。他们常说"噬脐莫及"，在 30 年代时，他们普遍接受军国主义是争取自己世界地位的恰当手段，认为武力可以获取他国的崇拜。他们承受了由这一纲领带来的牺牲。1945 年 8 月 14 日，神圣的天皇向他们宣布日本已经失败。他们接受了因战败而带来的一切。这种接受意味着美军的占领，日本人转而欢迎美军的占领；

既然侵略的策略已经失败，他们就主动开始考虑制定一部放弃战争的宪法。在投降后的第十天，《读卖报知》就以"新艺术与新文化的起步"为标题发表了一篇社论，社论中这样写道："我们必须坚定地相信，军事失败与一个民族的文化价值并不是一回事，军事失败应该被当作一种动力……因为，只有这样的全民族一起经受的惨痛牺牲，才能提高我们日本国民的思想境界，让我们放眼世界，客观面对现实。过去任何歪曲了日本人的思想的非理性因素，都应该得到坦率的分析并加以清除……对此我们要拿出勇气来正视战败这一冷酷的事实。但与此同时我们也需要对日本文化的明天拥有信心。"这样说表明，他们曾尝试一种方针，但遭到了失败，而现在他们将转而实行一种完全相反的和平艺术。日本的各家报纸都发表社论反复强调："日本必须在世界上赢得尊重。"也就是说日本国民现在的责任就是要在新的基础上赢得世界的尊重。

这些报纸的社论不仅反映了少数知识分子的心声，东京街头以及偏远山村的民众也同样经历着巨大转变。美国占领军简直不敢相信如此友好的国民就是那些曾经发誓要用竹矛跟自己死战到底的人。日本人的伦理包含着很多被美国人排斥的东西，但美国占领日本期间的经验雄辩地证明，异质的伦理一样包含了很多值得赞扬的内容。

麦克阿瑟将军领导下的美国对日管理当局承认了日本人改变航向的能力。完全没有采用很可能带来屈辱的方法阻碍这一进程。如果我们按照西方伦理强加给日本这种转变，这在文化上是可以接受的。因为在西方伦理观念里，侮辱和惩罚是使做过坏事的人认识到自己的罪孽的有效手段，而认罪是重新做人的前提。日本人则不这样看。按照日本的伦理观，一个人所要做的是对自己的行为产生的所有后果负责，错误的选择带来的结果是使他放弃这种做法而不是认罪。这样的自然后果也可能包括了整体战的失败。但日本人并不会把这种情况看作是屈辱而憎恶。按照日本人的说法，某个人或者某个国家对他人他国进行了侮辱，采用的是诽谤、嘲笑、鄙视还是揭露其见不得人的行为并不重要。日本人认为如果受到侮辱，那就去复仇，这就是一种道德的所为。尽管西方伦理对此类信条强烈谴责，美国占领的有效性却真实地取决于在这点上的克制，也就是要接受某些日本人的伦理观点。我们要知道日本人对嘲笑是很难忍受的，认为这跟投降的自然后果，解除军备，负担苛刻的战争赔偿等是截然不同的两件事。

　　日本曾战胜过一个强国。在对方投降后，因为日本认为对方从未嘲笑过自己，于是作为战胜国，日本曾很小心地避免羞辱对手。1905年俄军在旅顺港投降时，有过一张在日本妇孺皆知的照片。照片上战胜者与战败者的区别仅仅是军服的不同，战败的俄军并没有被解除武装，他们的军官依然佩戴着军刀。据一个在日本很流行的故事说，当俄军司令官斯提塞尔将军表示接受投降条件时，一位日本大尉和一名翻译带着食品来到俄军司令部，当时"除了斯提塞尔将军的坐骑外，俄军所有的军马都被宰杀吃掉了。为此，日本人带来的50只鸡和100枚鸡蛋受到了热烈欢迎"。第二天，斯提塞尔将军和乃木将军如约会见了。"当两位将军握手时，斯提塞尔将军盛赞了日军的英勇……而乃木将军则称颂俄军的长期坚守。斯提塞尔将军对乃木将军在此次战争中失去了两个儿子表示同情……斯提塞尔将军把自己那匹心爱的阿拉伯种白马送给了乃木将军。乃木将军说，尽管很希望从阁下手里得到这匹马，但必须要首先奉献给天皇陛下。他相信这匹马天皇一定会赐给自己。他承诺，如果得到这匹马，他一定会像对自己的马一样悉心爱护。"[①]后来的事日本人都知道，乃木将军为斯提塞尔将军的那匹马在自己的住宅前专门建造了一座马厩。据说这座马厩比乃木将军自己的住房还要讲究，在将军死后，这座马厩成了乃木神社的一部分。

　　有人认为自那次俄军投降后，日本的性格完全改变了，这些人举了在占领菲律宾后，日本军队的肆意破坏和残暴行为为例。但对日本这样极容易随着实际情况改变自己的道德标准的民族来说，上述的结论未必是准确的。首先要看到，敌军在巴丹战役后仅仅是局部的投降。那之后在菲律宾的美军虽然投降了，但日军仍需要进行战斗。第二，日本人从未认为俄国人在20世纪侮辱过他们。与此相反，在20世纪20到30年代，所有日本人都认为美国的对日政策是在"蔑视日本"，用他们自己的话说就是"根本看不起日本"。对于美国排日的移民法，还有美国在朴次茅斯和约以及第二次裁军条约中扮演的角色，日本人的反应就是这样的。美国在远东经济中扮演的角色以及影响的不断扩大，还有美国对待有色人

---

① 引自厄普顿·克洛塞（Upton Close）《日本的另一面》。这个俄军将军投降的故事不一定完全真实，但并不影响其文化上的重大价值。

种的歧视态度也促使日本人采取了跟对待当年俄军不一样的态度。因此，对俄国的胜利跟在菲律宾对美国的胜利，充分显示了日本人性格的两面性：受辱时是这一面，否则就是另一面。

美国最终取得战争的胜利改变了日本人所处的环境。如同日本人生活中的一贯性表现，失败使得他们彻底放弃了以前的策略。这种属于日本人的独特的伦理观，让他们能做到自行除去积垢。而与此同时，美国的政策以及麦克阿瑟将军的对日管理并没有增添新的屈辱，因为他们只坚持那些在日本人看来只属于战败的"当然结果"，这种策略显然很奏效。

保留天皇这点意义非常重要。这件事的处理非常正确。首先是天皇主动访问麦克阿瑟将军，而不是相反，这件事为日本人上了生动的一课，其中的意义西方人很难理解。据说在建议天皇否定自己的神格时，天皇一度表示了异议，理由是不应该让他放弃自己本来就没有的东西。他真诚地说，日本人并没有把他看作是西方意义上的神。但麦克阿瑟将军的司令部还是劝说他，西方人有关天皇仍坚持神格的想法，将会影响到日本的国际声誉。于是天皇在为难情形下，同意发表宣言否认自己的神格。天皇在元旦发表了声明，并要求把世界各国对此的评论翻译给自己看。读过各种评论后，天皇致电麦克阿瑟将军的司令部表示满意。看来外国人在此之前显然不能理解，对公开发表声明一事天皇感到很高兴。

美国的政策还允许日本人在某些方面得到满足。国务院、陆军部和海军部共同发布的联合指令中明确写道："对于在民主基础上组织起来的劳动、工业、农业各团体，应鼓励其发展并提供便利。"那之后日本的工人在很多产业中都组织起来了。20 世纪 20 年代和 30 年代曾活跃的农合组织重新得到了发展。能主动去努力改善自己的生活环境，对很多日本人来说这就是日本在战后取得的成果最好的证明。一位美国特派记者曾告诉我，在东京，一位参加罢工的人看着美国士兵高兴地说："日本'胜利'了！你说是吧？"在今天，日本的工人罢工跟战前的农民起义非常相似，那时的农民请愿经常是因为过重的年贡、赋税严重影响了生产的正常进行。那不是西方意义上的阶级斗争，也不是企图改变制度本身的努力。今天日本各地的罢工并没有导致生产效率的降低。罢工经常采取的办法是"占领工厂，继续并增加生产，从而让经营者丢脸"。

"在三井系统中的一家煤矿里，'罢工'工人赶走了管理人员，他们很快就把日产量从 250 吨提高到了 620 吨。足尾铜矿'罢工'的工人们也增加了生产，并把自己的工资提高了两倍。"①

但需要承认的是，无论多好的管理政策，战败国的行政总是困难的。在日本，粮食、住宅、国民教育等问题引起了尖锐的冲突。要是不利用传统的日本官僚，问题会更加严重。军队复员是美国在战争结束前遇到的一个大问题，但因为保留了日本官员，这个问题造成的威胁就减少了很多，尽管还是无法轻易解决。日本人自己也深知这样的困难所在。去年秋天，日本的报纸就以同情的语调说道，对那些历尽艰辛战败后回到国内的日本士兵来说，这杯战败的苦酒是很难咽下的。报纸请求他们不要因此影响了自己的"判断"。事实上那些被遣返的军人表现出了相当正确的"判断"，但失业和战败还是使得他们中的一些人参与到了追逐国家主义的旧式秘密社团。这些人对自己现在的地位相当难以接受，他们因此而愤慨。日本人已不再给予他们昔日曾经拥有的特权。以前，伤残军人身穿白色衣服，街上行人遇见时都要行礼。入伍时村子里要开欢送会，退伍要开欢迎会，以美酒佳肴招待他们，还有美女的歌舞，士兵们坐在首席。如今复员军人根本得不到过去那种优厚的待遇。除了家人来安置，他们得不到别的照顾。战败后遣返的士兵在城市乡镇都受到了冷遇。如果了解了这种急剧变化带给日本人心理上的冲击与痛苦，就不难想象这些军人是多么喜欢跟旧日的伙伴在一起。他们可以在一起缅怀过去那个把名誉寄托在他们身上的日本。他的战友中很可能会有人告诉他，不少幸运的日军士兵已经开始在爪哇、陕西、满洲跟盟军作战了。他们会说：为什么要绝望？他们将会再度开始作战！那些国家主义的秘密社团在日本很早就存在。这些团体发誓要"洗刷日本的污名"。因此那些感到自己复仇的夙愿未了，感到"世界不平衡"的人就积极参与了这类秘密社团。这类团体跟黑龙会、玄洋社等黑社会集团一样采取暴力手段，这种手段在日本的"对名誉的情义"概念中是被准许使用的。为了消灭这类暴力行为，在今后很长一段时间内，日本政府都要继续努力，也就是对"义务"加以强调，而贬低对名誉的

① 《时代》，1946 年 2 月 18 号。

"情义"。

因此，仅仅号召（不要）做出错误"判断"还不够，还必须重建日本的经济，使目前二三十岁的日本人有生活的出路，并能"各得其所"。还必须改善农民的处境。经济一旦不景气，日本人就可以回到乡下故土去。不过日本的很多地方的土地都过于狭小，加上沉重的债务，很难养活过多的人口。因此必须大力发展工业。在日本，反对平分家庭财产的倾向非常强烈，只有长子能继承遗产，其他人只能前往城市谋生。

今后的日本无疑还有很漫长的困难的路需要走下去。但有一点需要强调，那就是今后的日本不再有大量的军备需要国家预算承担，他们因此拥有了更多提高人民生活水准的机会。珍珠港事件前的大约十年时间里，日本收入的一半花在了军备和维持军队上。现在他们不需要这样做了，就可以逐步减轻农民的赋税，完全可以建立、健全新的经济基础。就像在前面我们所说的那样，在日本，农产品的分配是由实际耕种者获得 60%，40% 被用于支付租税或者佃租。这跟同样是稻米生产国的缅甸、泰国大不相同，在那些国家，传统的分配方式是 90% 留给实际耕种人。在日本，实际耕种人所缴纳的巨额赋税，归根结底主要是用来支付军费了。

今后十年间，任何欧洲或亚洲不扩充军备的国家，都将比扩充军备的国家具有潜在的优势，因为这类国家可以用财富来建设健全而繁荣的经济。在美国，我们在推行亚洲政策和欧洲政策时几乎从未留意到这个现象。因为我们国家不会因庞大的国防开支而陷入贫困，我国也没有蒙受过任何战争灾祸。我们不是一个农业经济国家，我们的问题在于工业生产的过剩。我们的大量生产能力以及机械设备是如此完善，要是不从事大规模军备和奢侈品生产，不加强福利事业和在科研上大量投入，我们的国民就会失业。我们的盈利投资需求也很迫切。这点跟其他国家完全相反，即使是那些西欧国家也一样。德国就需要负担巨大的战争赔偿，但它不能重新武装，所以在今后的十年时间里，如果法国继续推行军备政策，德国就很有可能建设起法国所无法建设起的健全而繁荣的经济。日本也将会利用同样的优势超过中国。中国当前的主要目标是实现军事化，其野心得到了美国的支持。如果日本的国家预算不包括军事化目标，它就会在不久的将来奠定自己的繁荣，并成为东方贸易的主角。它的经济将会是建立在和平利益的基础上的，并会提高国民的生活水平。和平的日本将在世界各国中赢得声誉和地位，如果美国能积极支持这项计划，对日本将是莫大的帮助。

想要用命令的方式建立起一个自由民主的日本，美国没有能力做到。也无论是在哪一个被统治的国家里，这样的方法都从来没有过成功的先例。任何一个国家都不能强迫另一个拥有自己独特习俗和观念的民族，按照他国的模式生活。法律无法让日本人承认选举出来的人的权威性，不能让他们无视等级制下的"各得其所"；法律也不能使他们拥有美国人所习以为常的自由的人际关系和自我独立的强烈愿望，以及自行选择配偶、职业、住宅和承担义务的热情。但今天的日本人已经明确表明自己要朝着这个方向努力。投降后，日本的政治家们说，日本必须要鼓励人民自己掌控自己的生活，尊重自己的良心。虽然日本人自己没有这样说，但他们每个人心里都清楚，他们已开始怀疑"耻"在日本社会中的作用，并希望看到自由在同胞中得到发展，也就是从对"社会"谴责和排斥的恐惧中解放出来。

这主要是因为，日本社会对个人的要求过于苛刻，给予的压力过大。即使并非心甘情愿，个人也必须遵从这样的社会压力，隐藏起自己的欲望，以家庭、团体或者民族代表的身份面对世界。日本人曾证明，他们能忍受这种生活模式所要求的一切自我训练。但这种负担实在是过于沉重，为此他们必须高度克制自己以求得善待。他们不敢要求过那种心理压力较轻的生活，结果却被军国主义者引上了一条不归路。过去数百年中，他们付出了高昂的代价，变得自以为是，并且鄙视那种道德观念比较宽容的民族。

日本人走向社会变革迈出的一大步是承认侵略战争是"错误"，是失败。他们渴望在和平下重新赢得受尊重的地位。这就必须实现世界和平。今后数年间，如果俄国和美国致力于扩充军备，准备相互进攻，日本则将利用它的军事知识参加那场战争。但承认这点并不能让我们怀疑日本成为和平国家的潜在可能性，因为日本的行为动机是随机应变的，如果情况允许，日本将在和平的世界中谋求其地位。反之，则会成为武装阵营的一员。

目前，日本人已经认识到军国主义的失败。他们还将关注军国主义在世界其他国家是否也会失败。如果没有，日本会再次燃起自己好战的本性，并展示它能对战争做出怎样的贡献。如果军国主义在其他国家也失败了，日本则会因此得到证据，它会汲取一项教训，也就是帝国主义的侵略企图不是一条通往荣誉的道路。